Rangoon And Mandalay

A Photographic Exploration

SCOTT SHAW

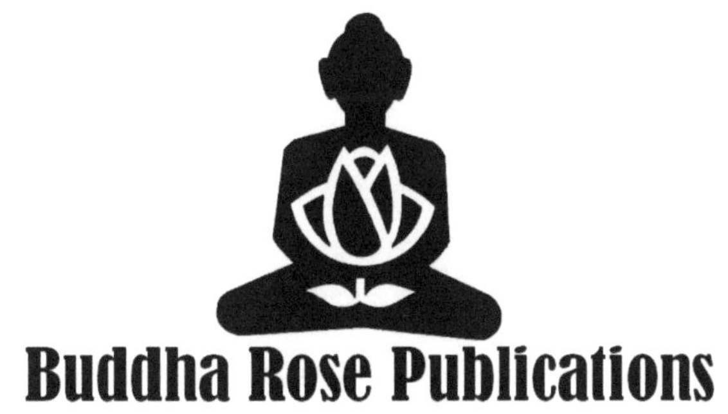

Buddha Rose Publications

Rangoon and Mandalay: A Photographic Exploration

First Edition 2016

ISBN 10: 1-877792-89-6
ISBN 13: 978-1-877792-89-2

Printed in the United States of America

Rangoon

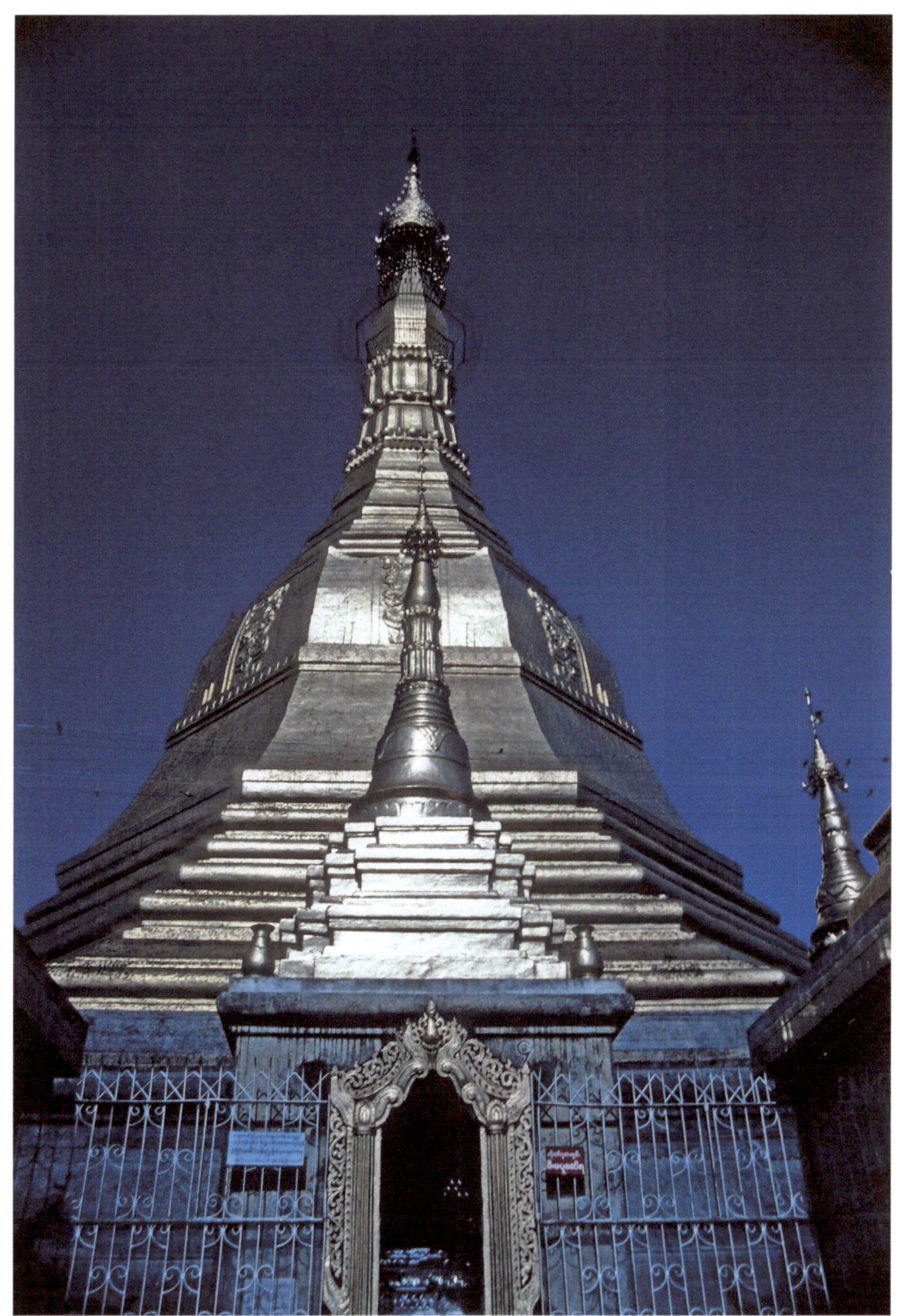

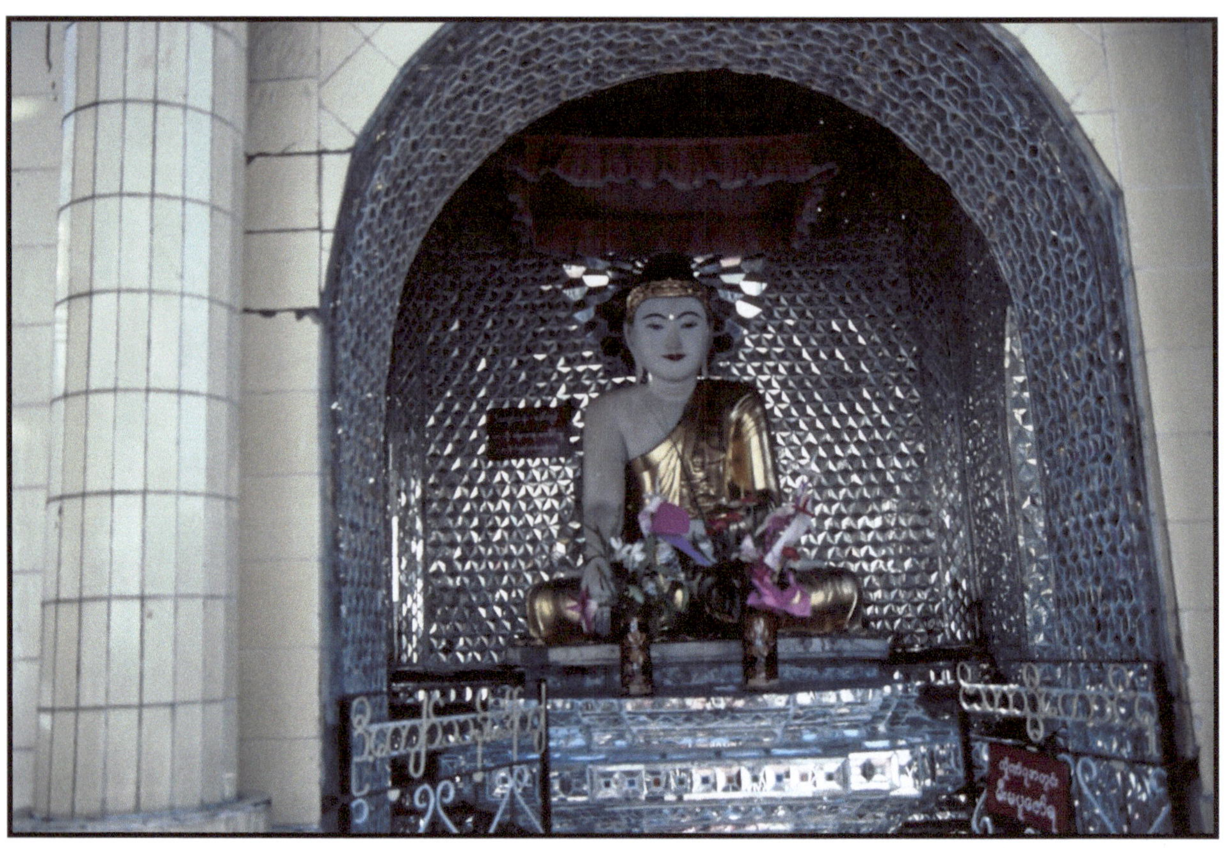

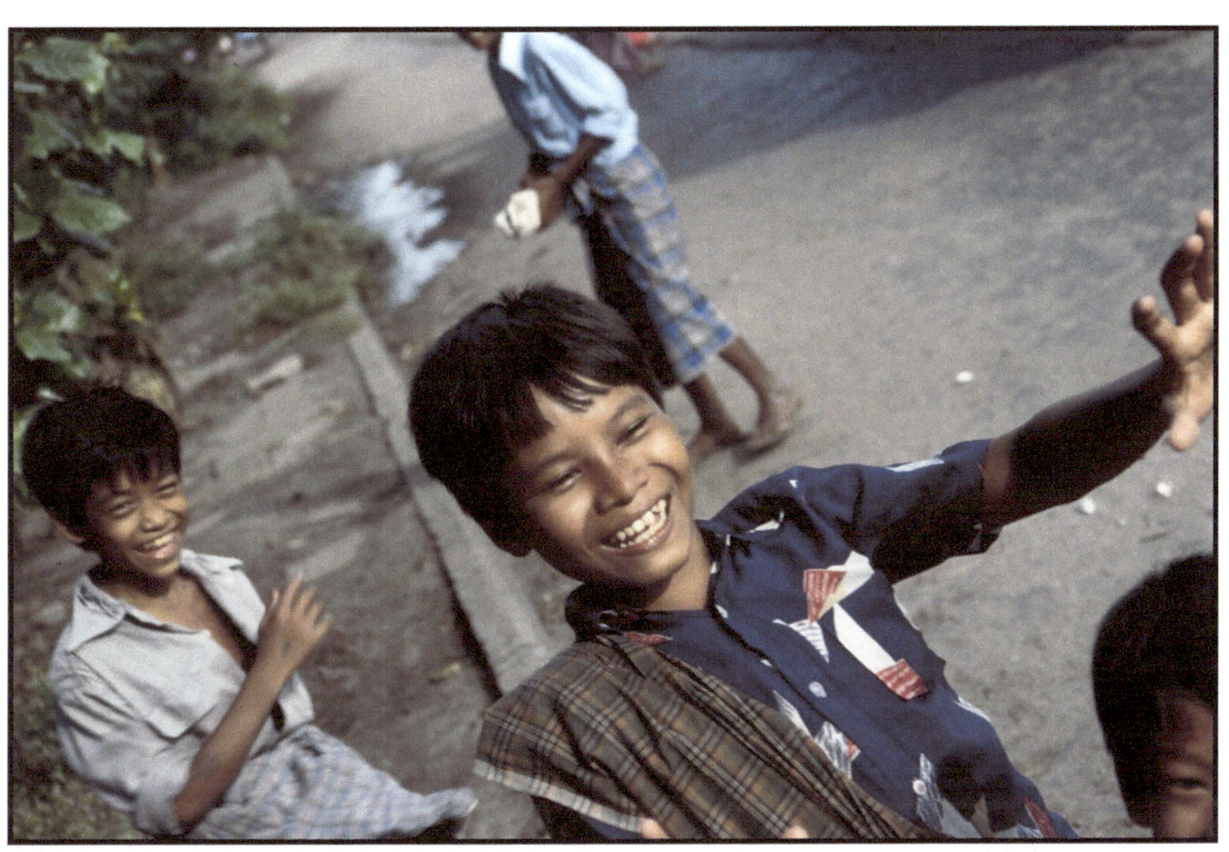

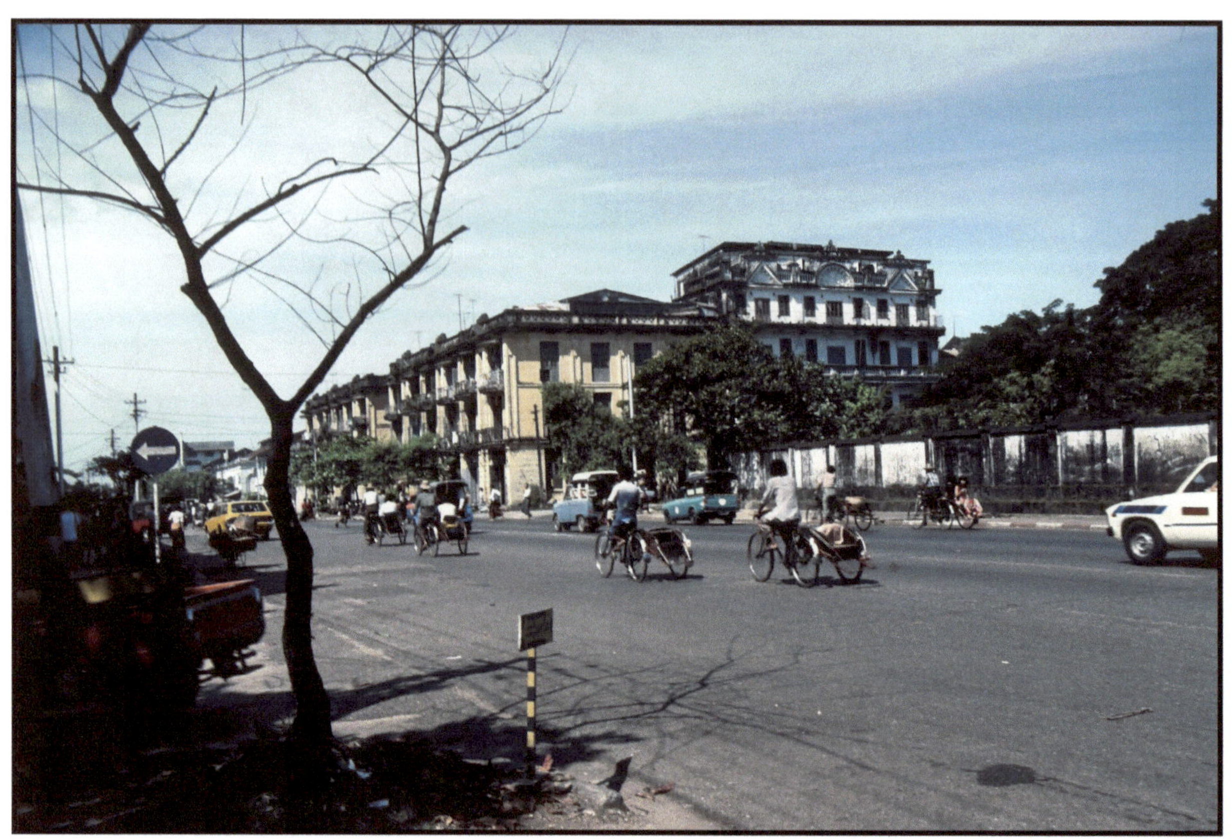

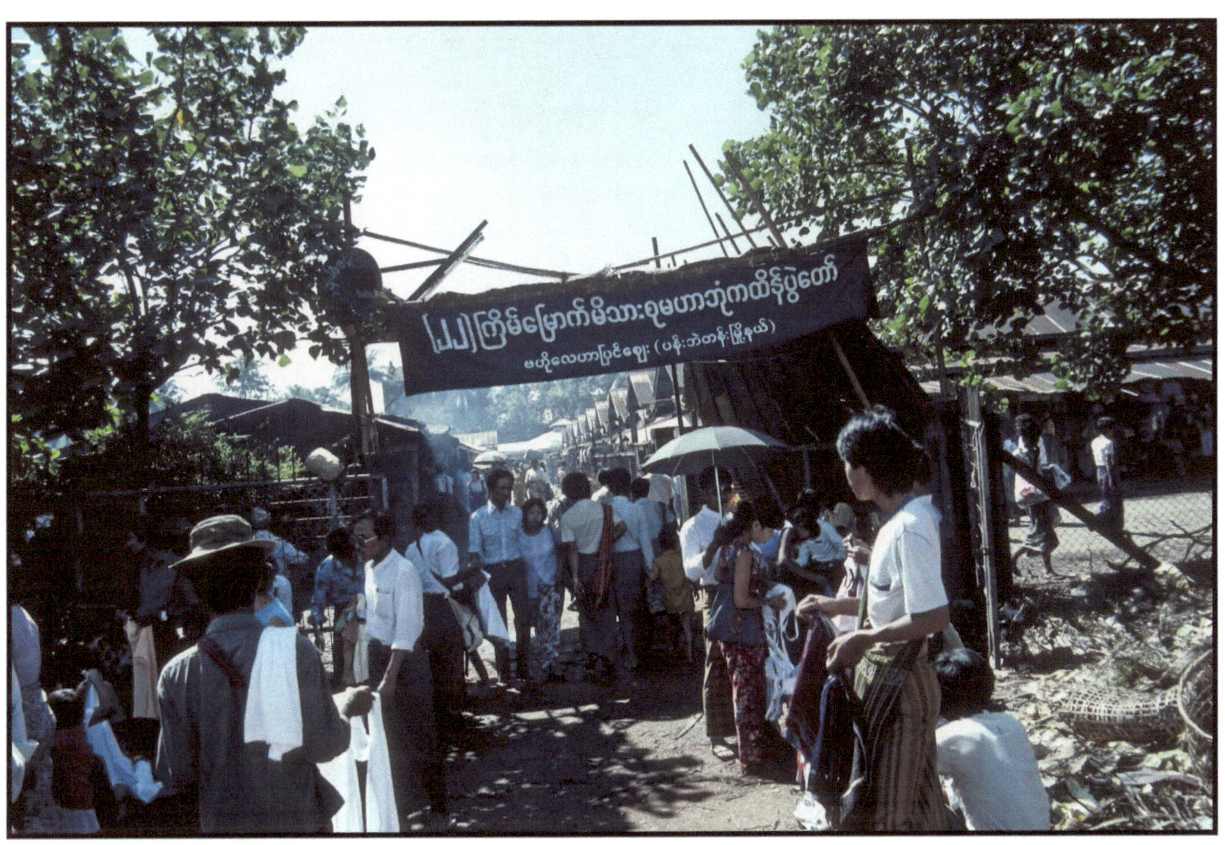
[၂၂]ကြိမ်မြောက်မိသားစုမဟာဘုံကထိန်ပွဲတော်
မဟိုလေဟာပြင်ဈေး (ပန်းဘဲတန်းမြို့နယ်)

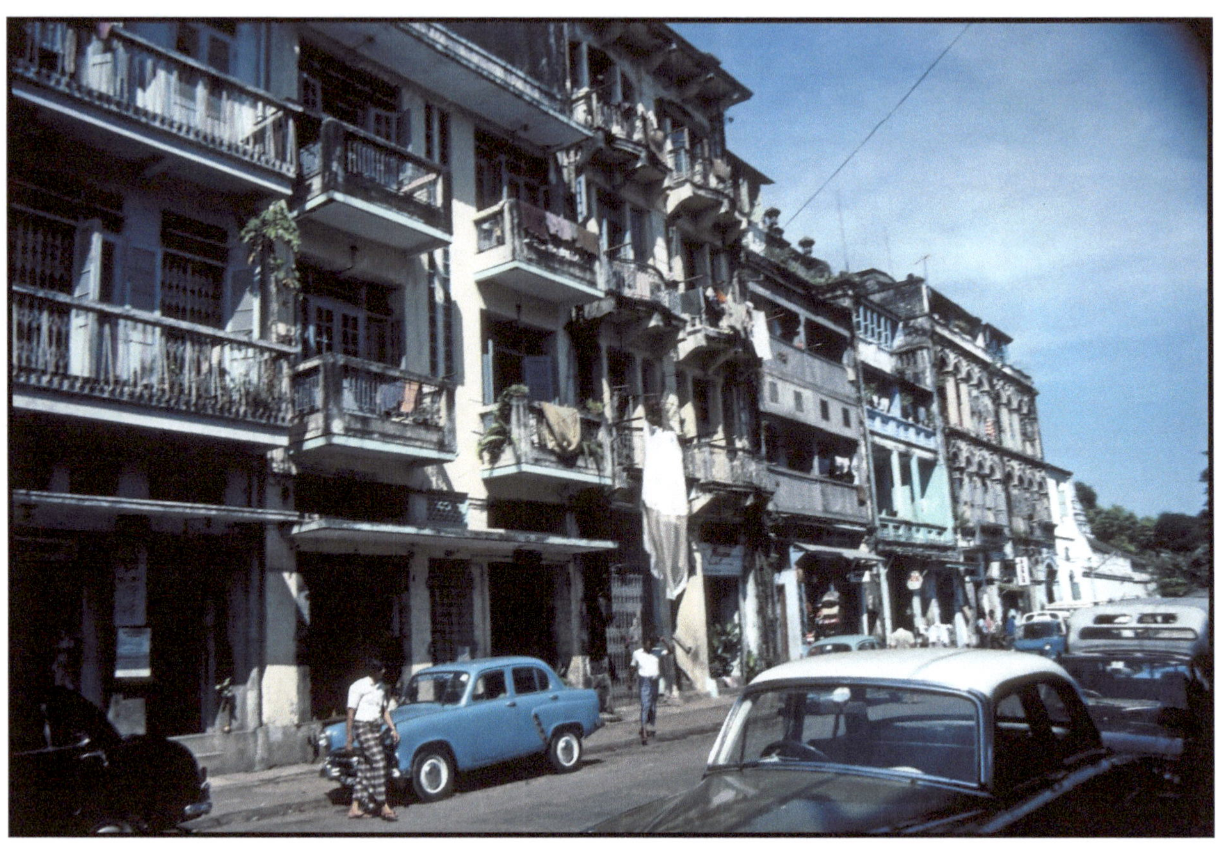

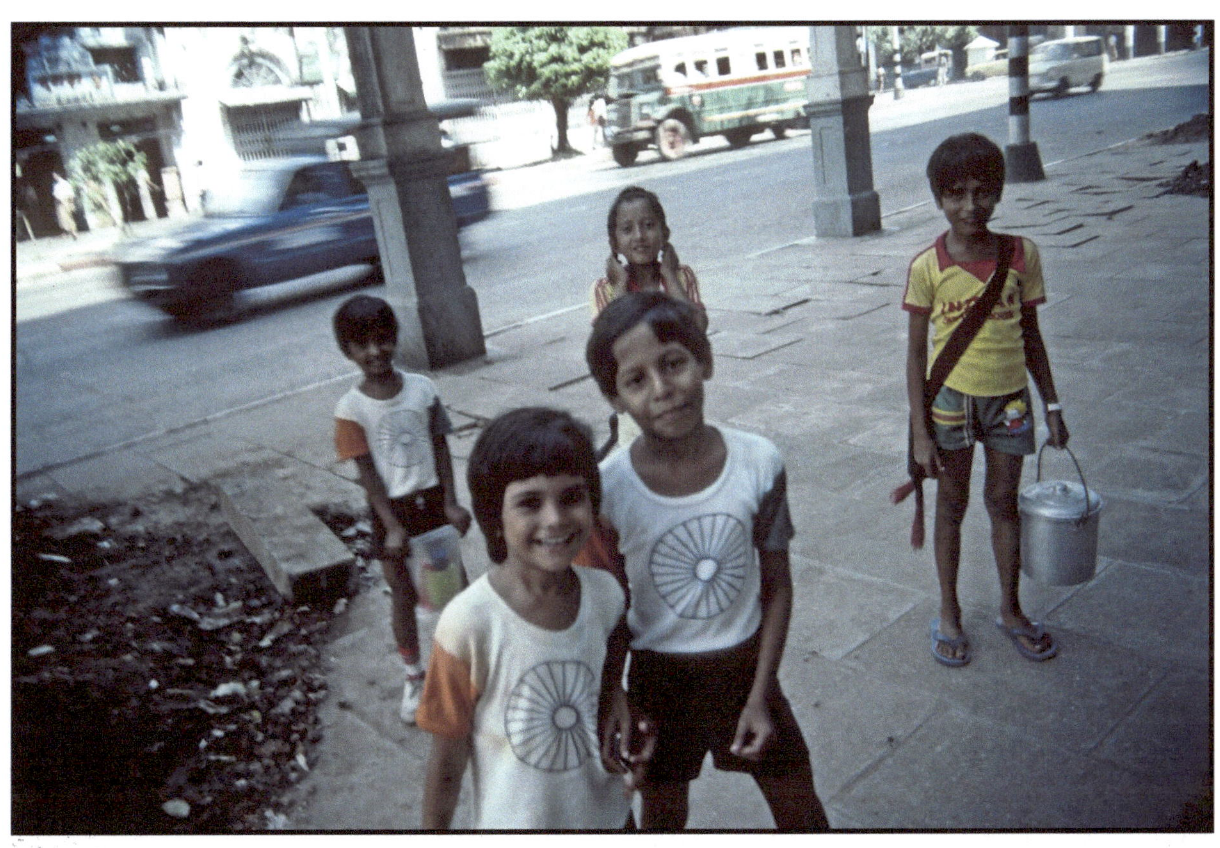

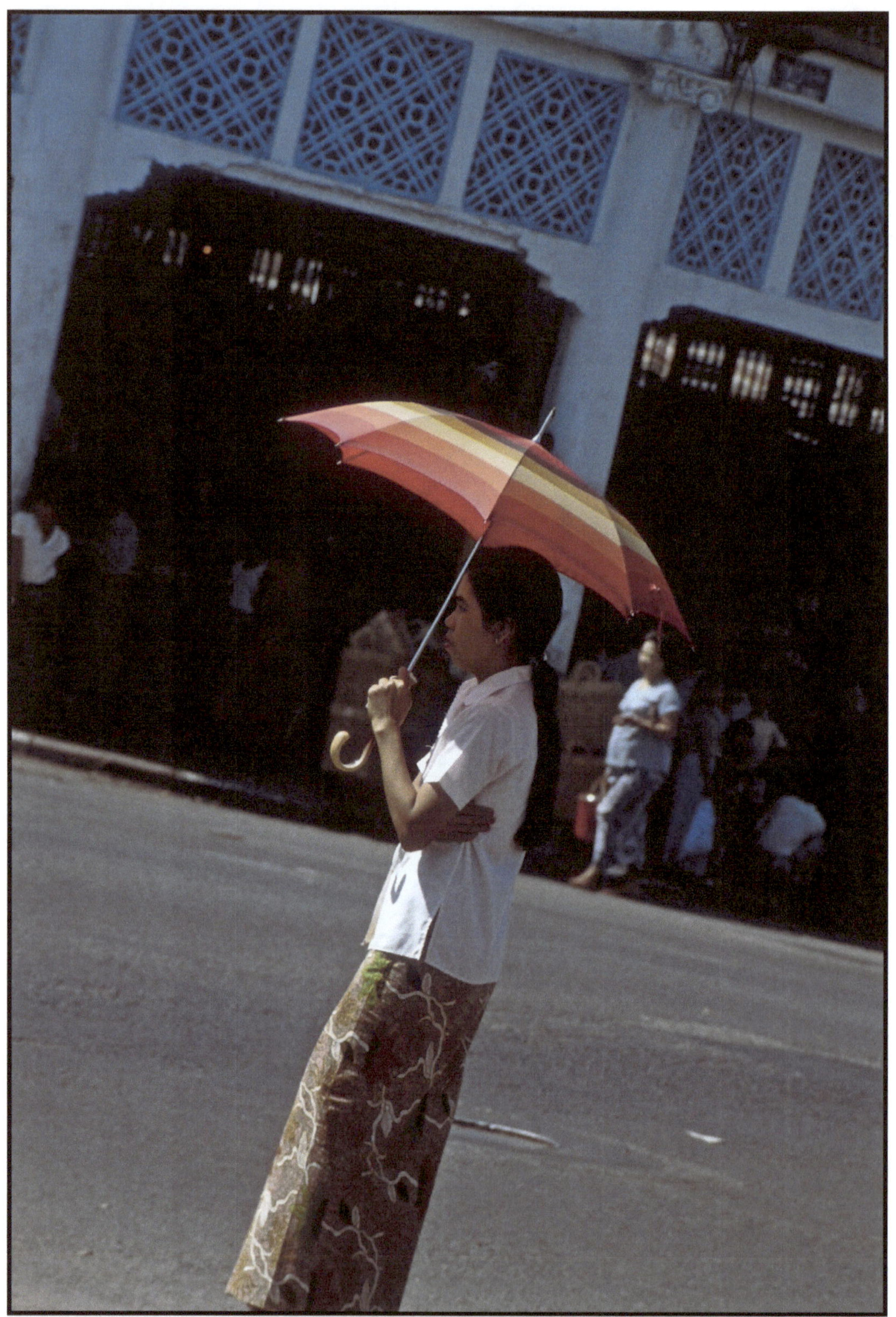

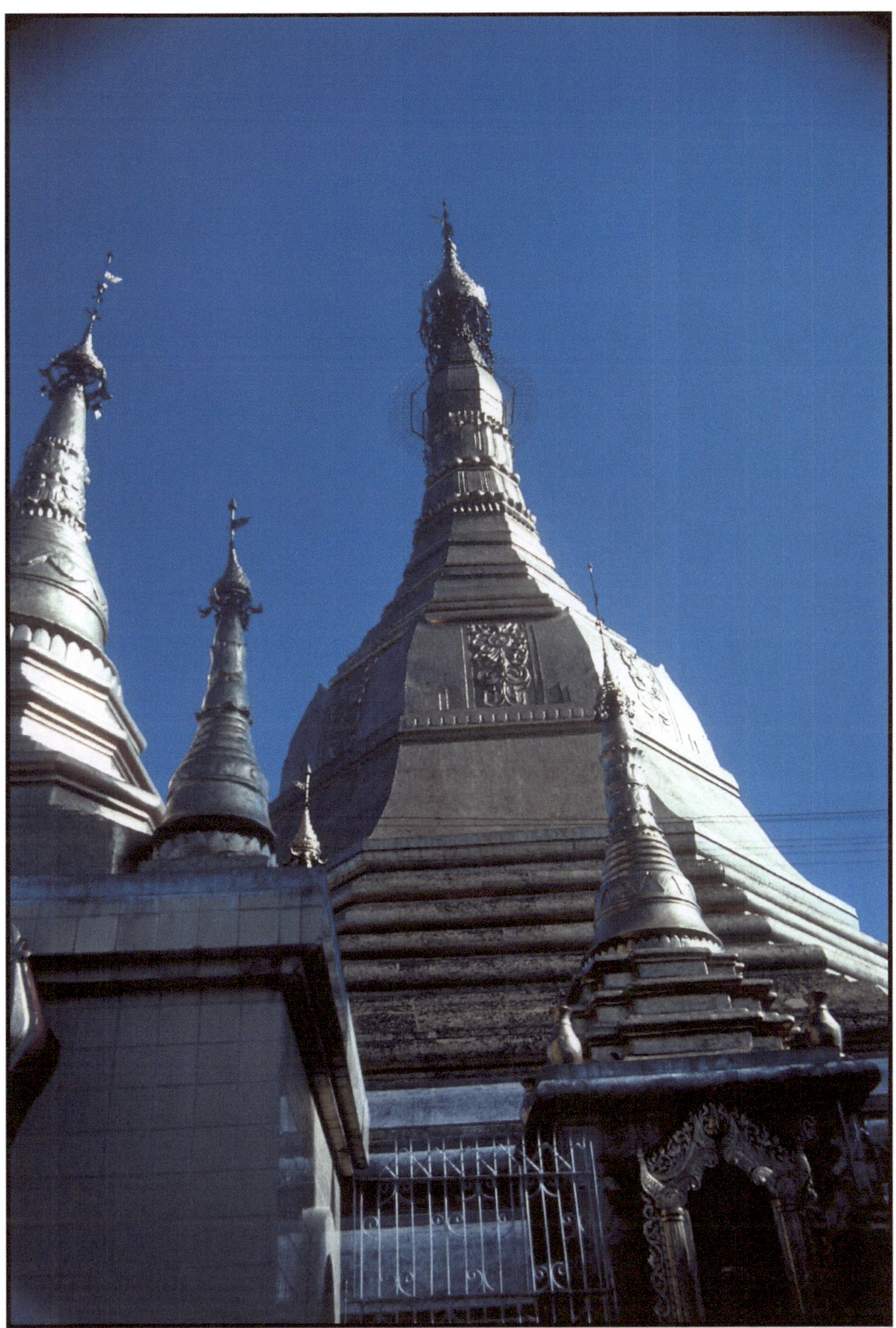

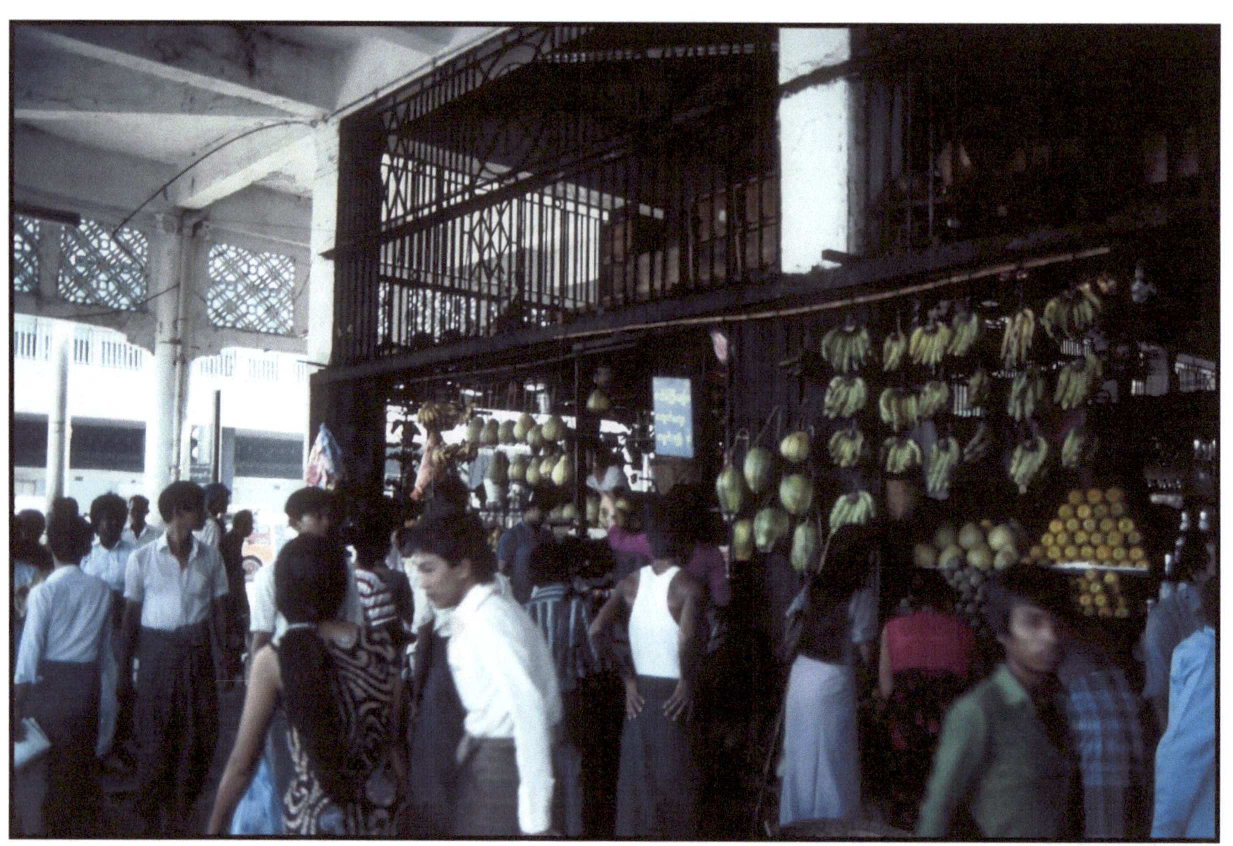

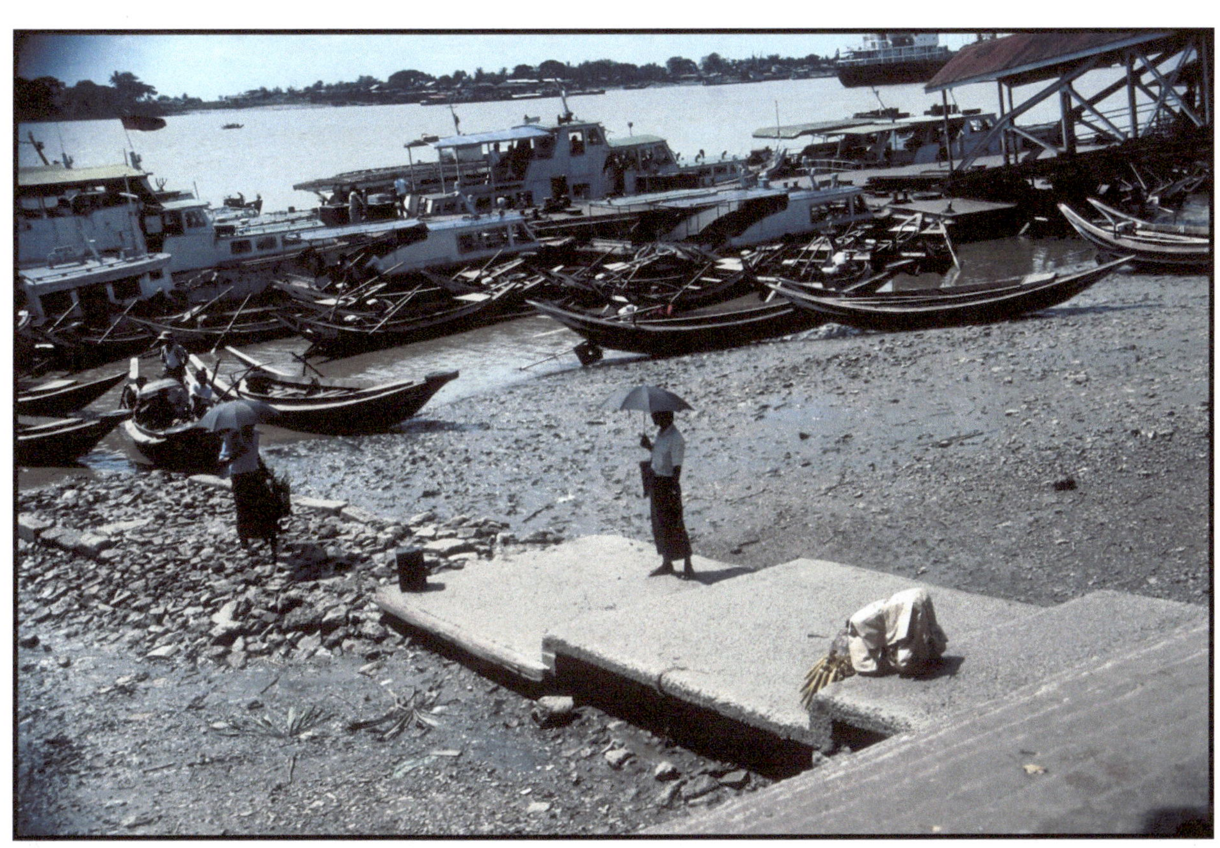

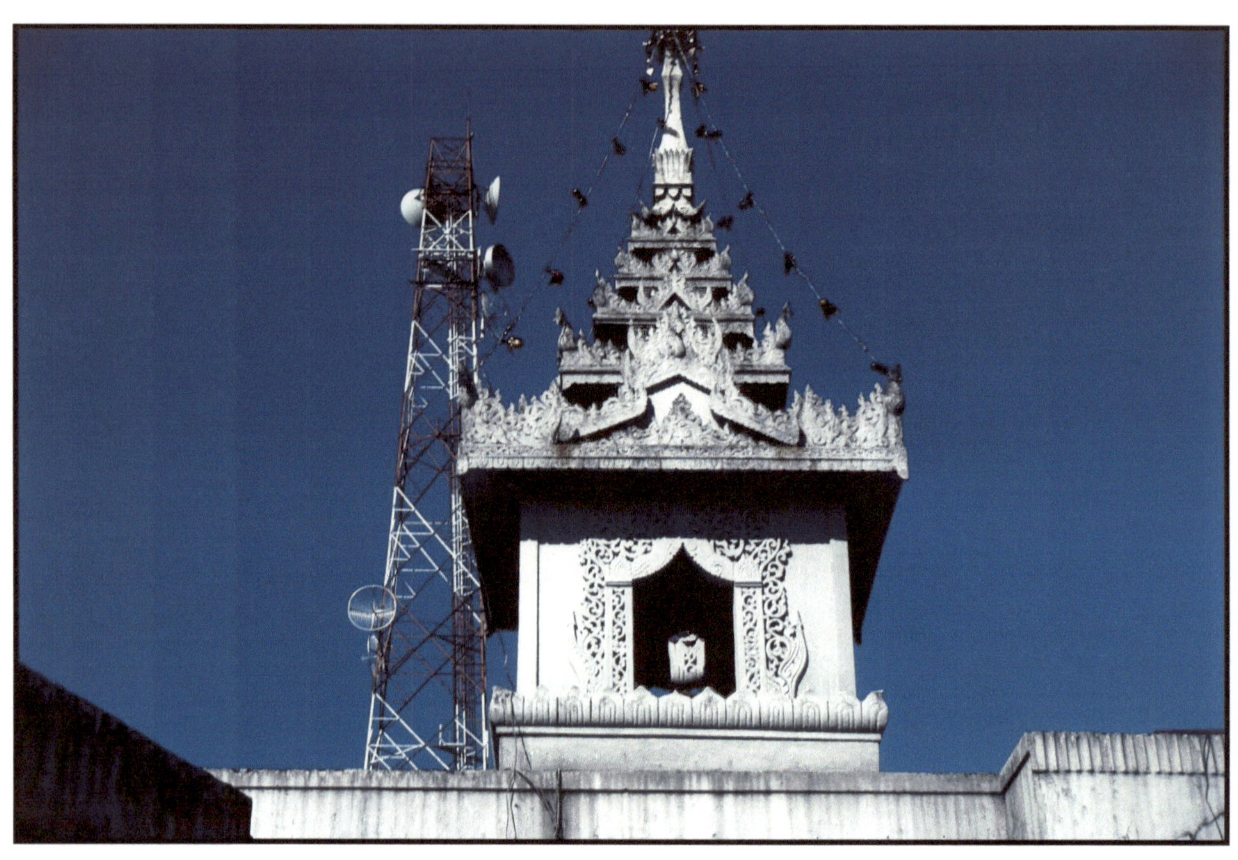

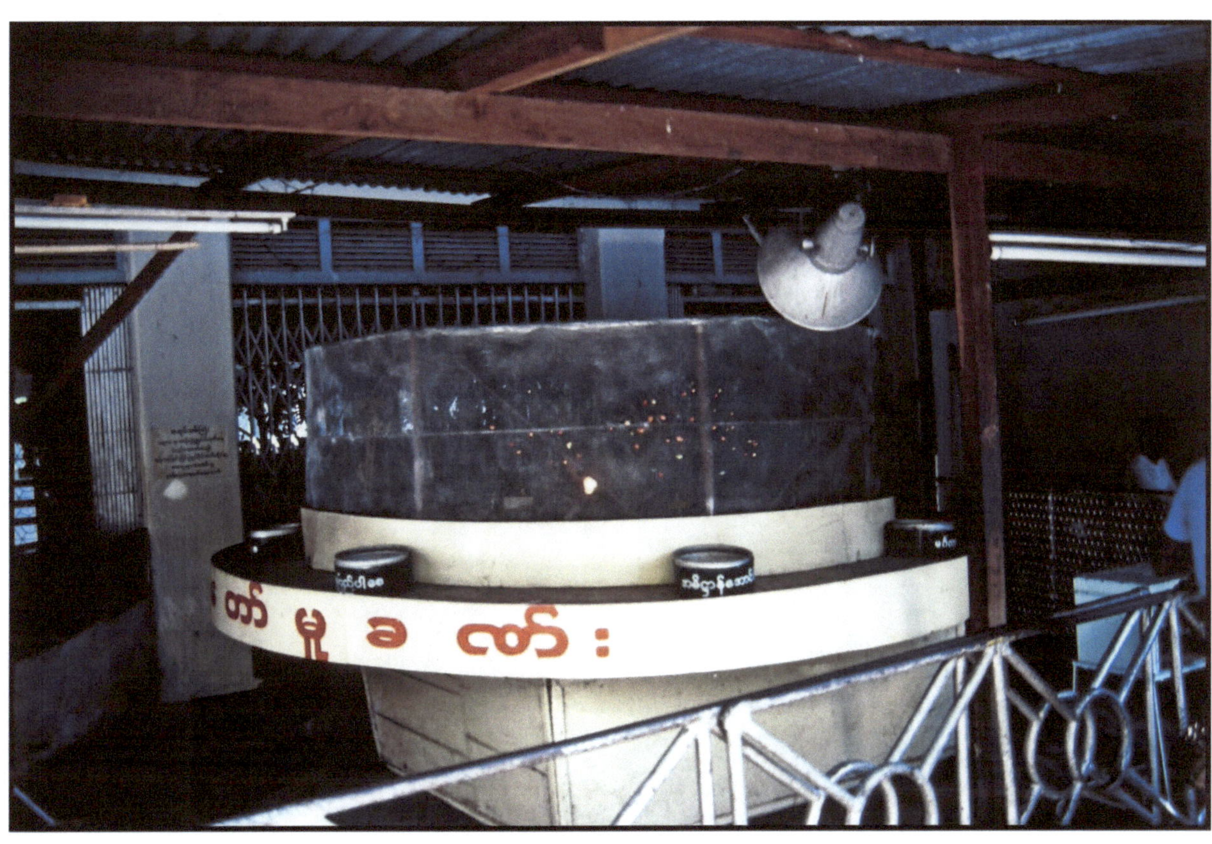

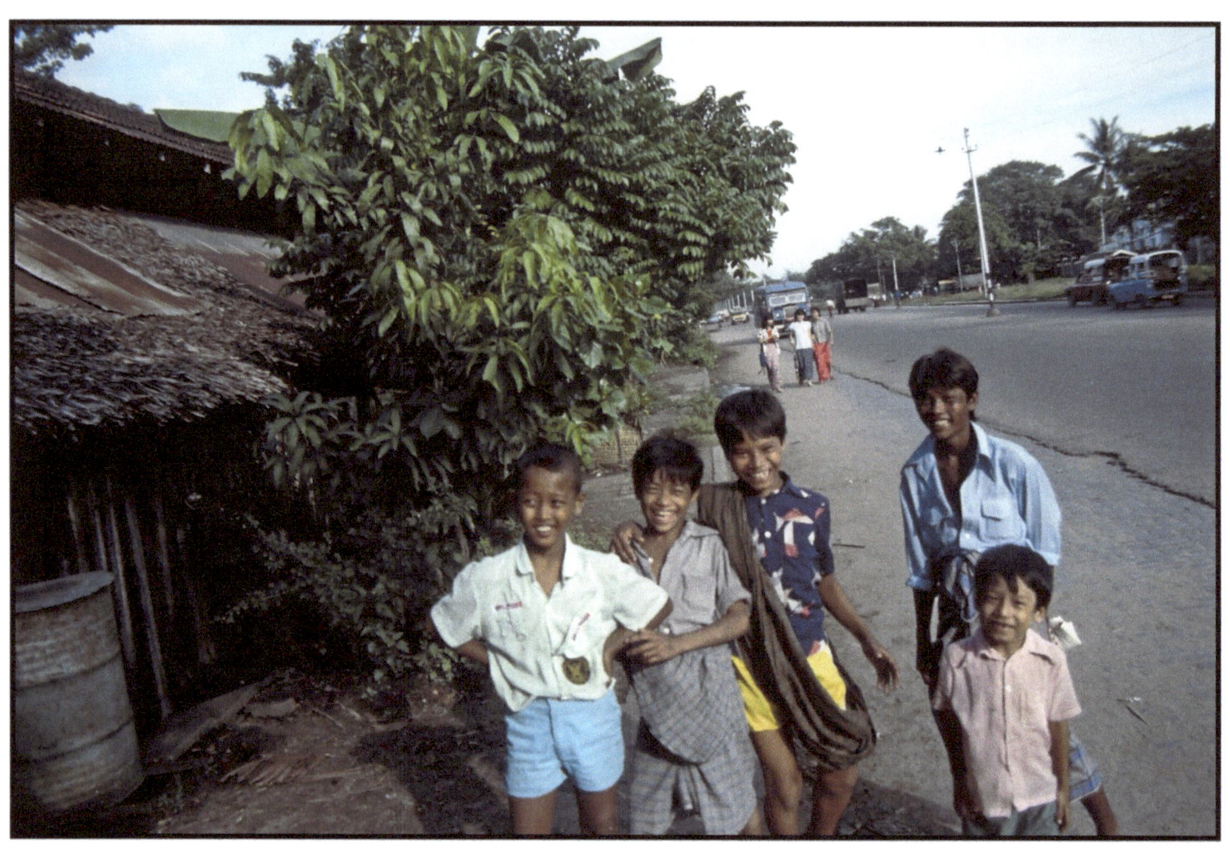

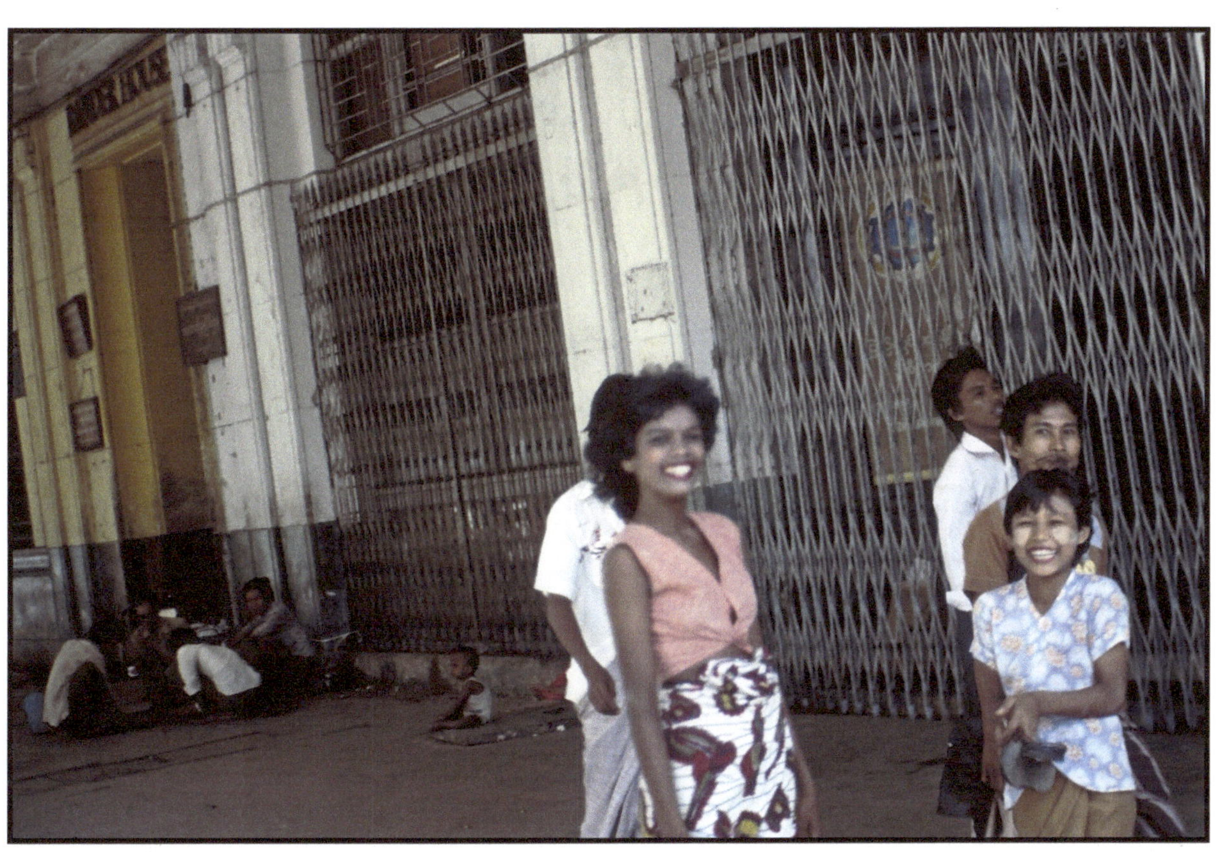

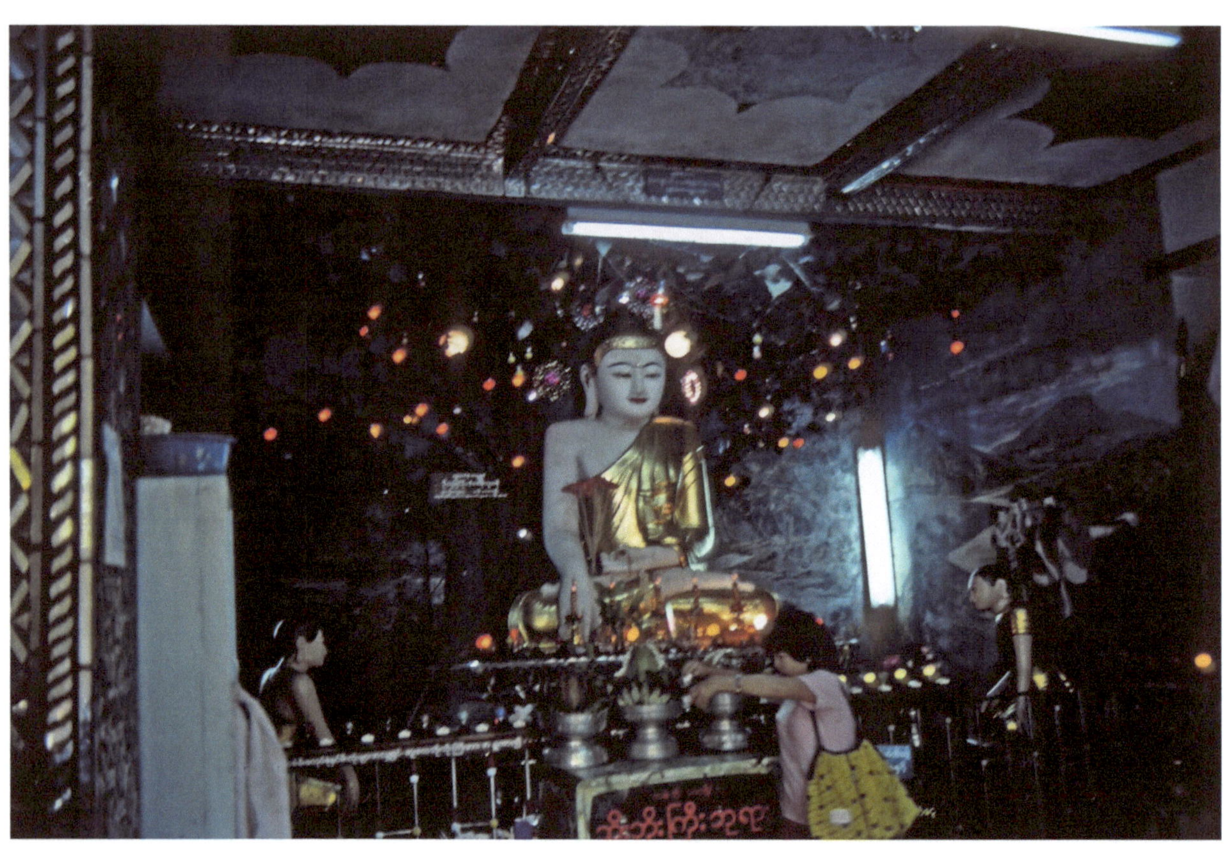

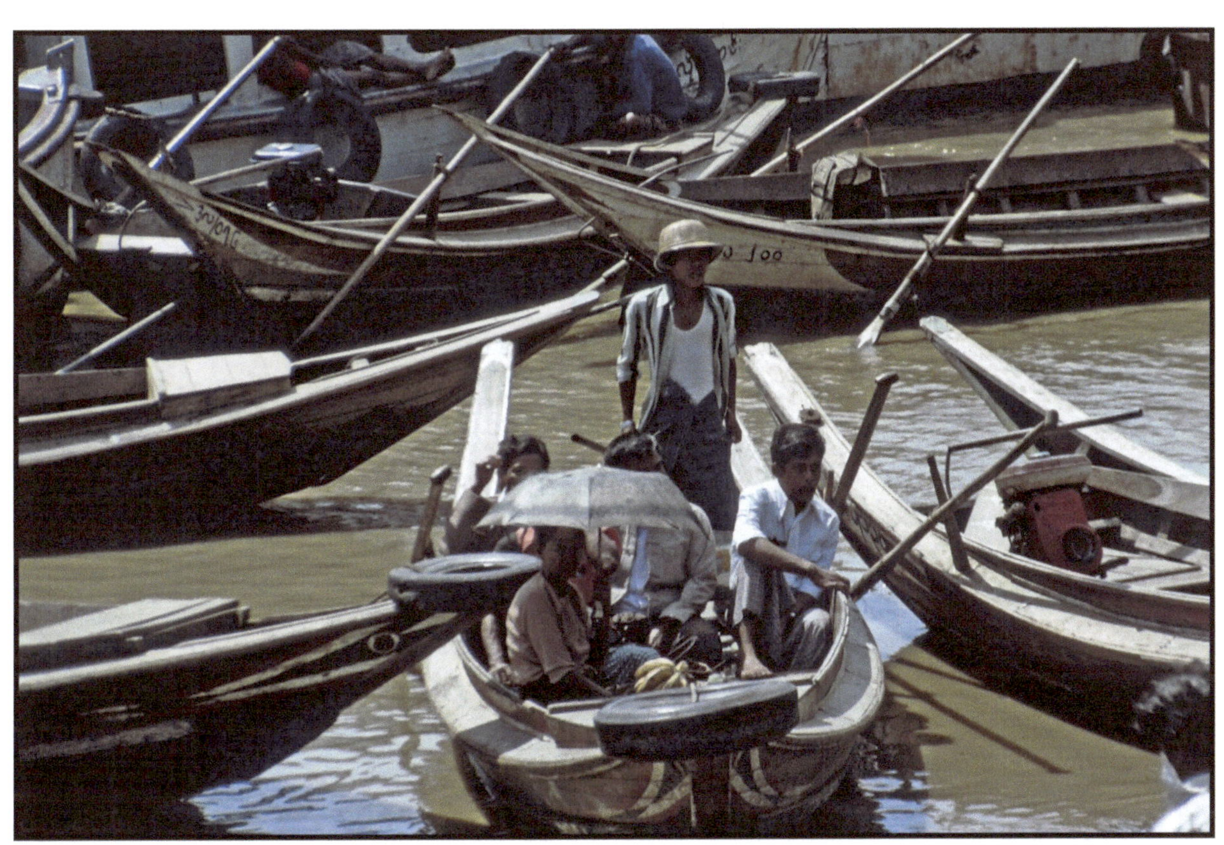

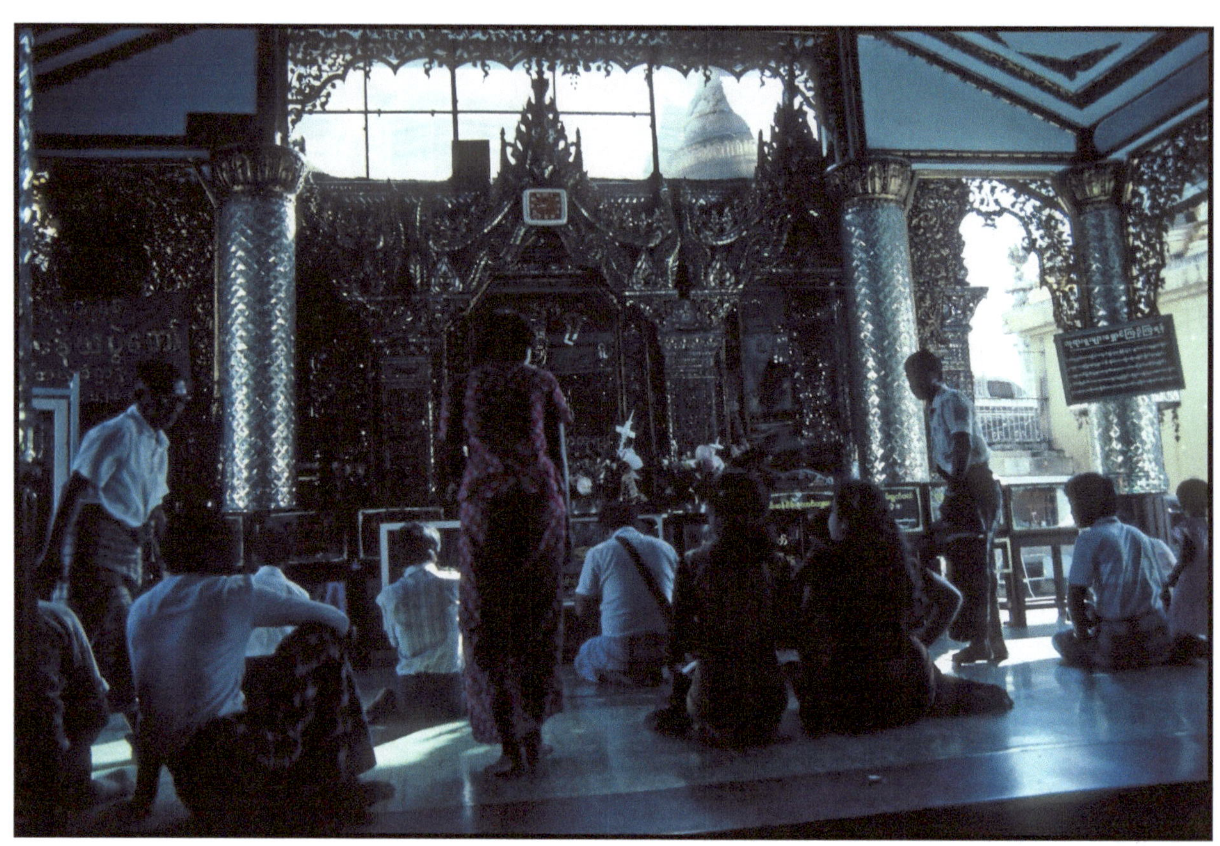

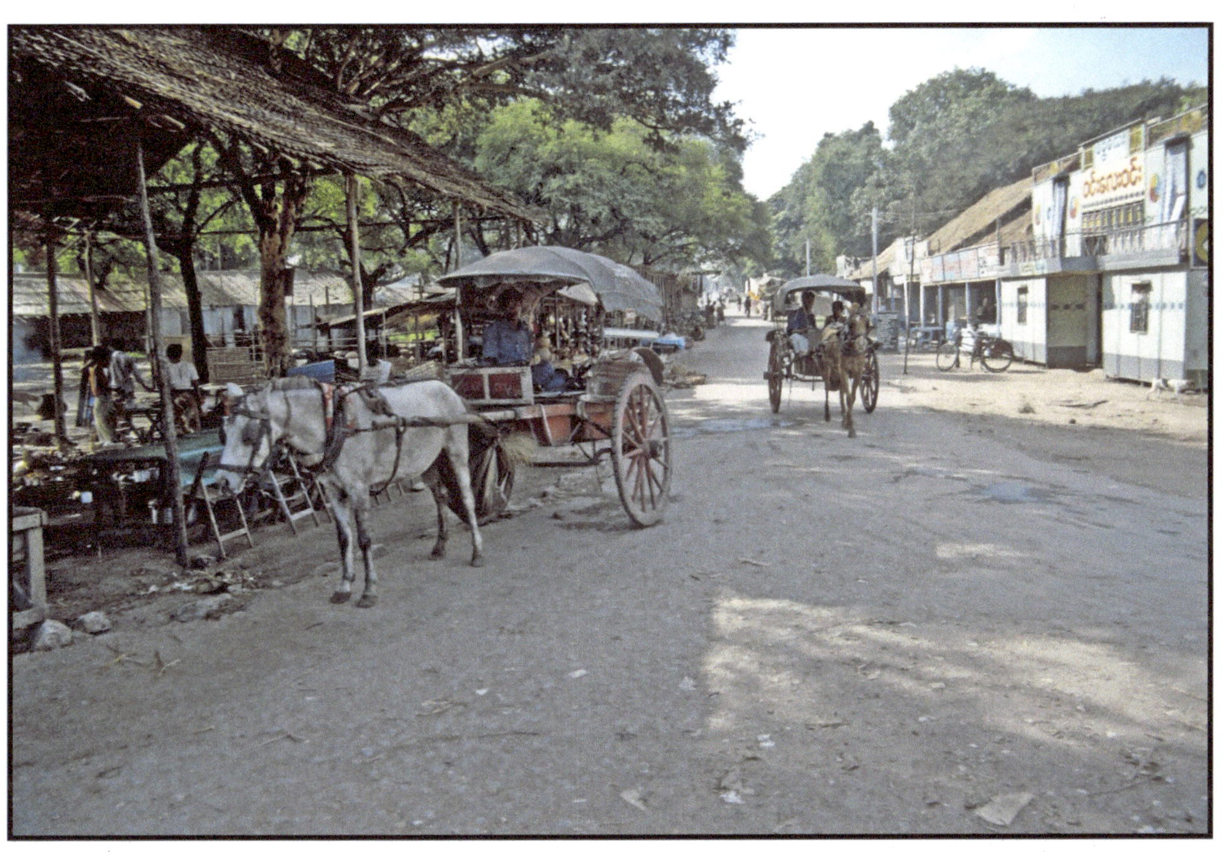

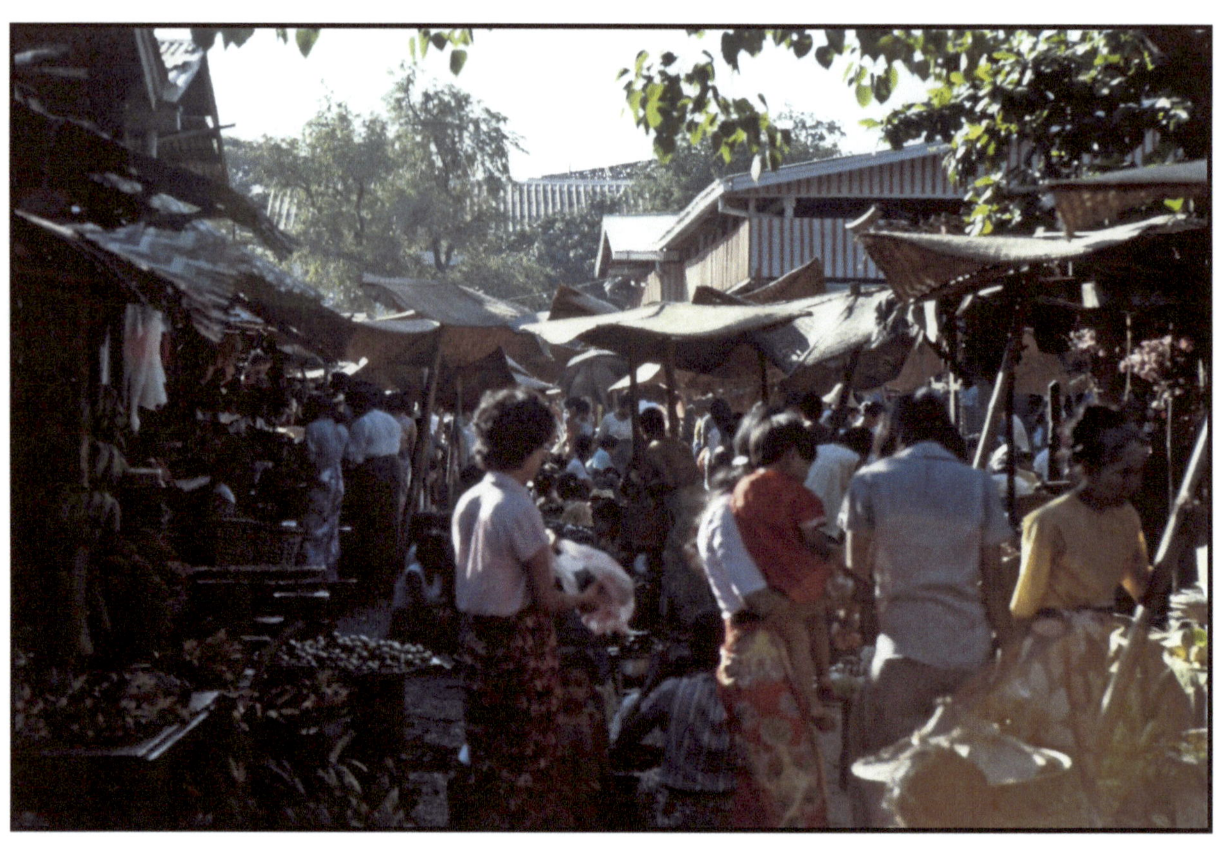

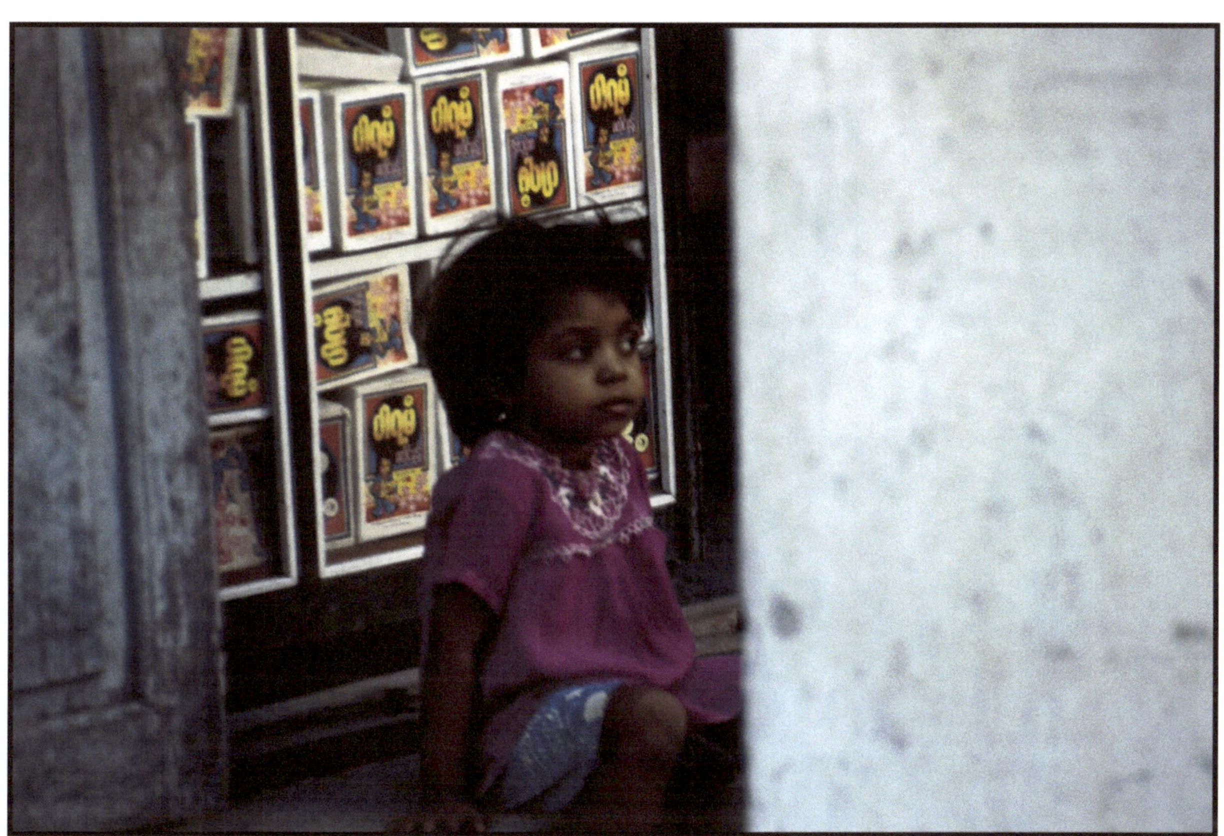

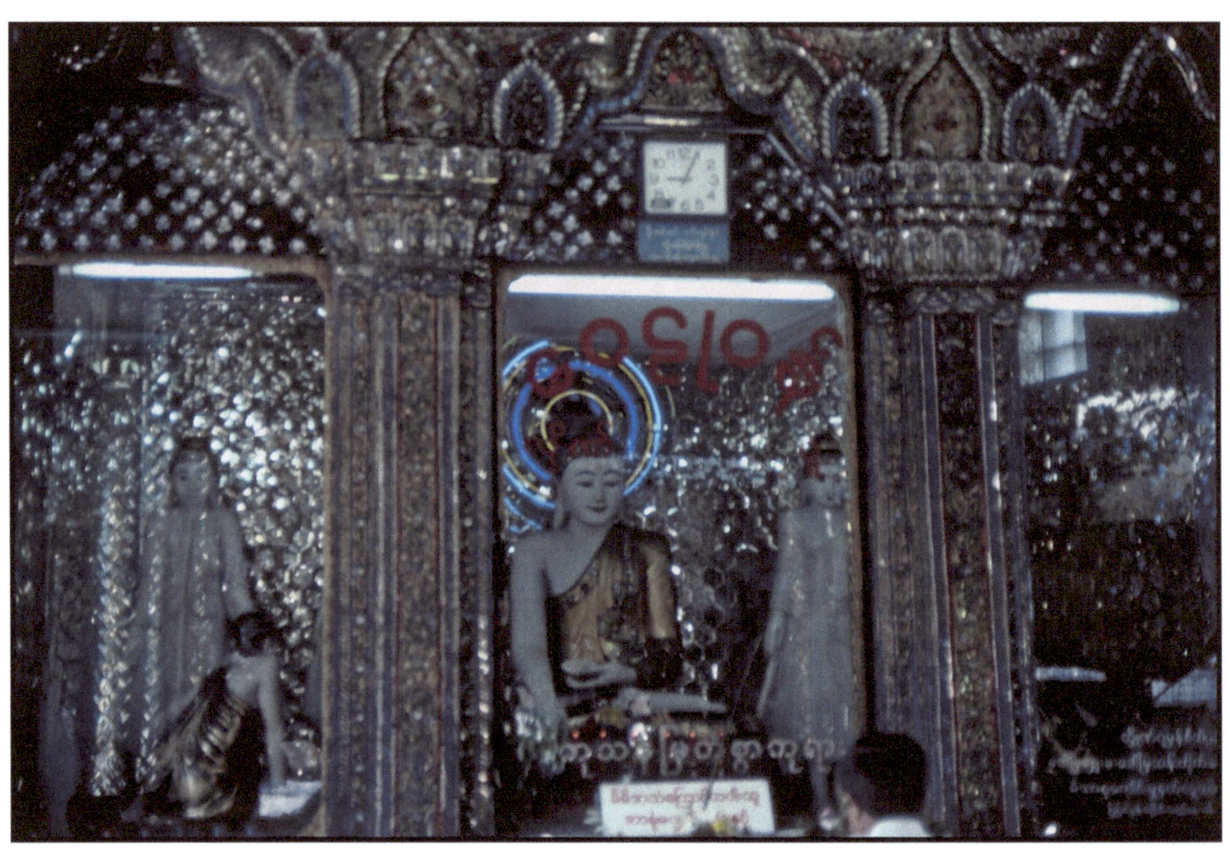

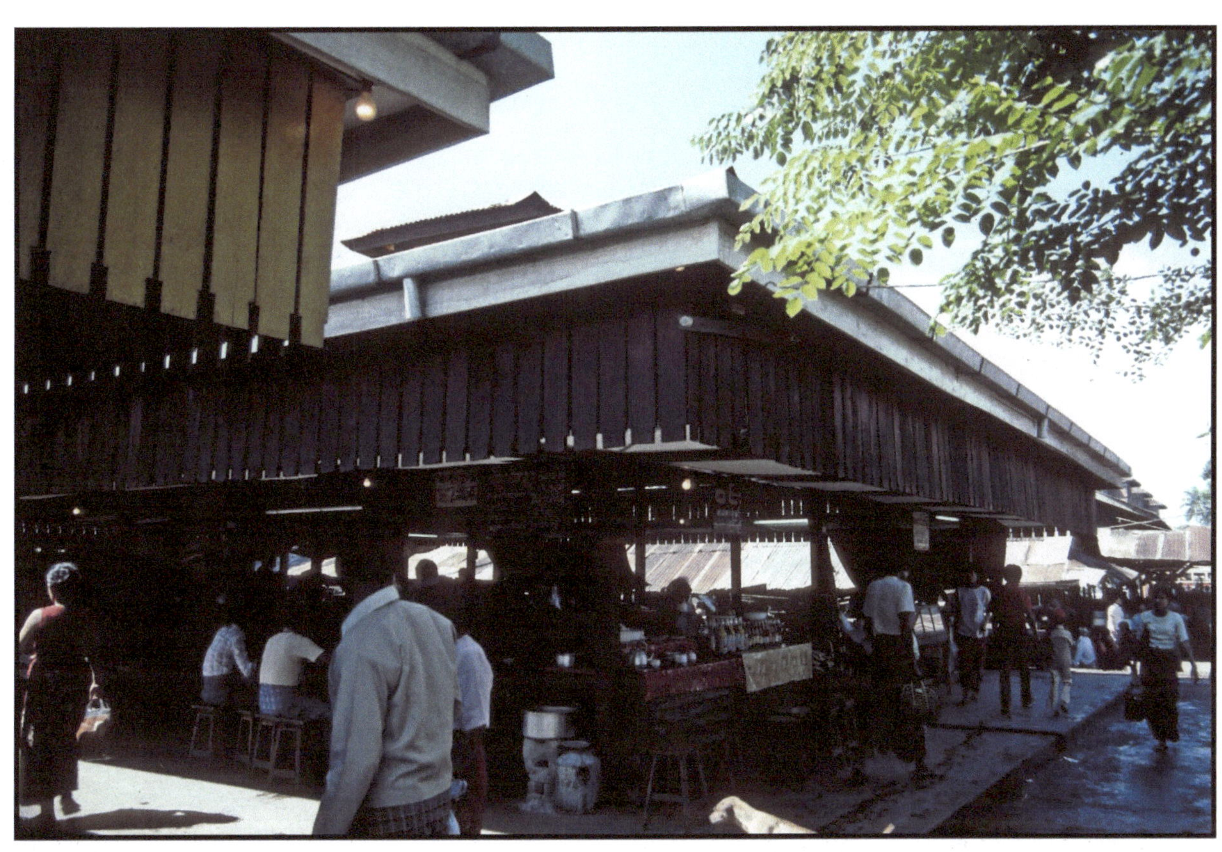

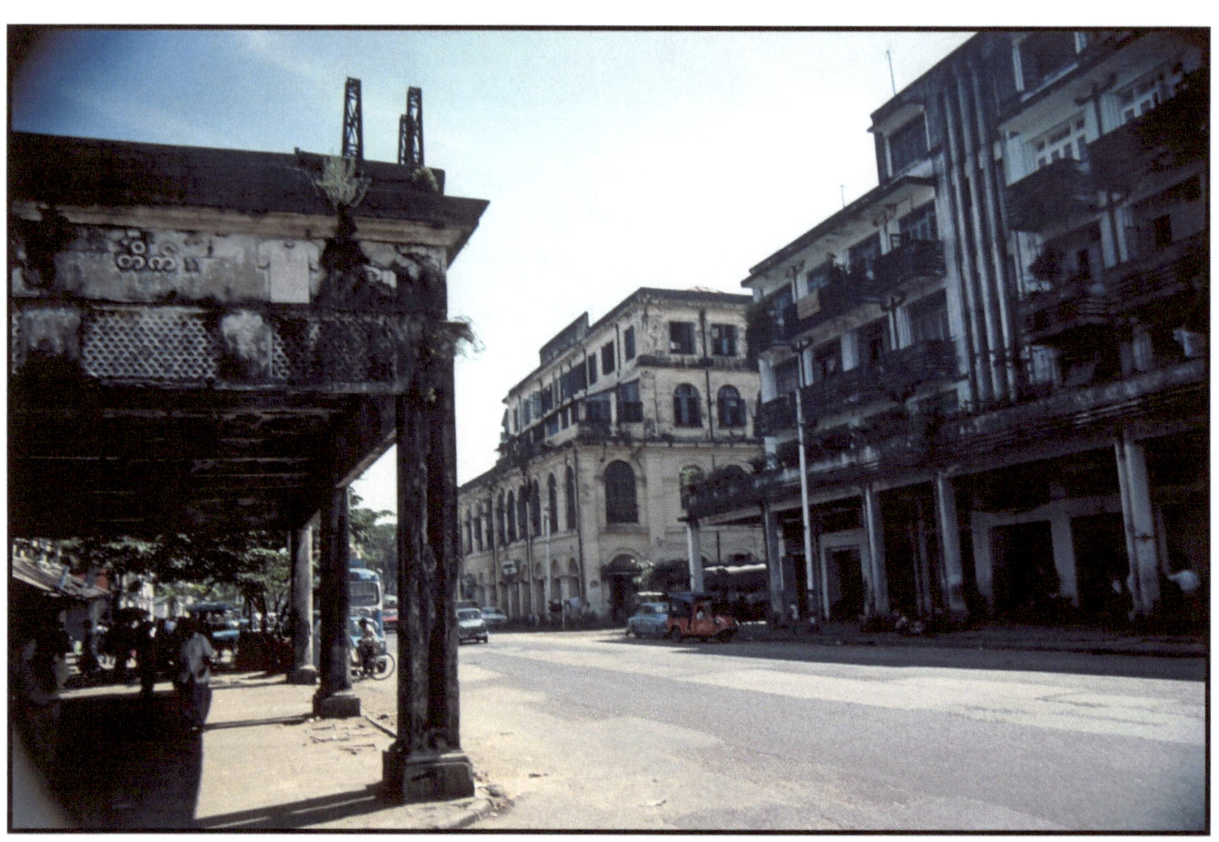

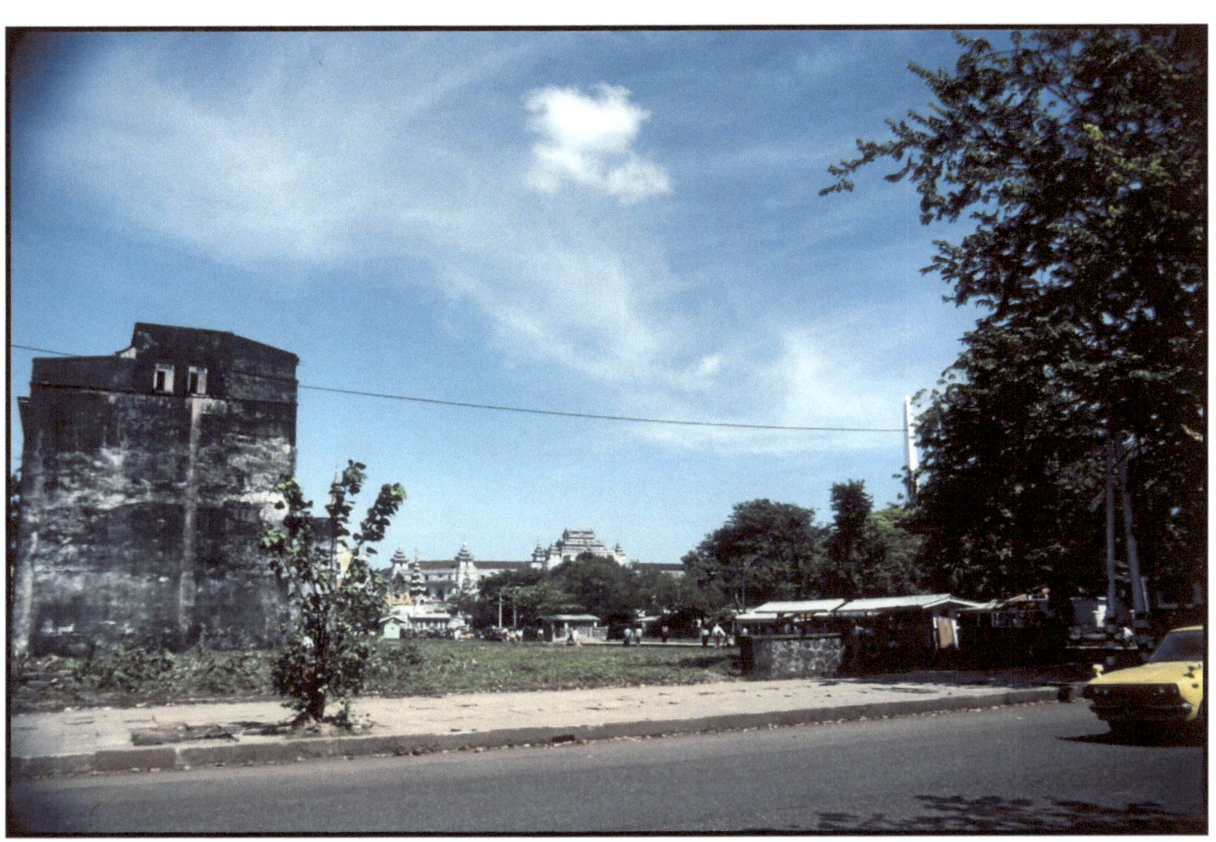

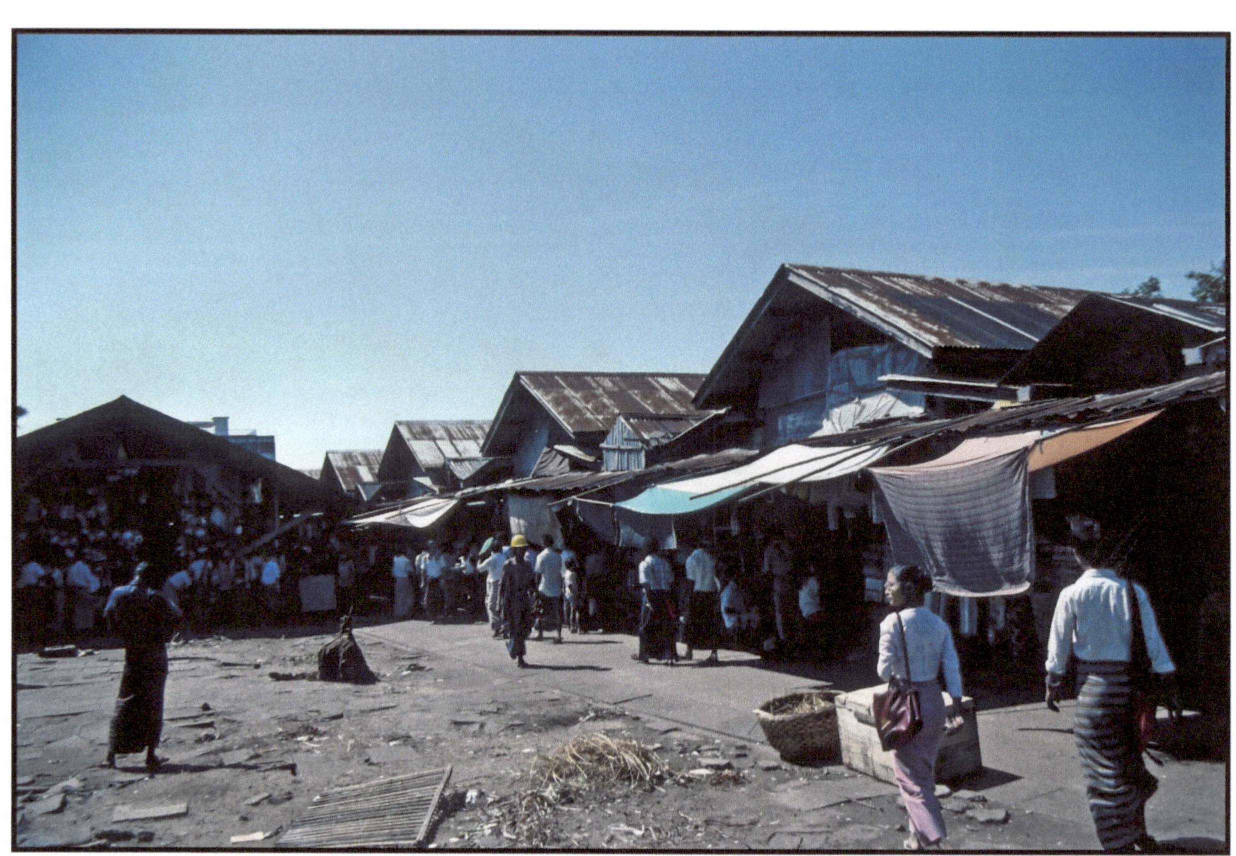

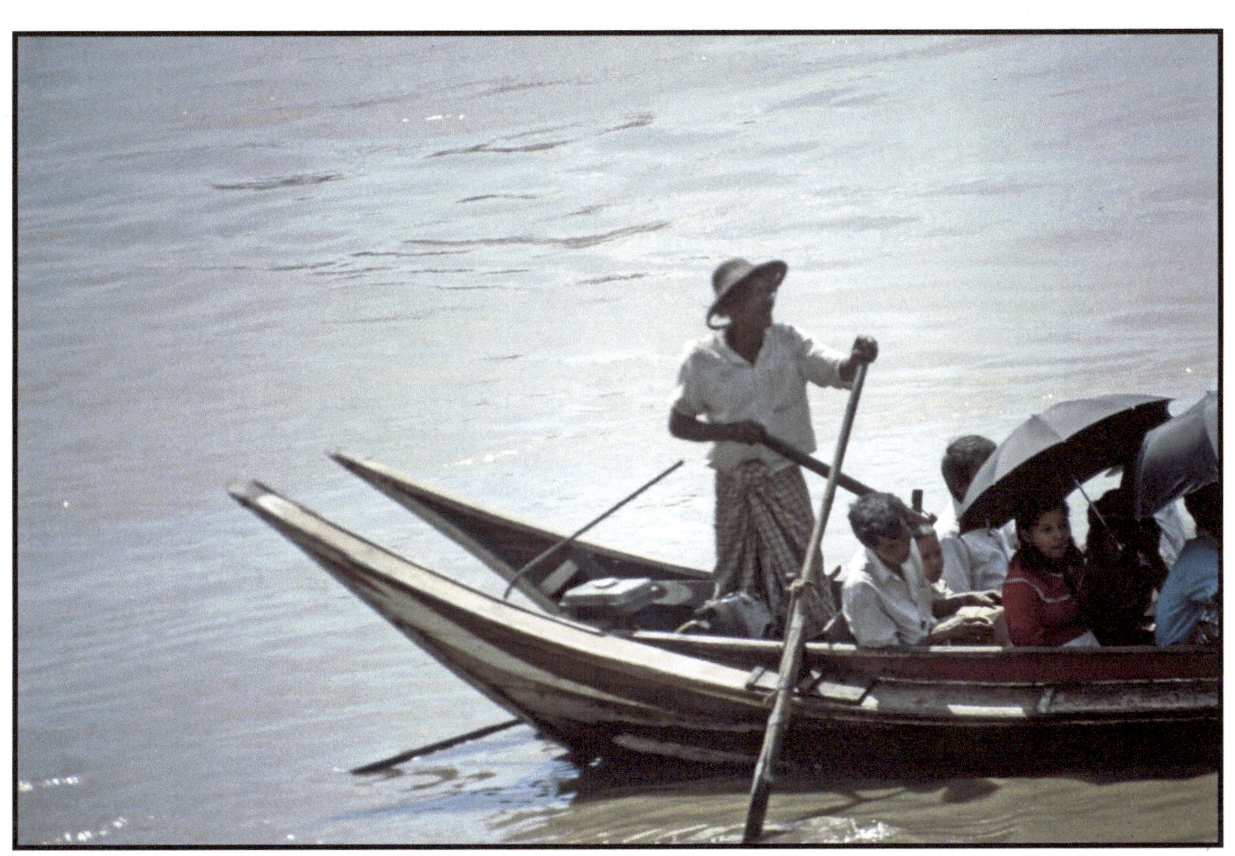

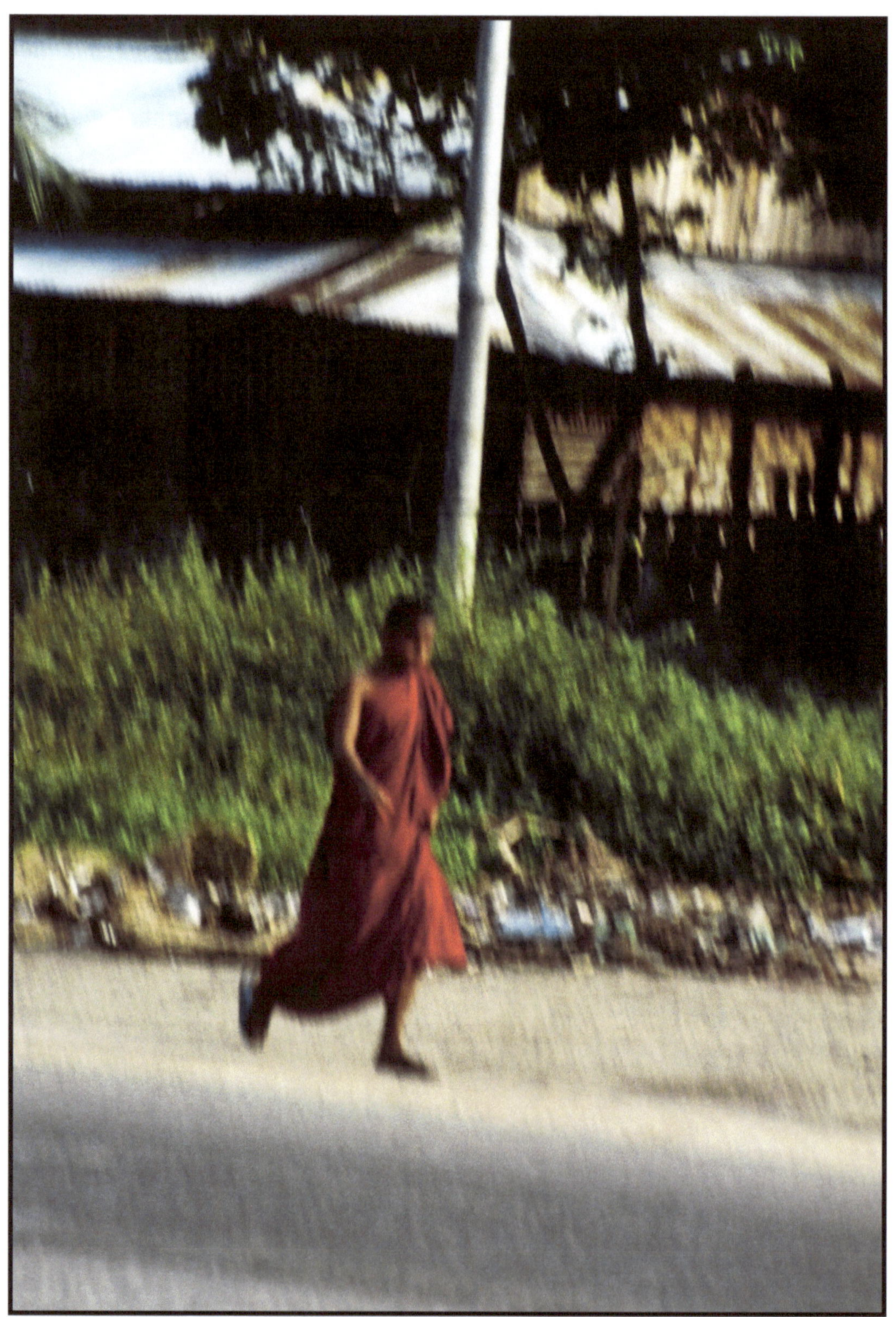

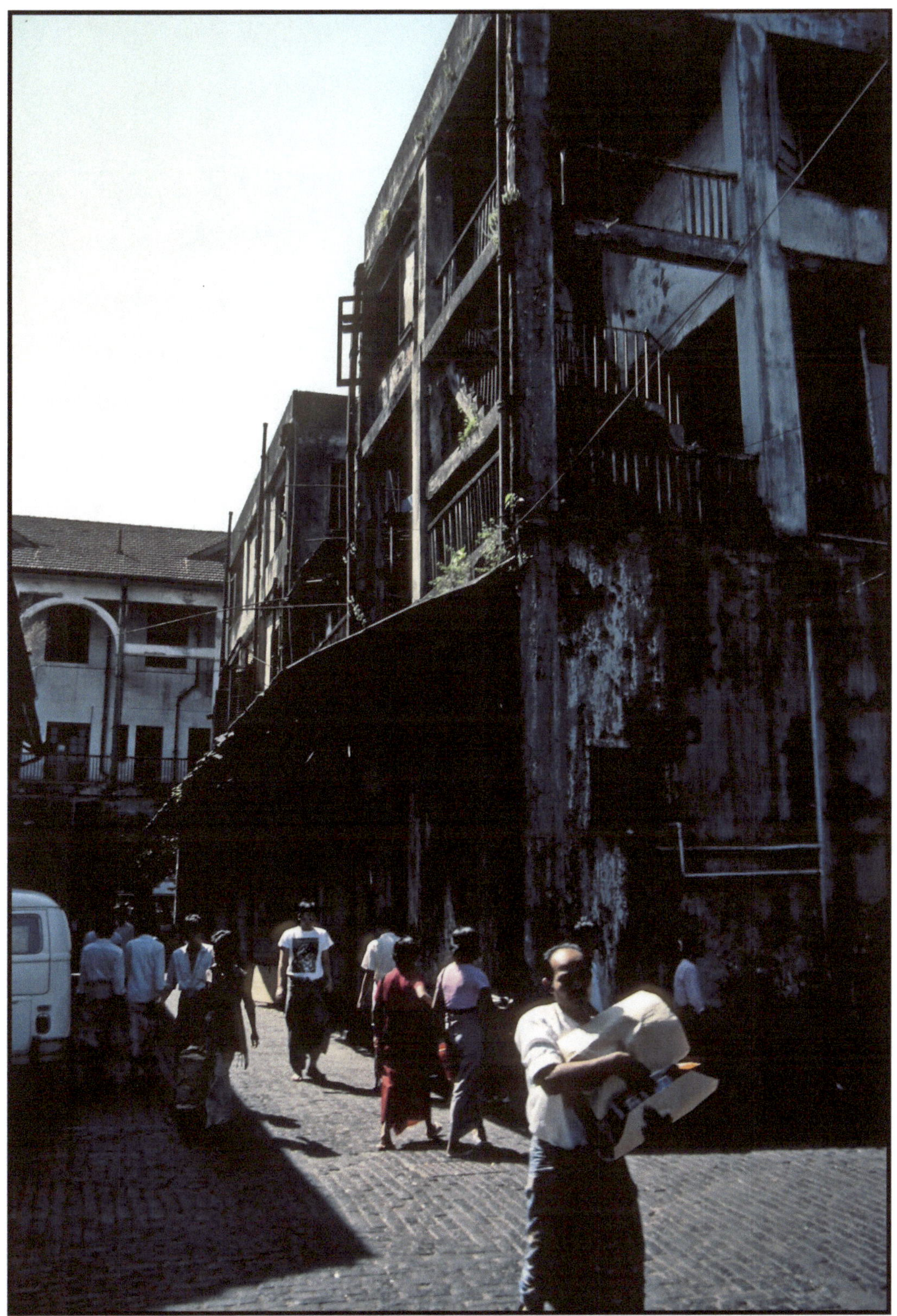

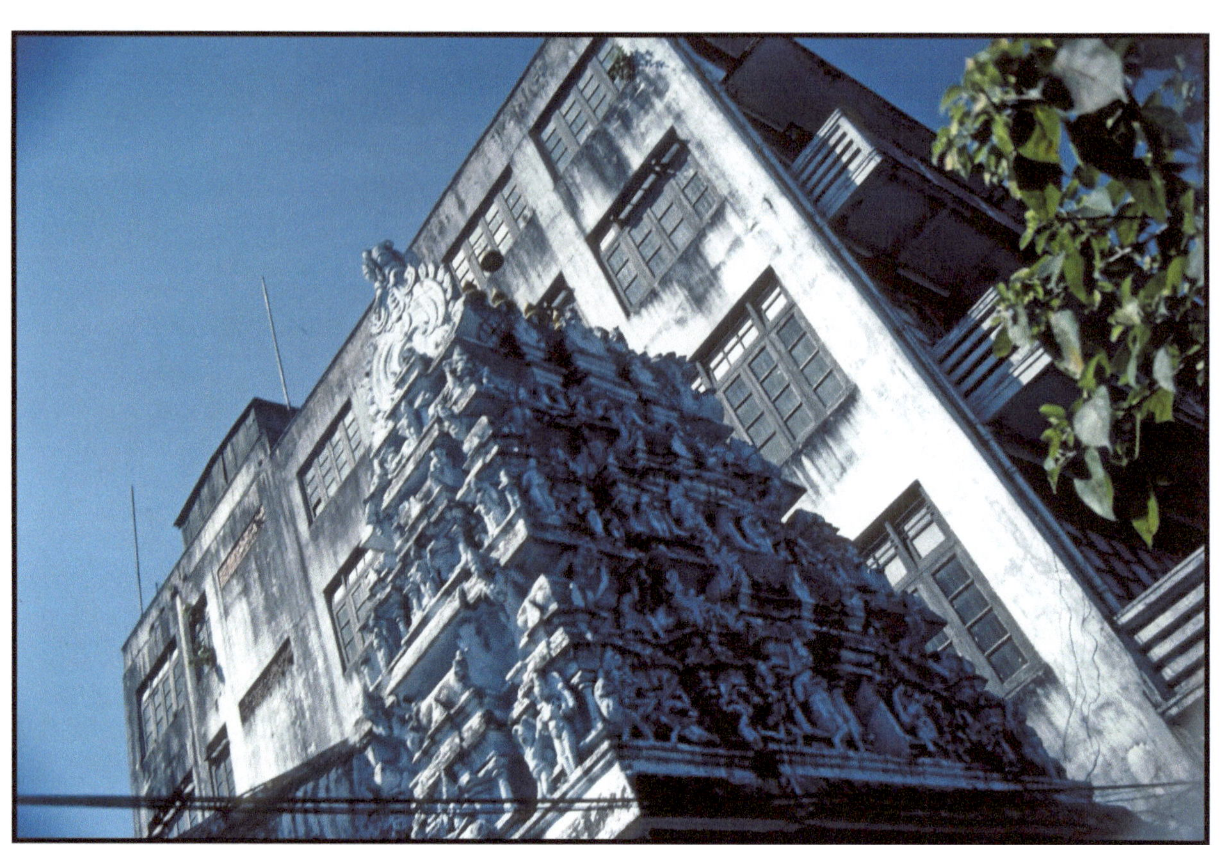

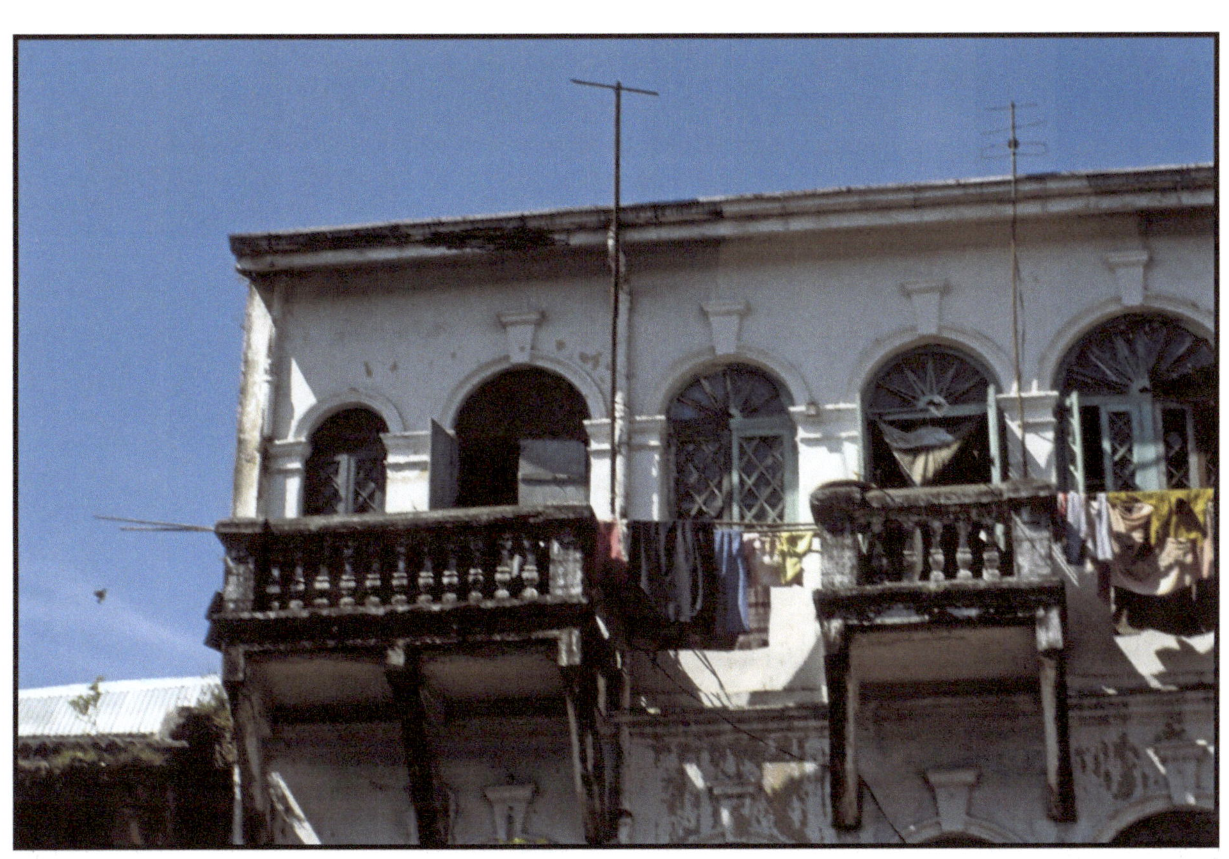

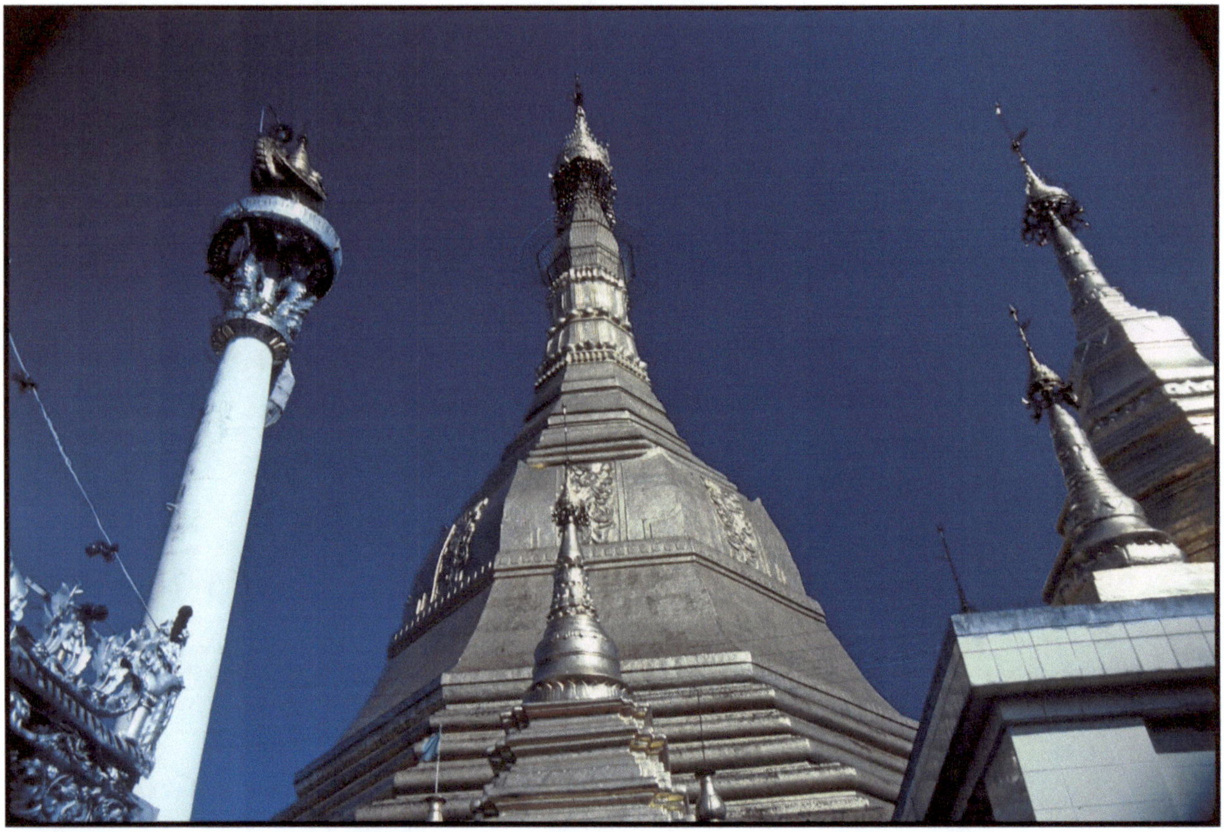

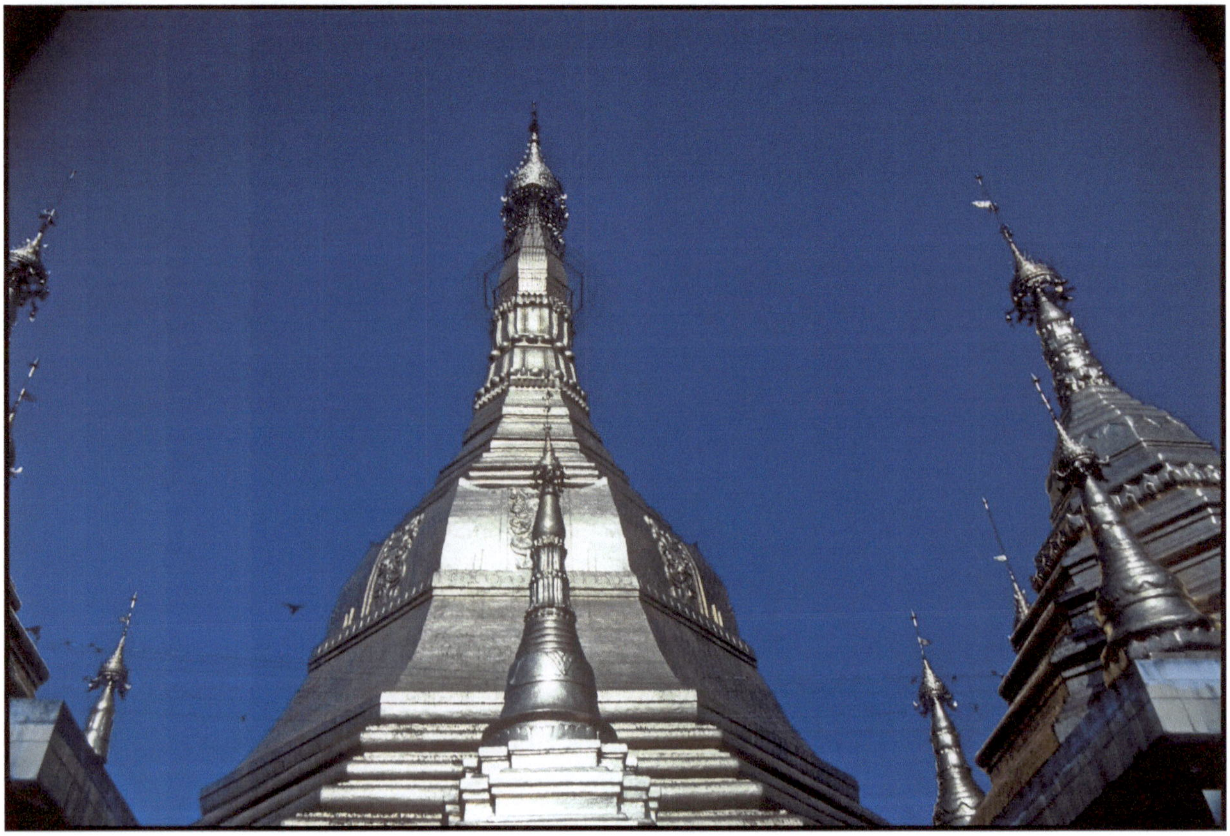

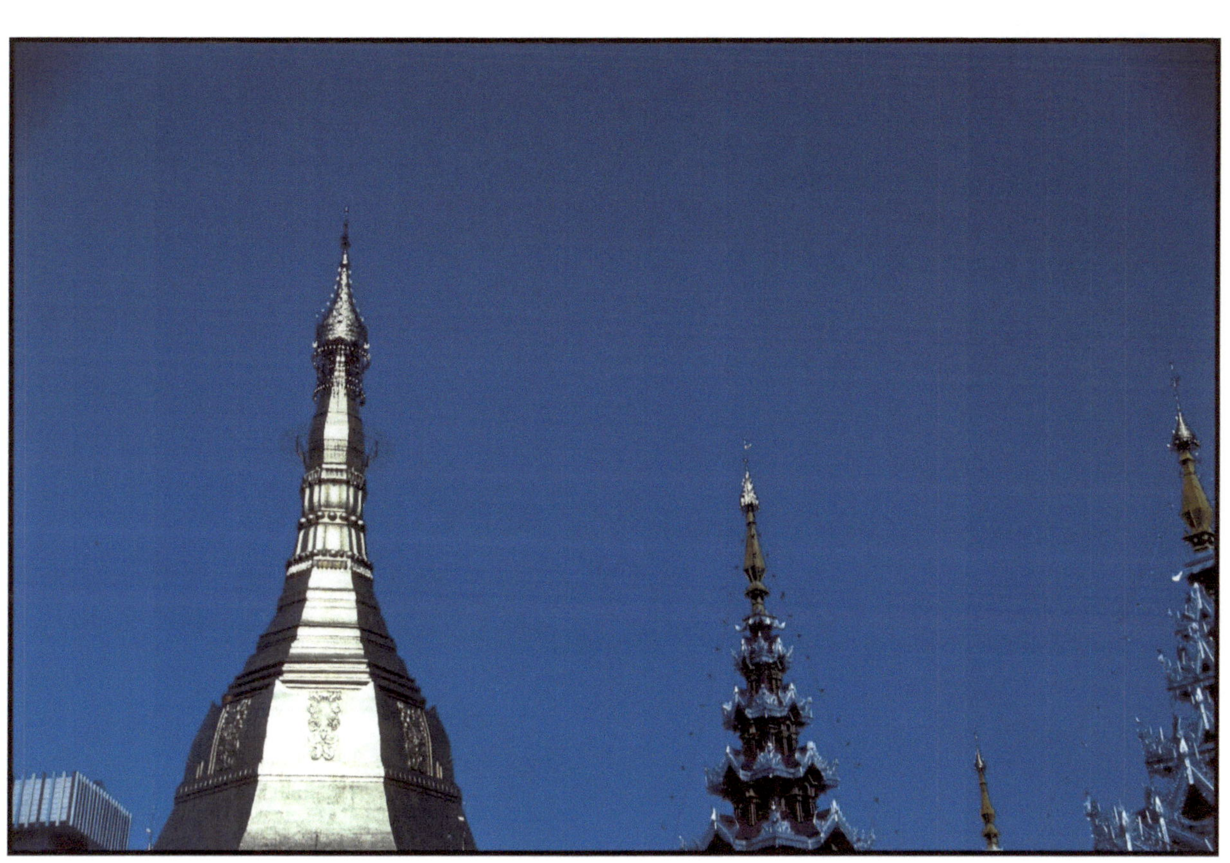

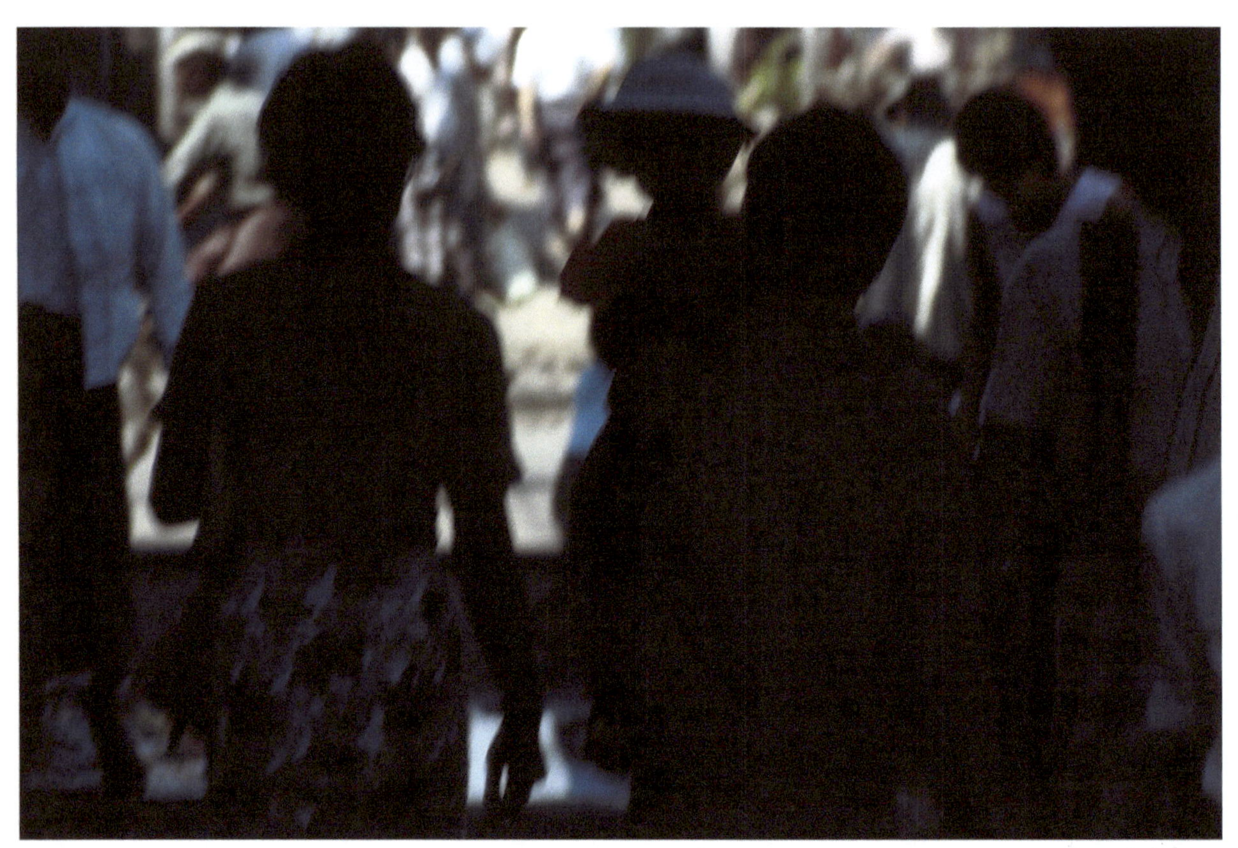

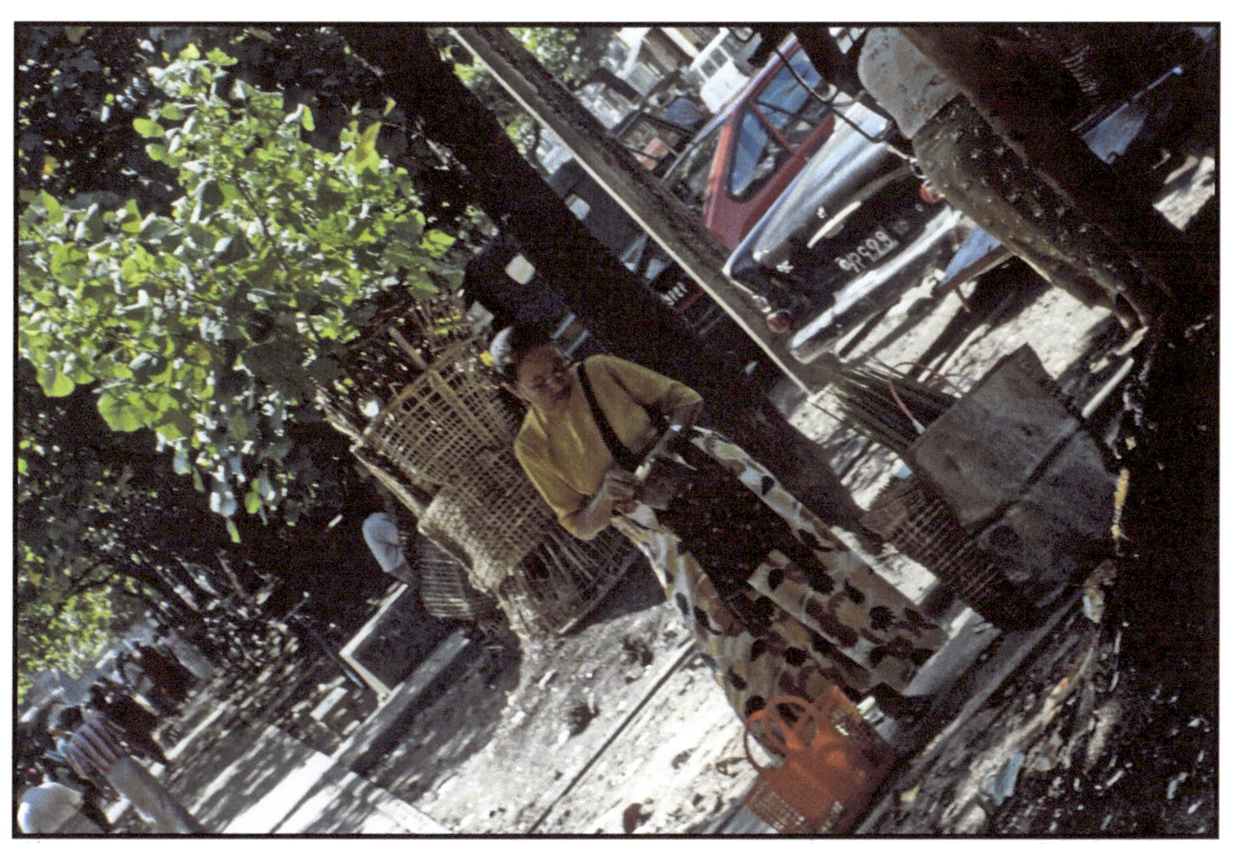

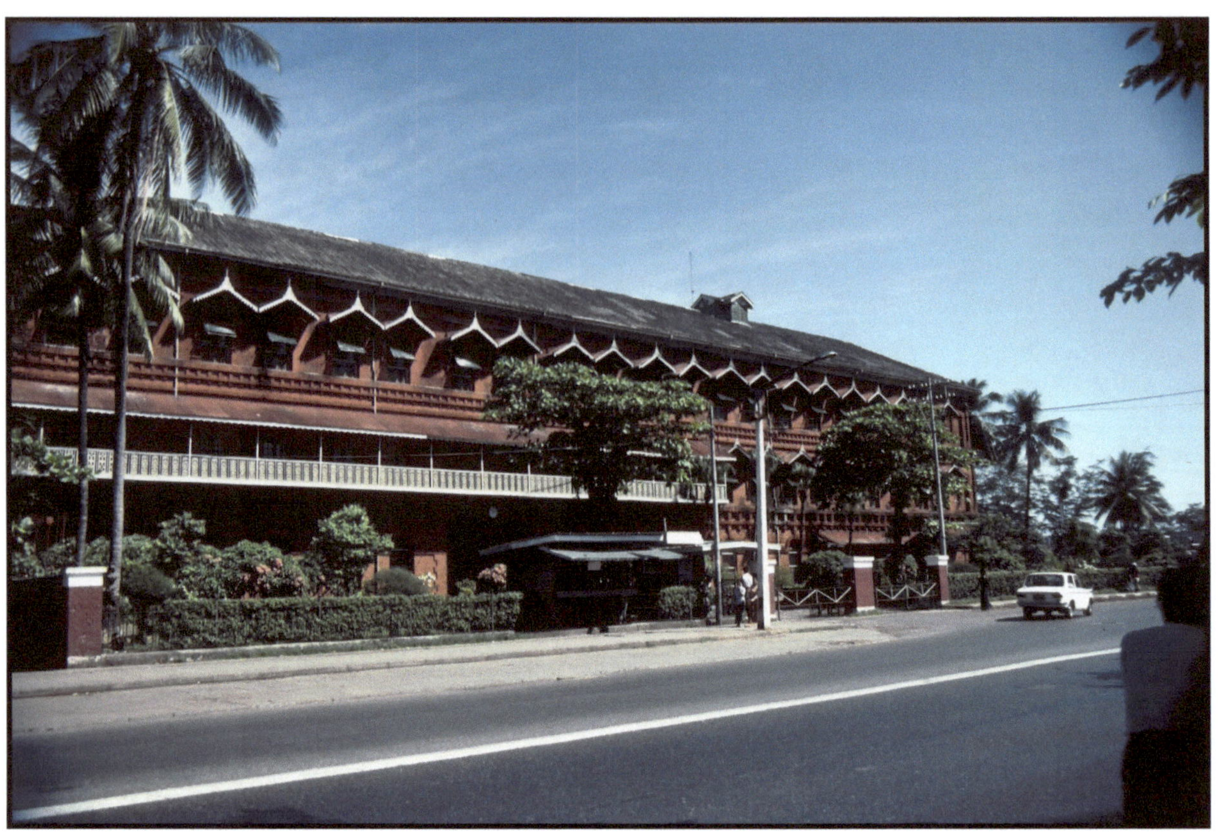

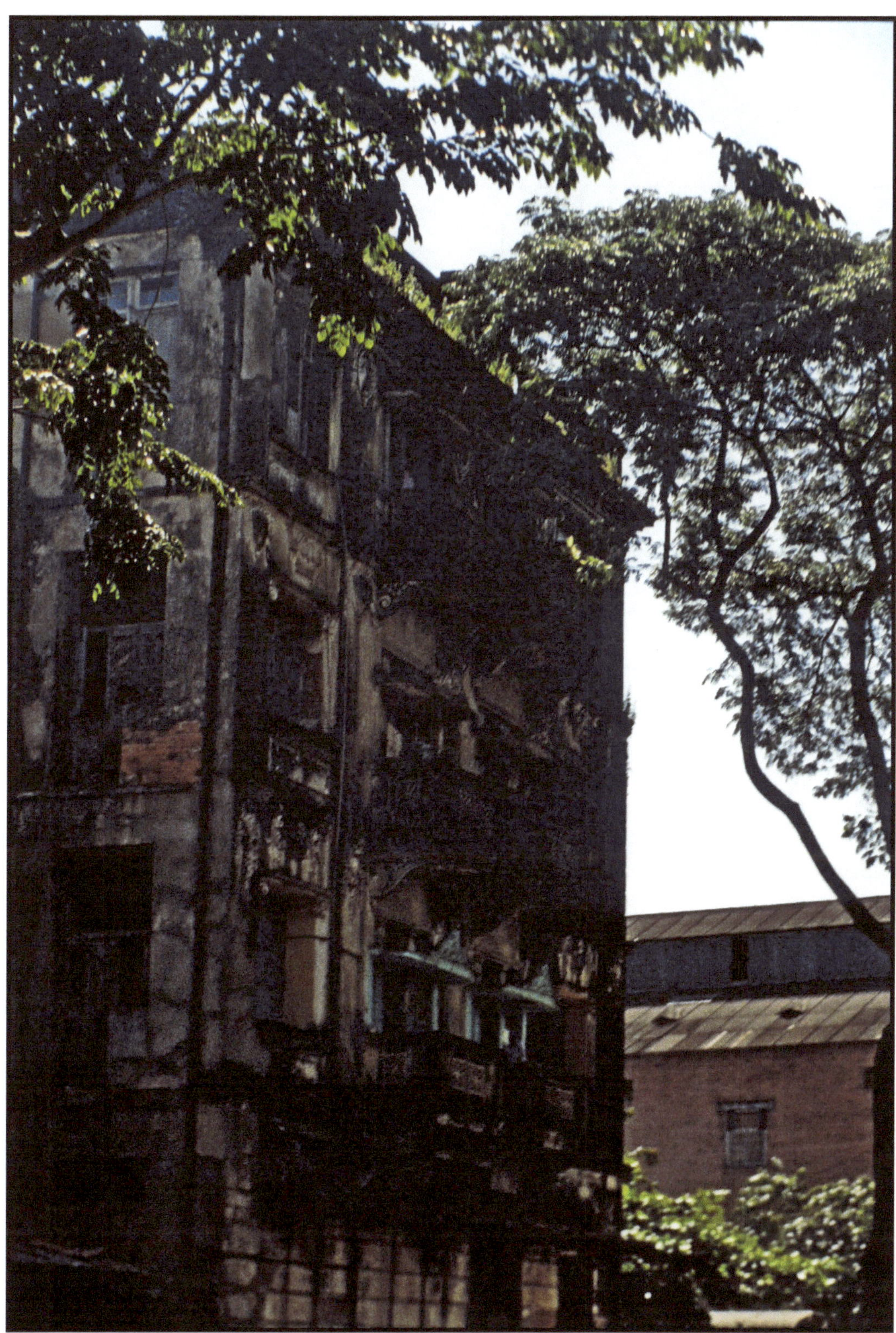

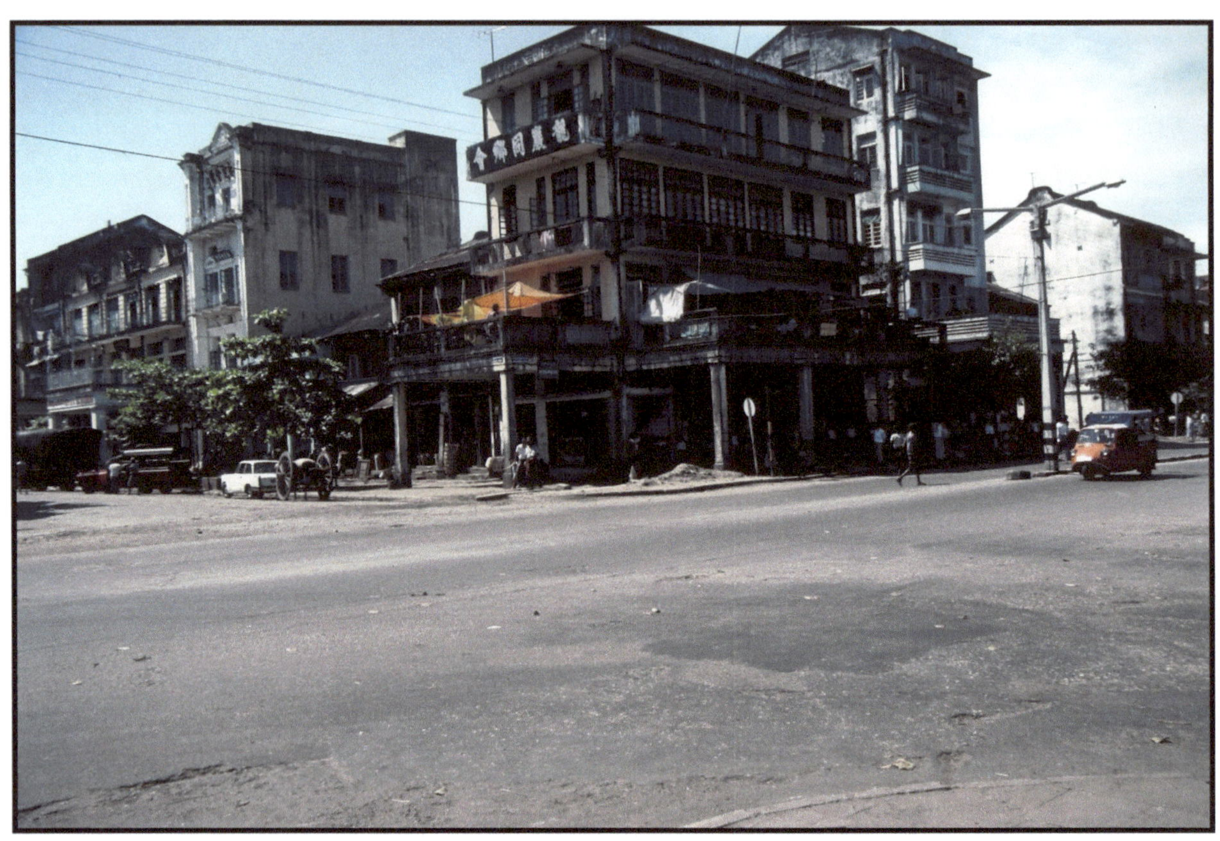

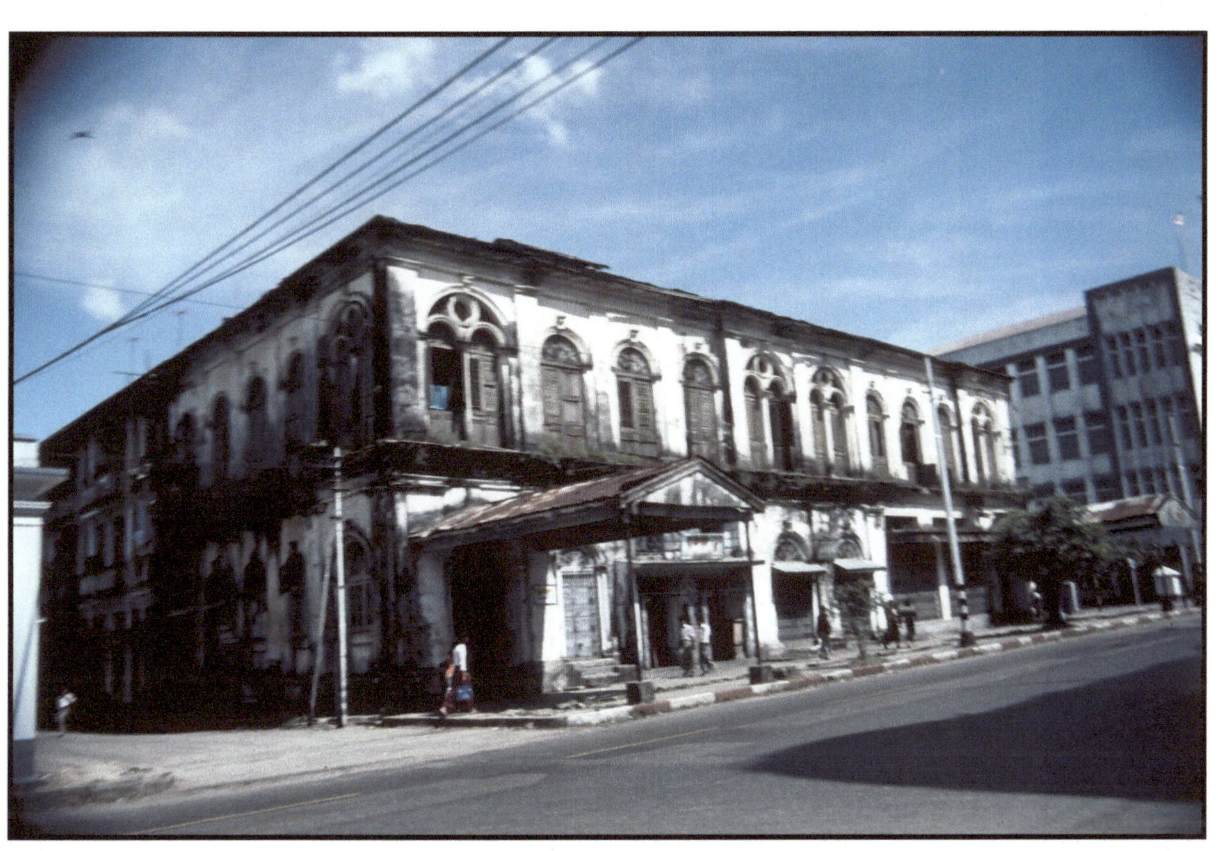

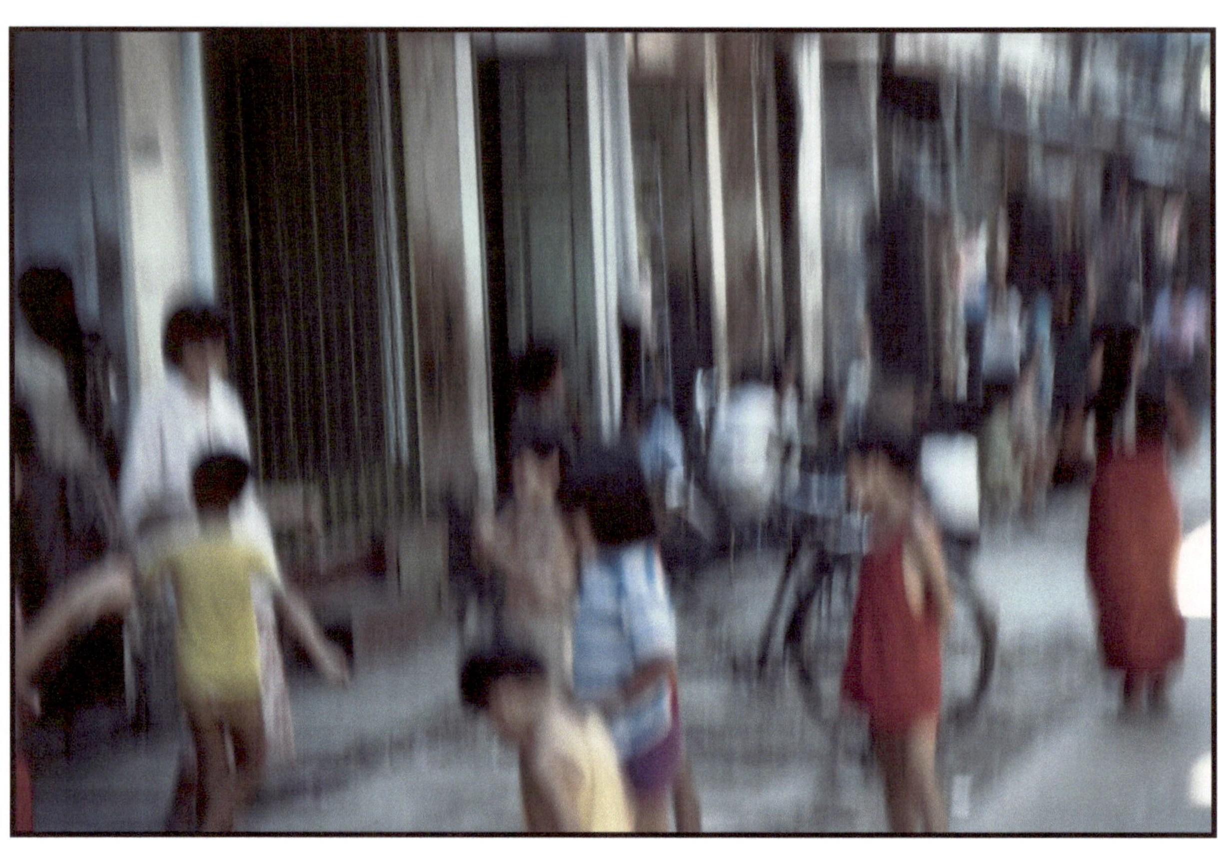

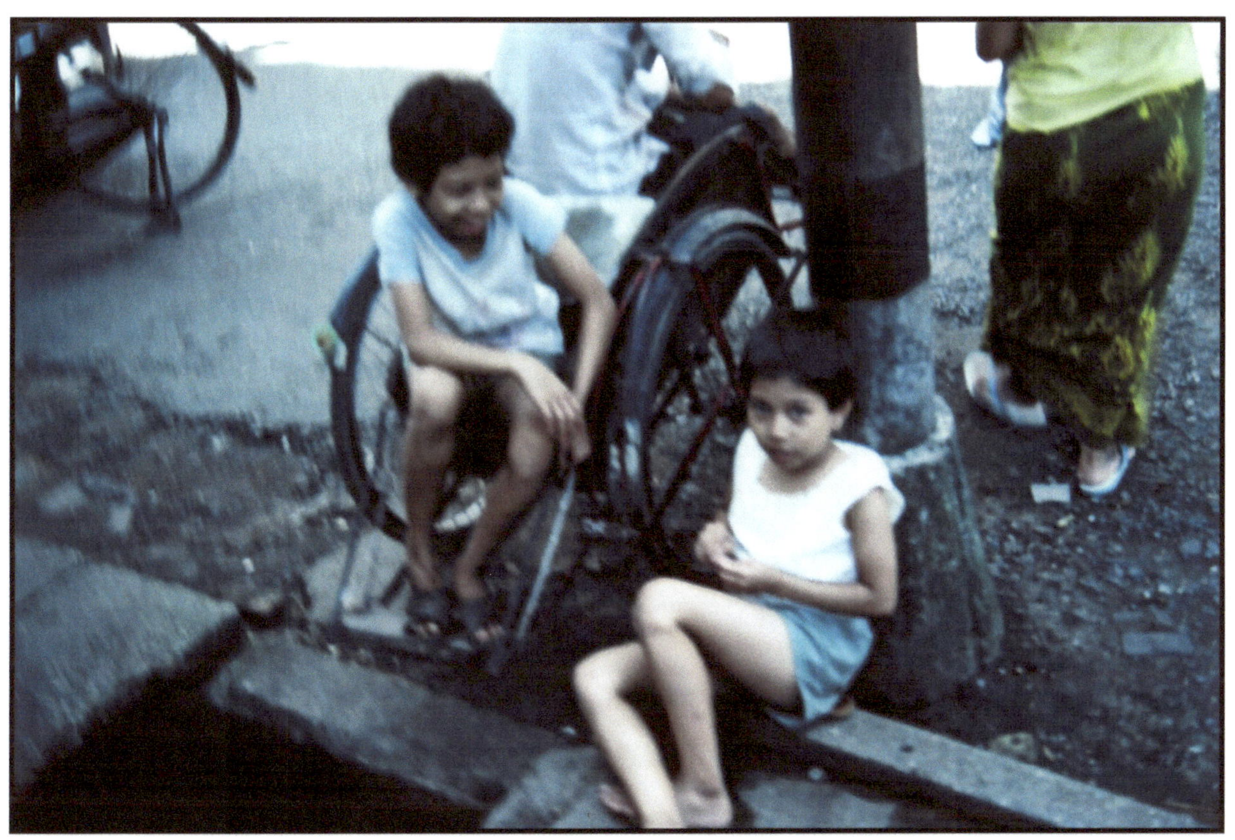

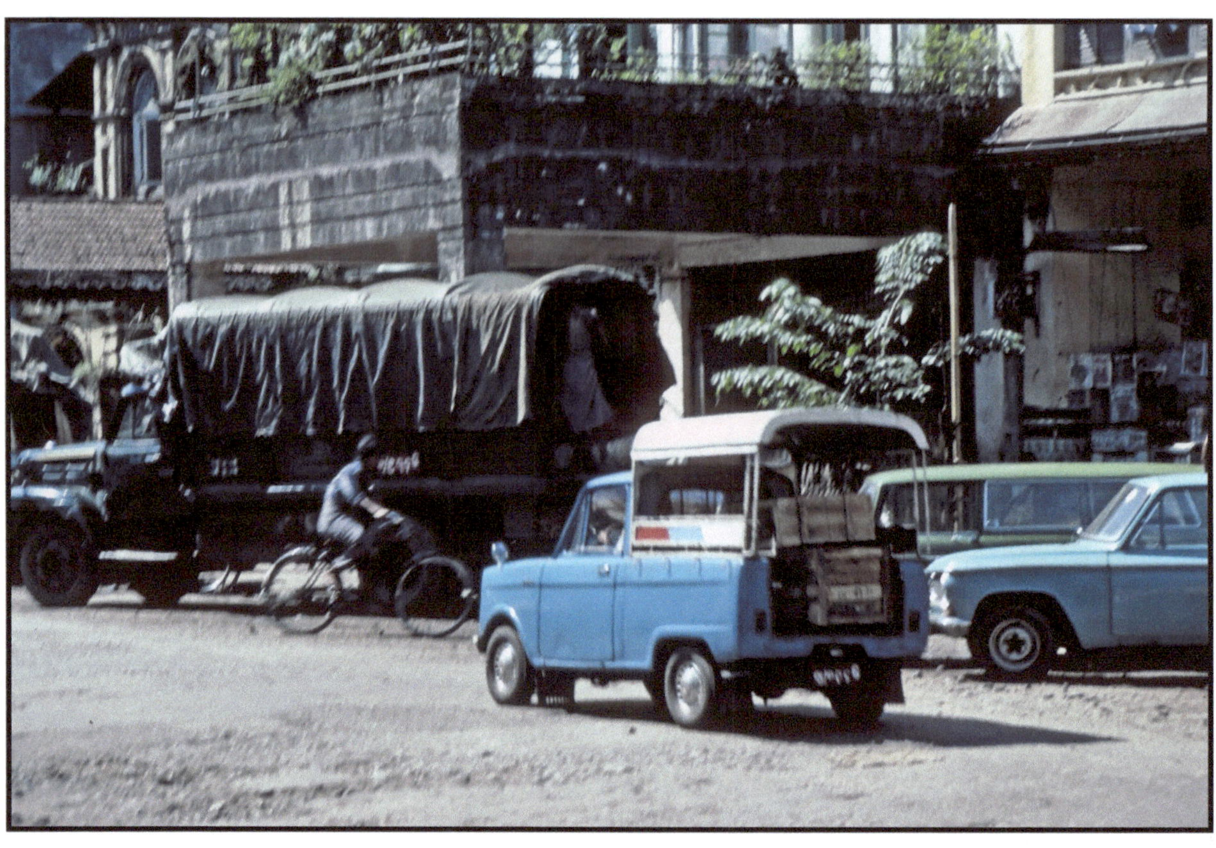

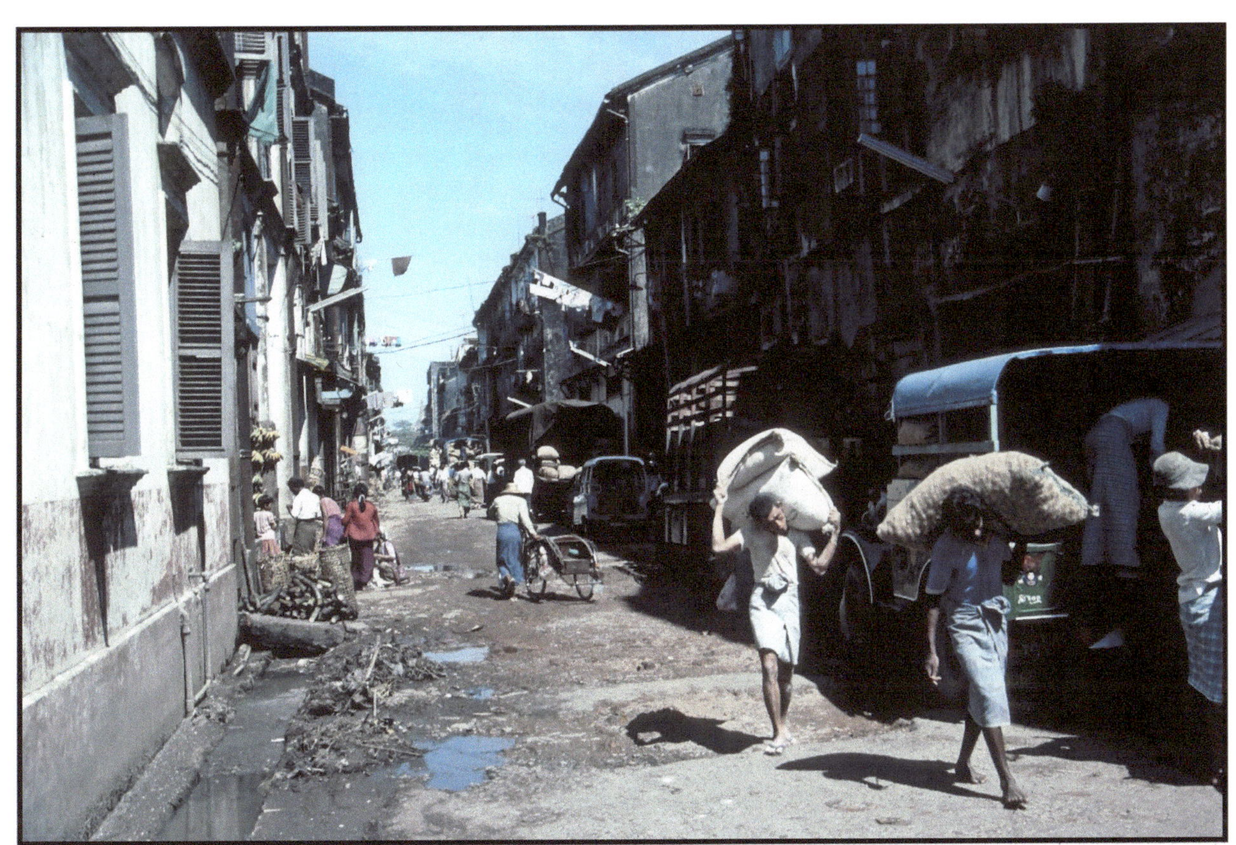

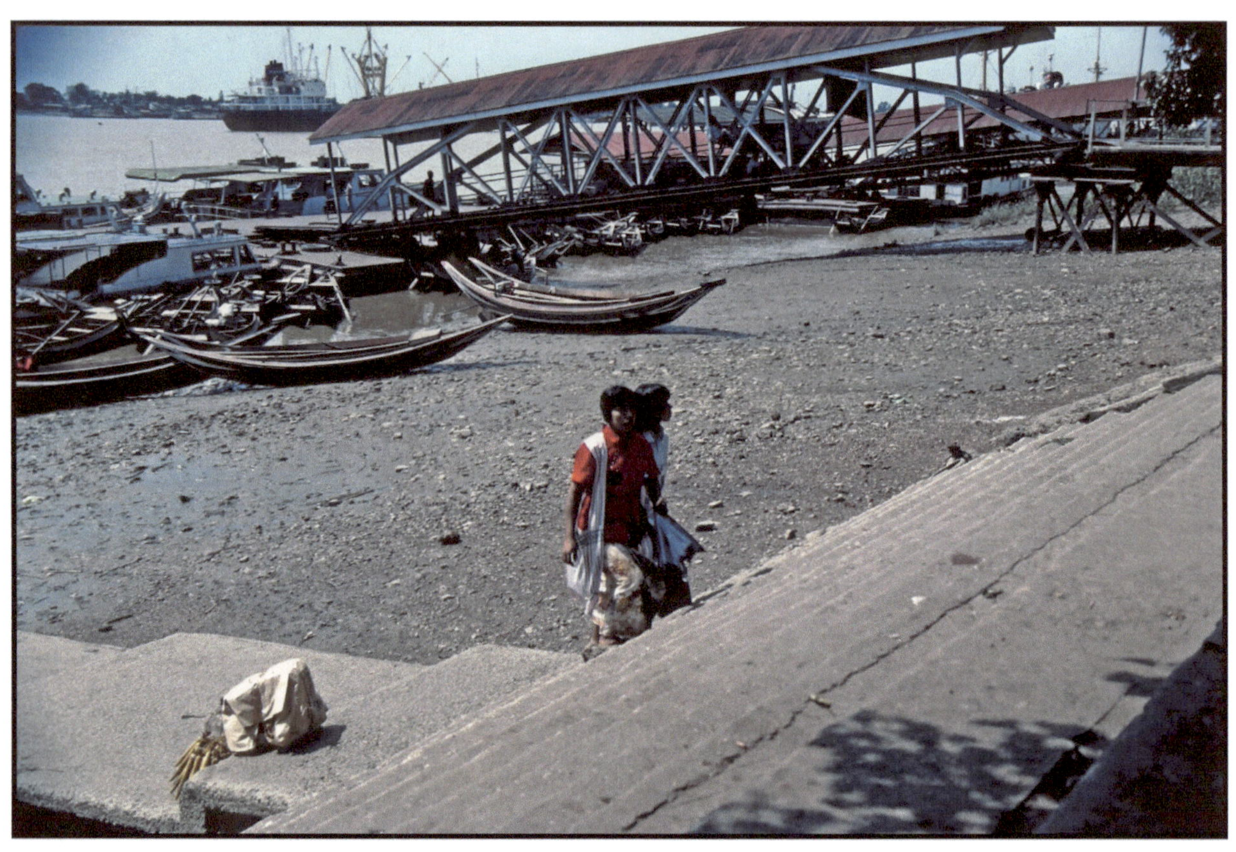

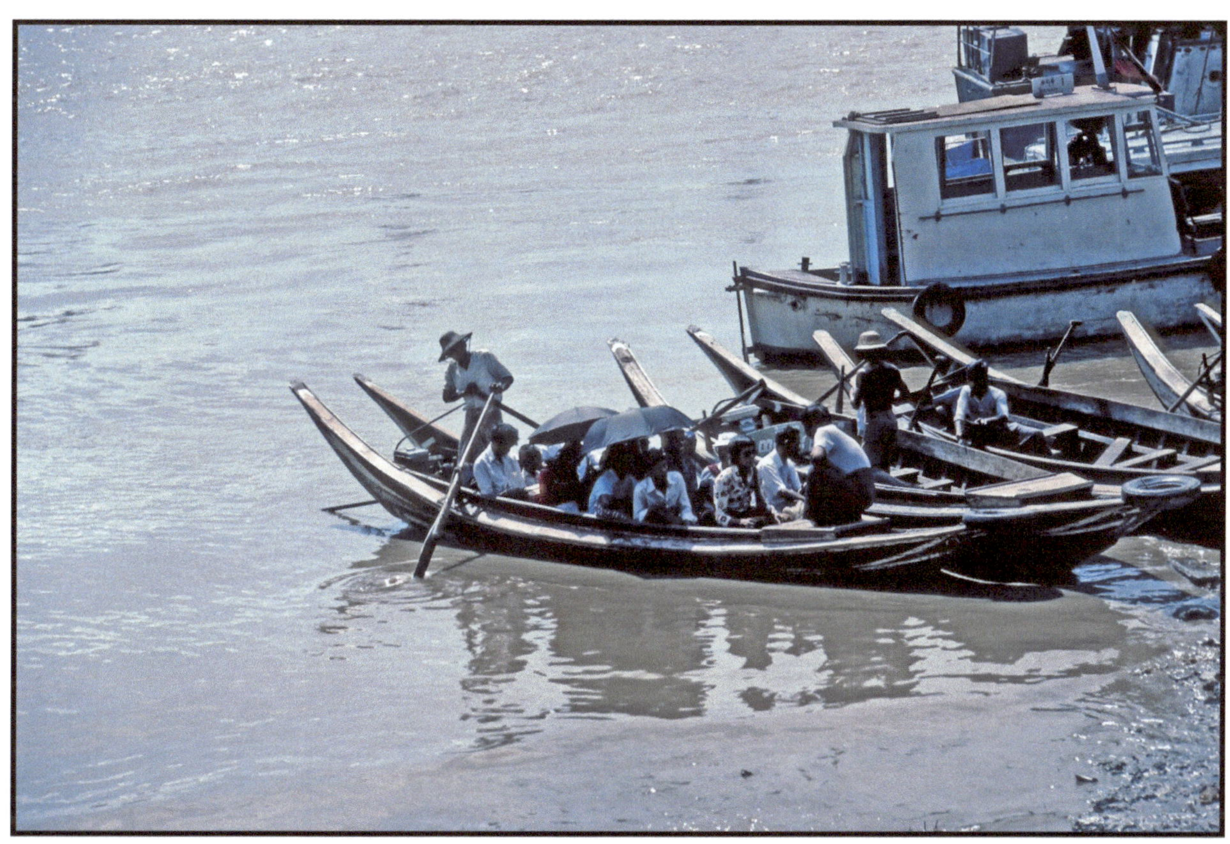

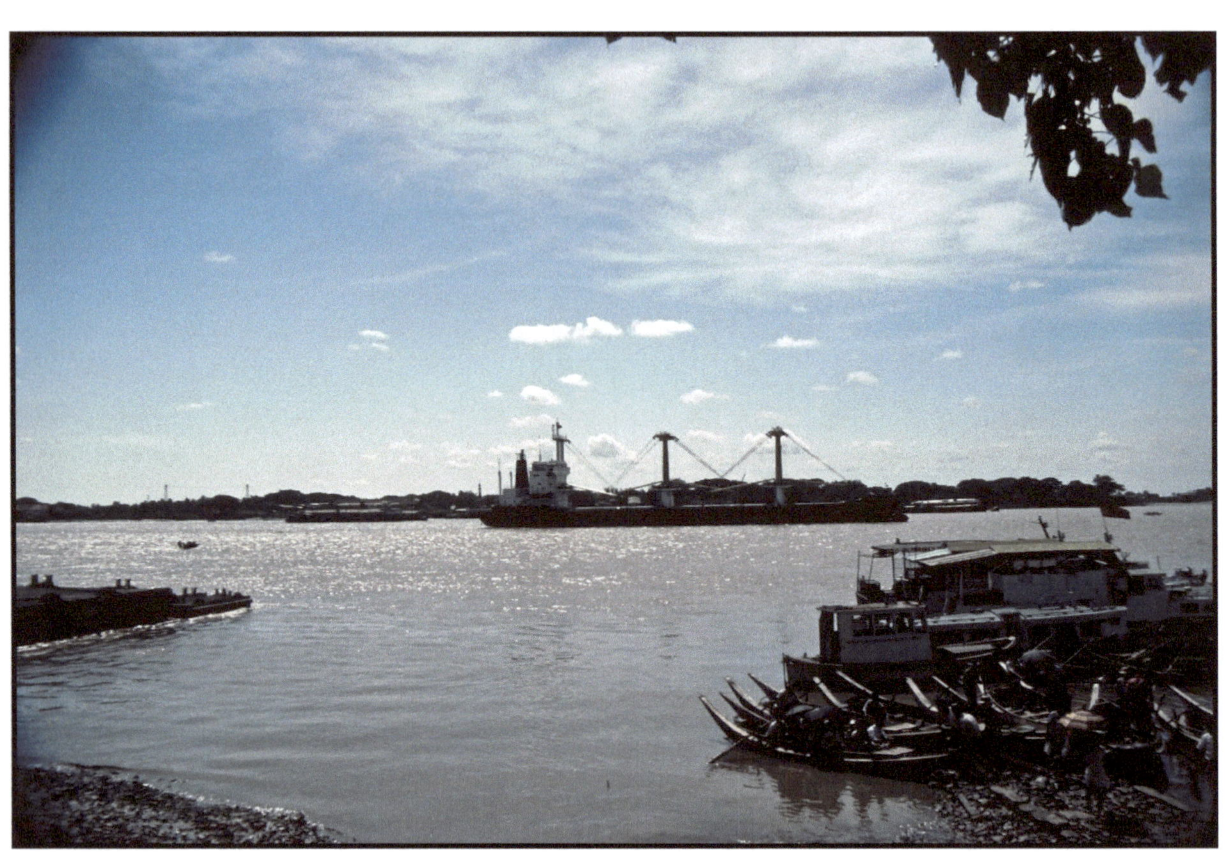

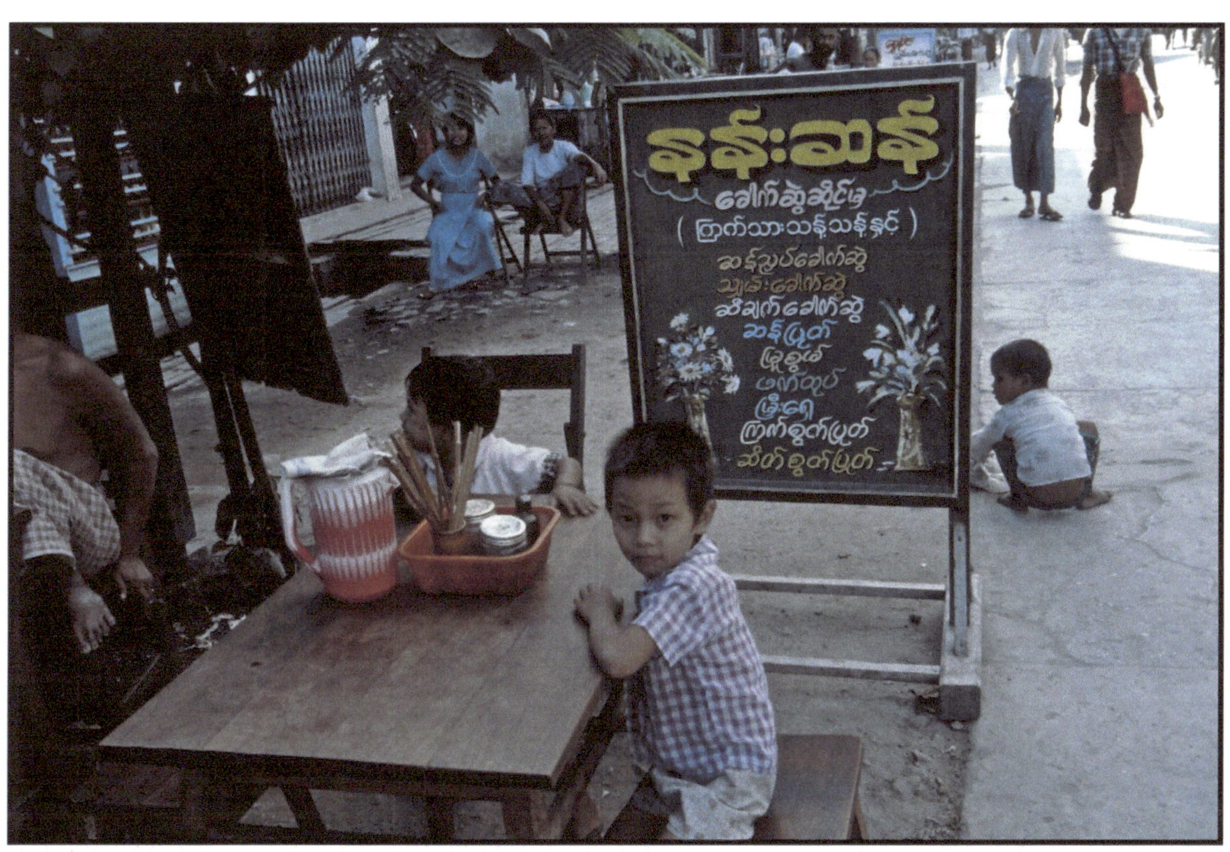

နန်းဆန်
(ကြက်သားသန့်သန့်နှင့်)
သျှမ်းခေါက်ဆွဲ
ဆီချက်ခေါက်ဆွဲ
ဆန်ပြုတ်
ဖက်ထုပ်

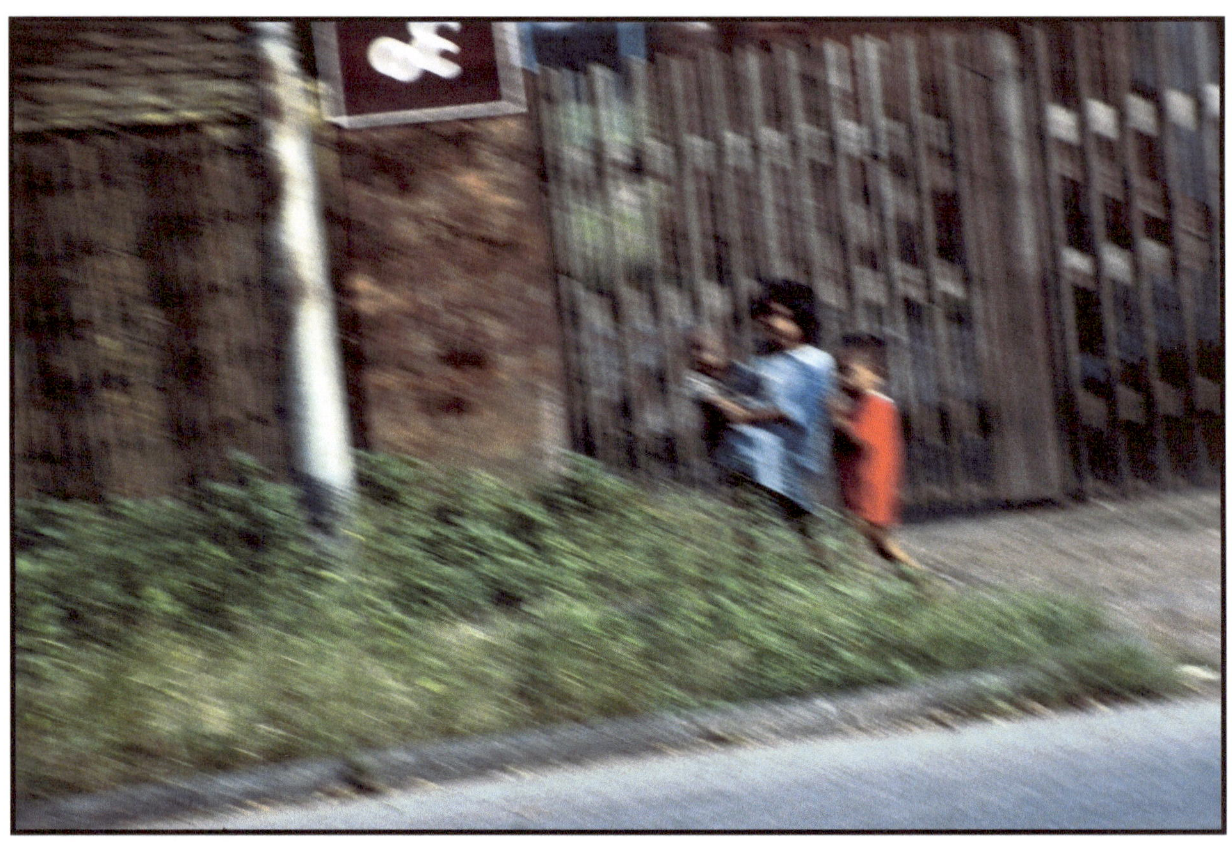

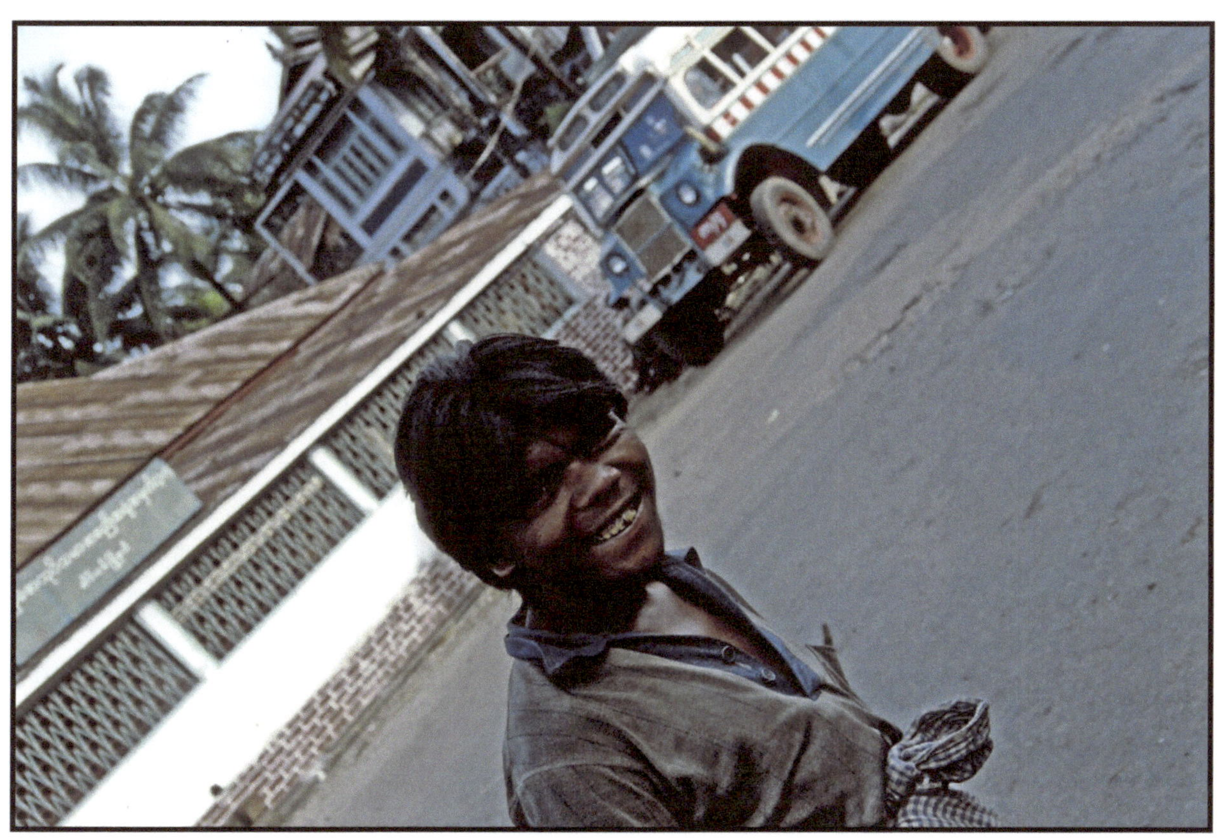

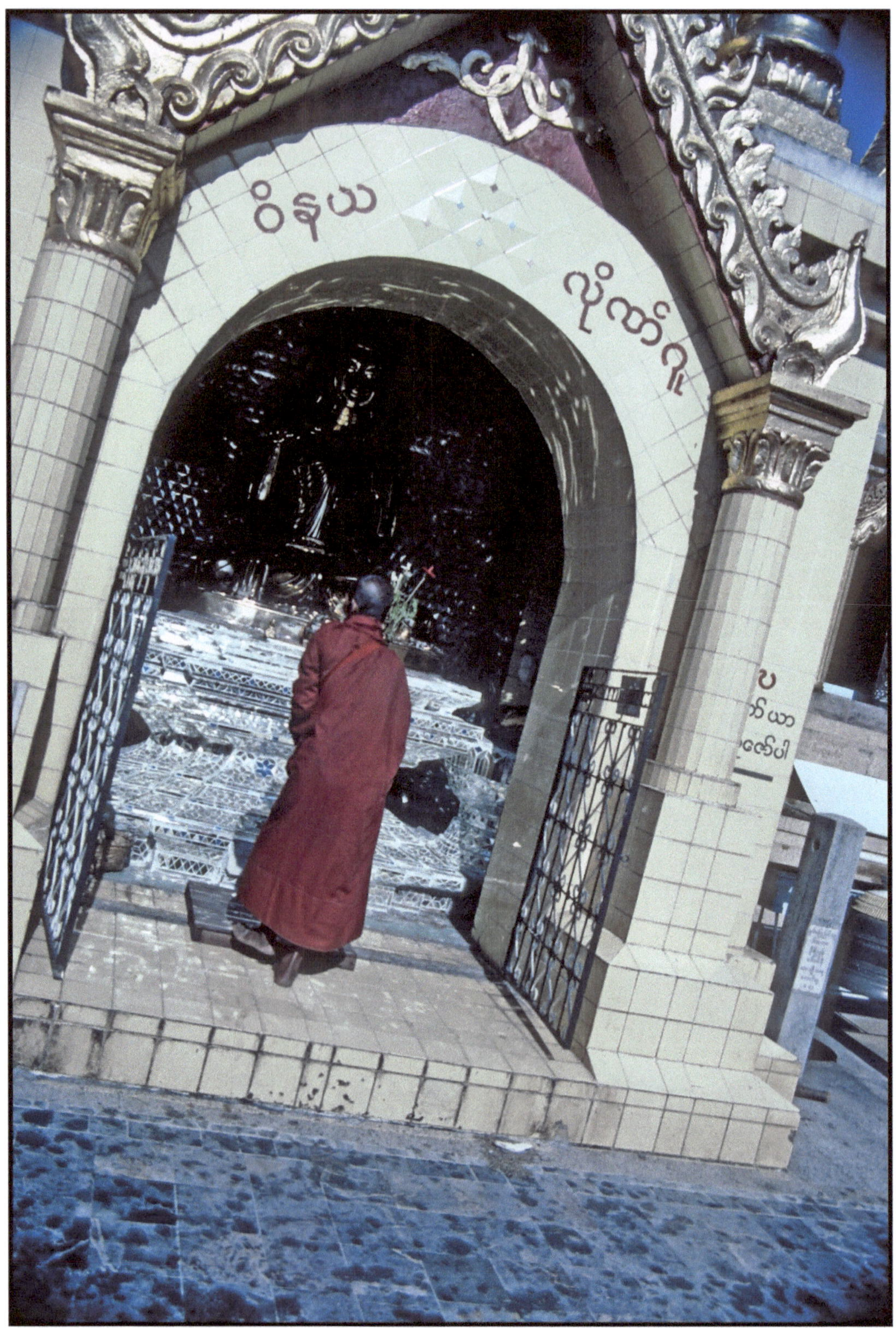
ဝိနယ
လိုဏ်ဂူ

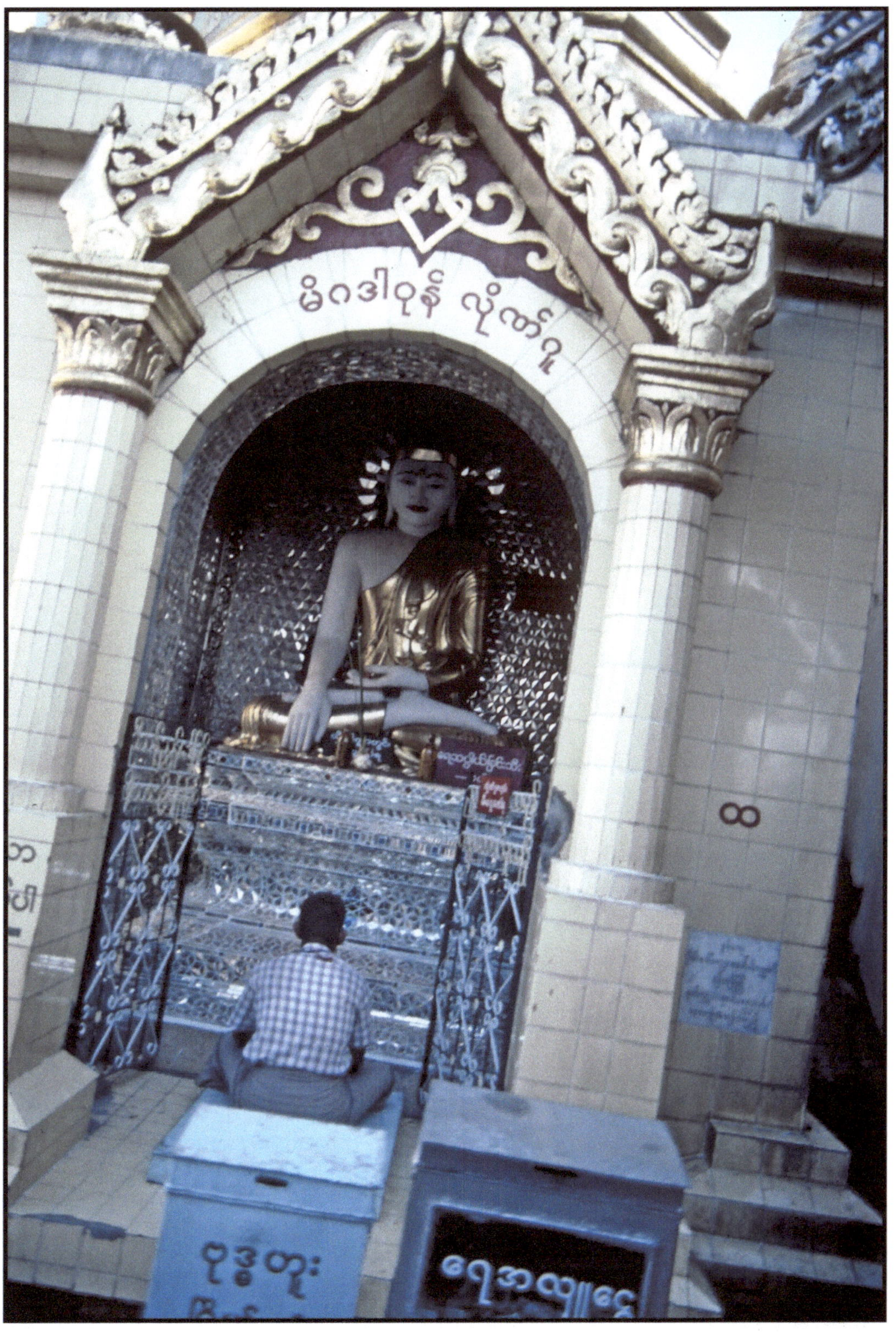
မိဂဒါဝုန် လိုဏ်ဂူ
ရေအလှူငွေ

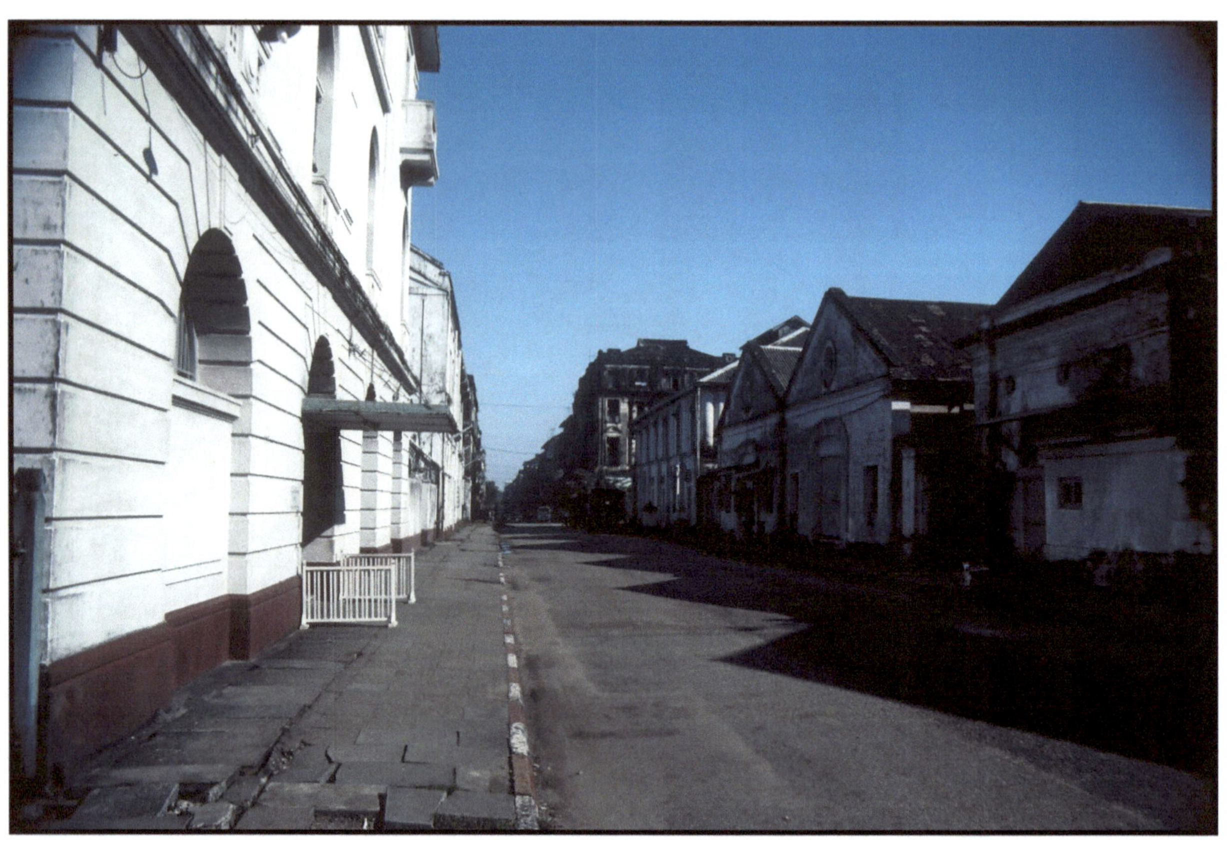

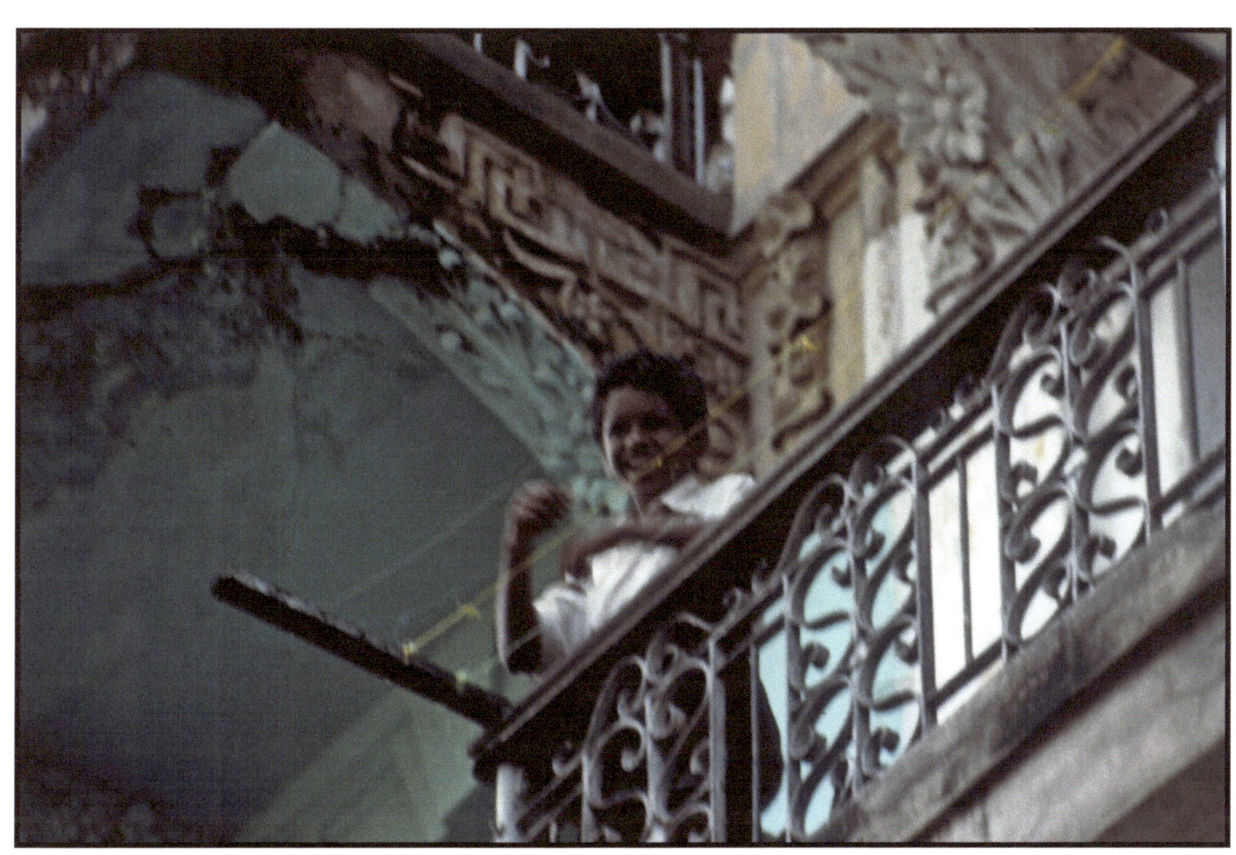

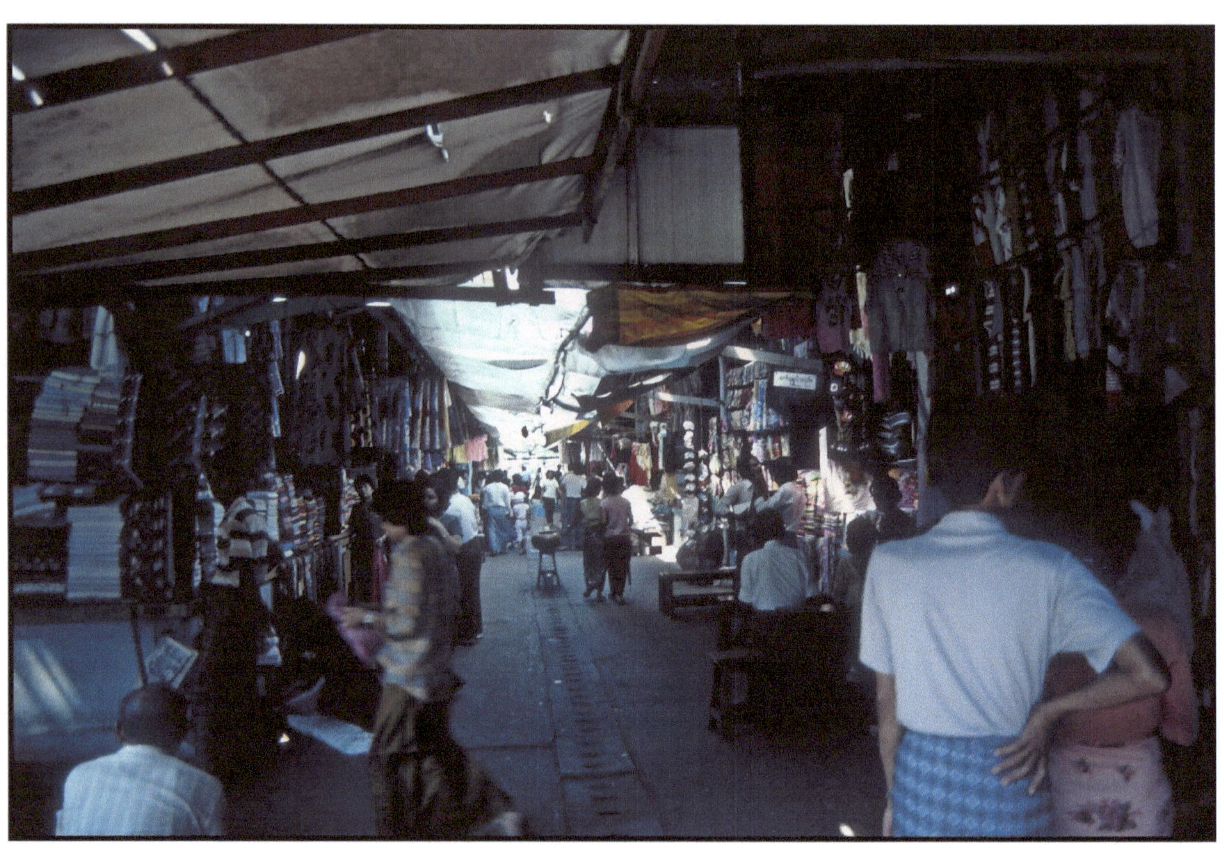

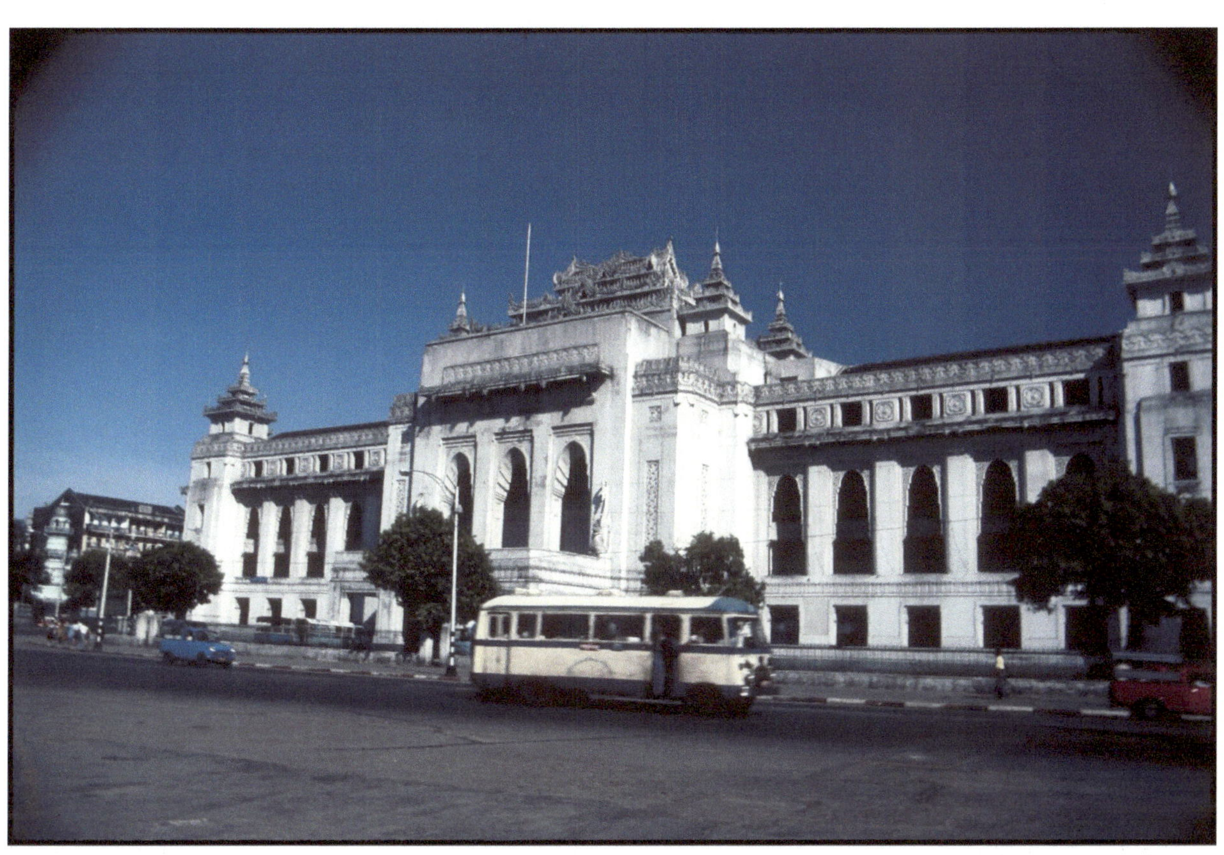

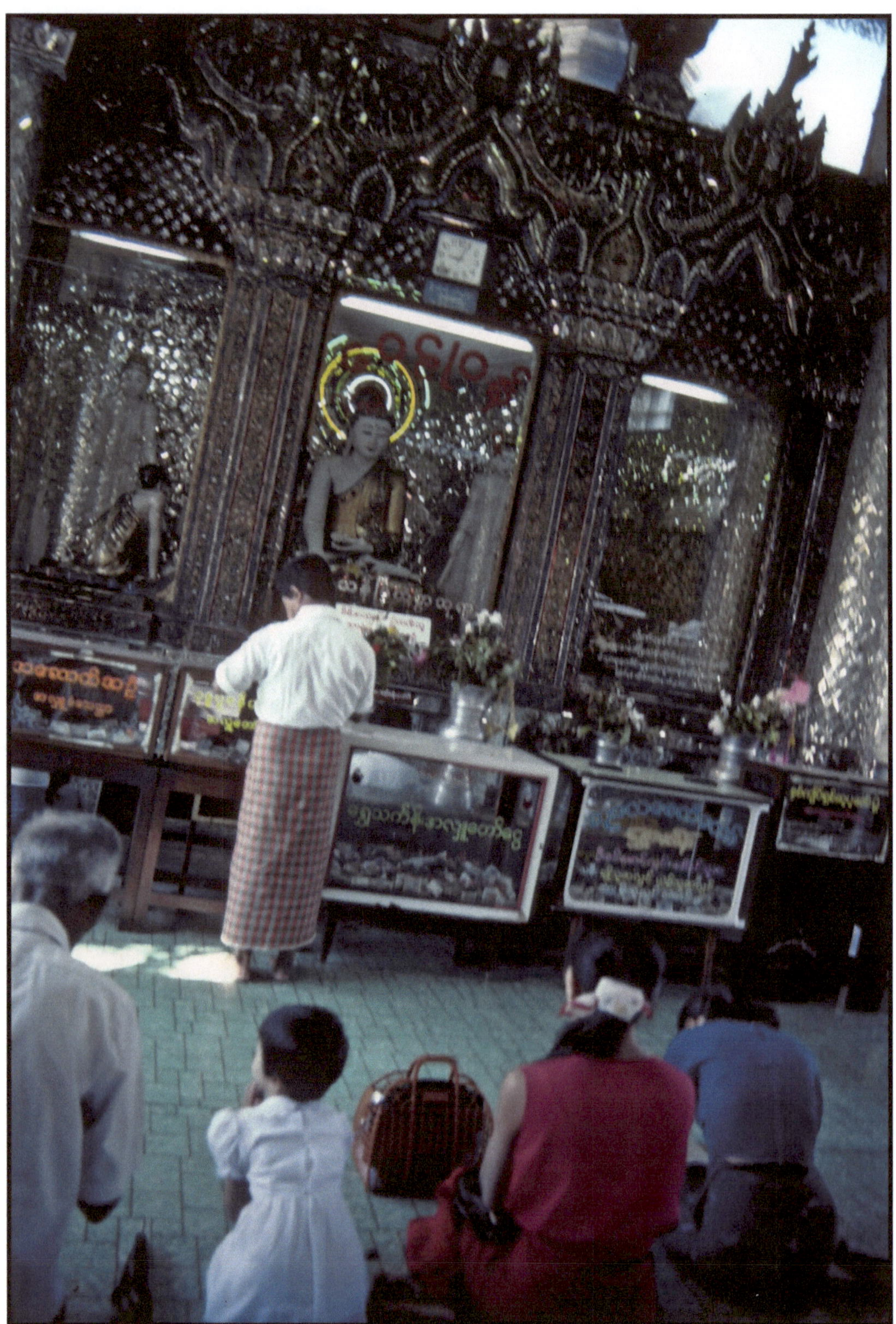

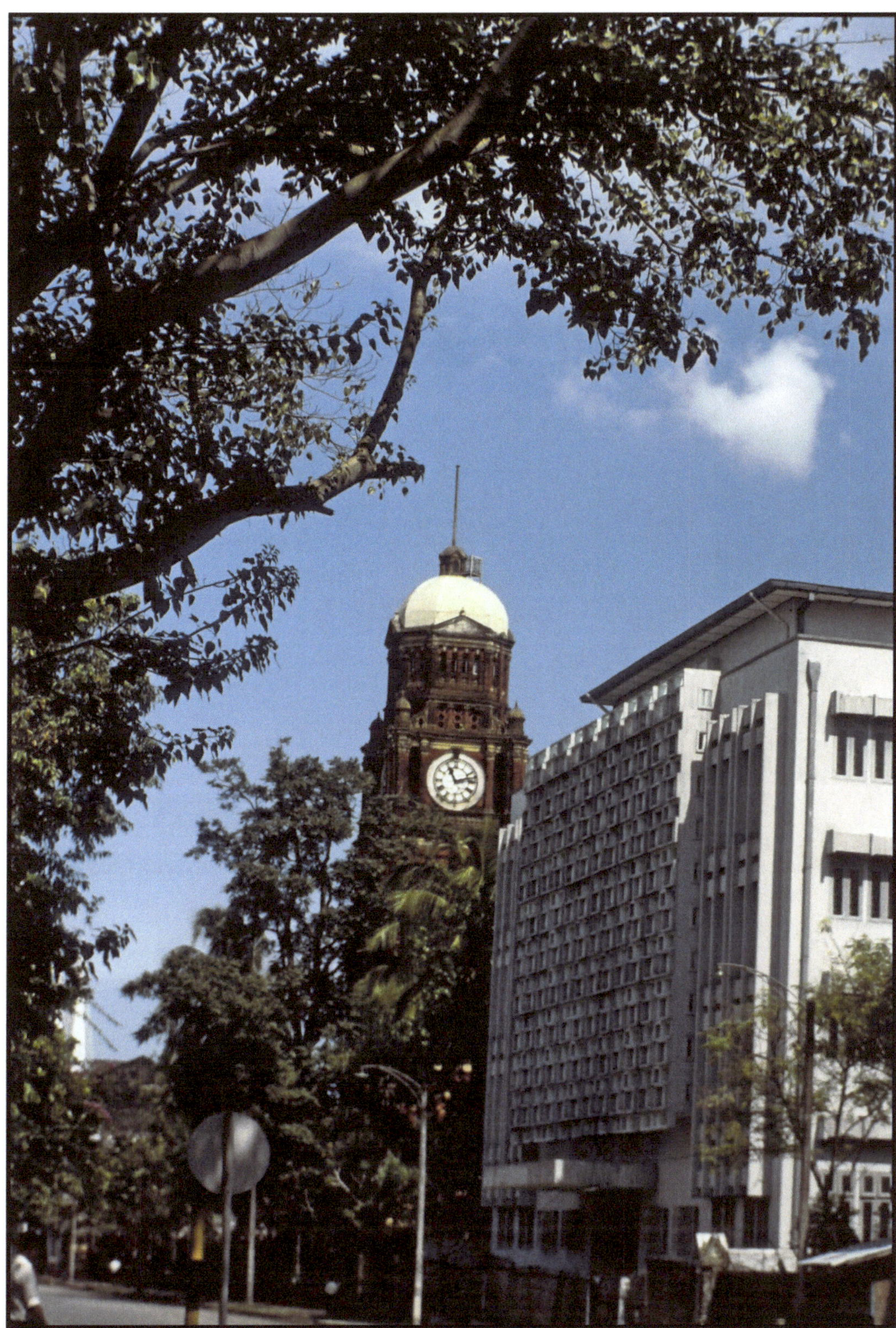

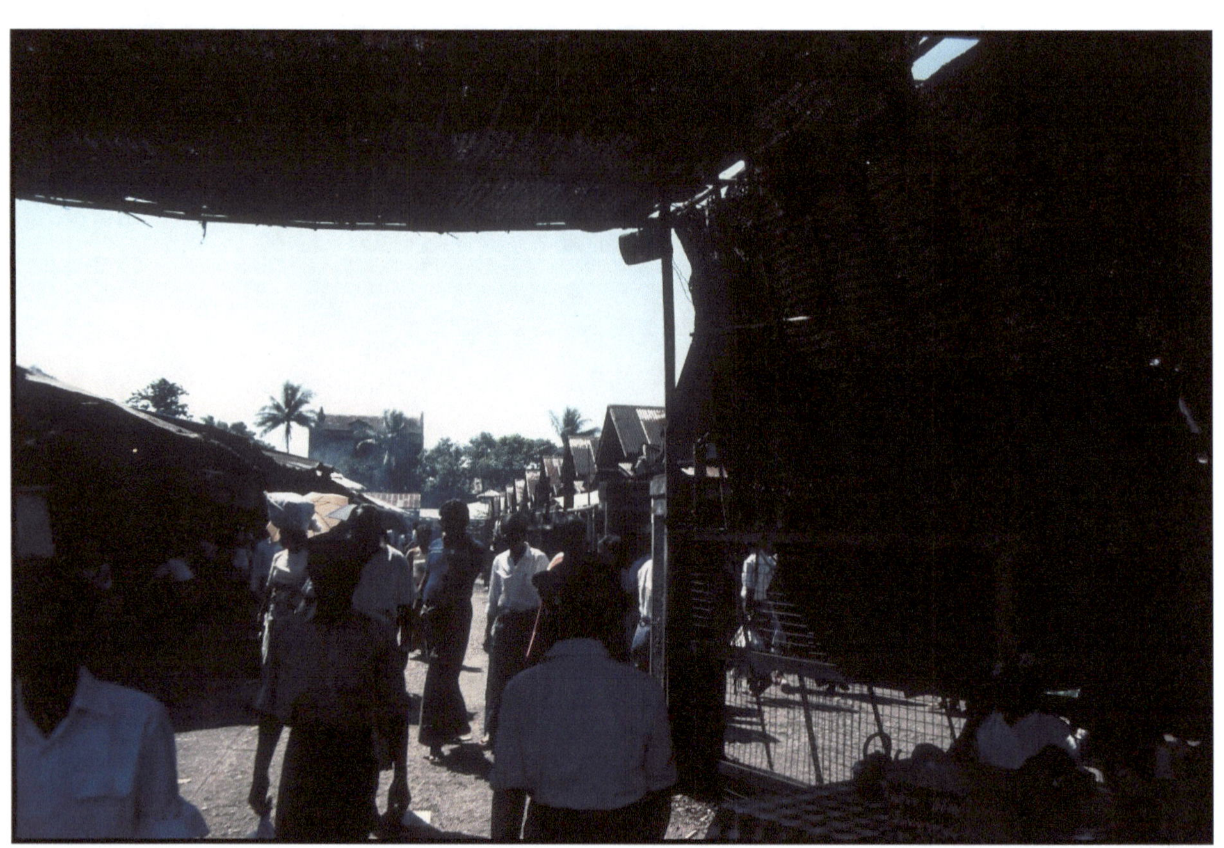

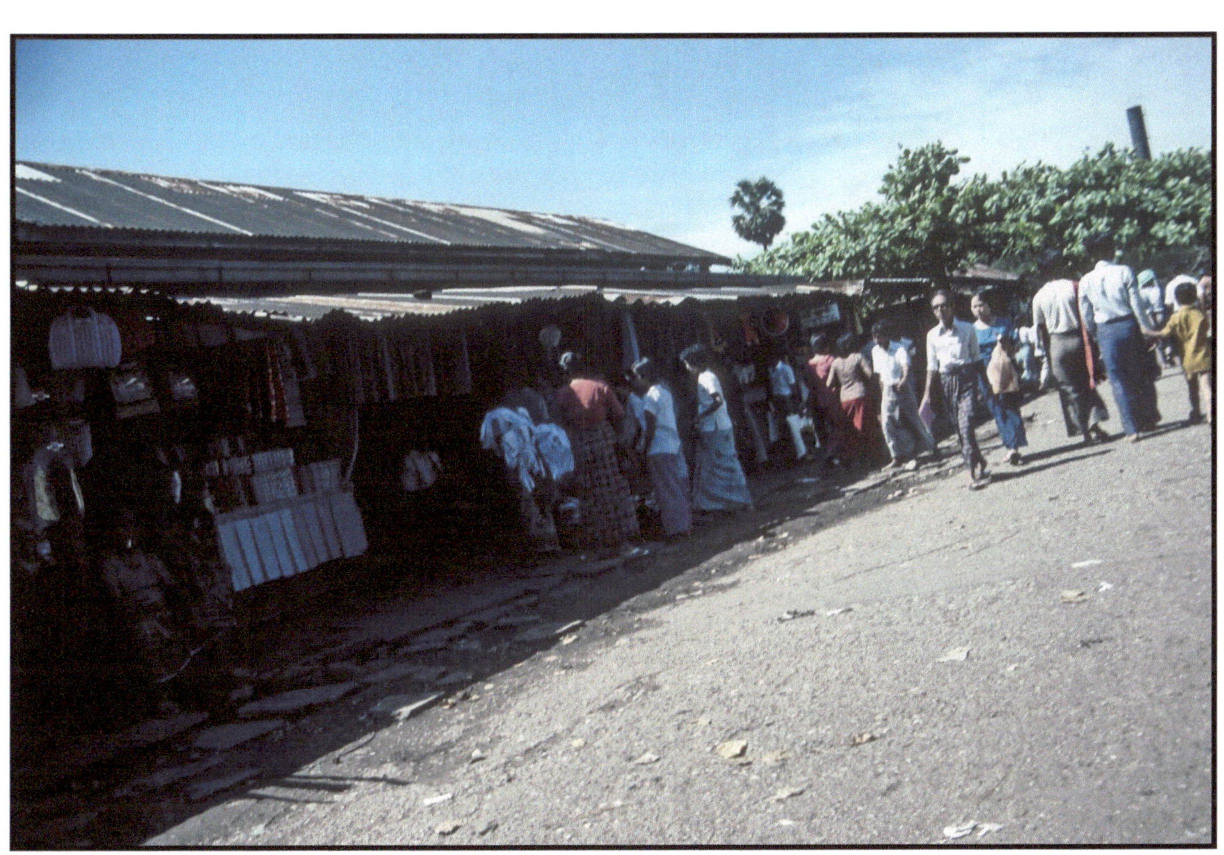

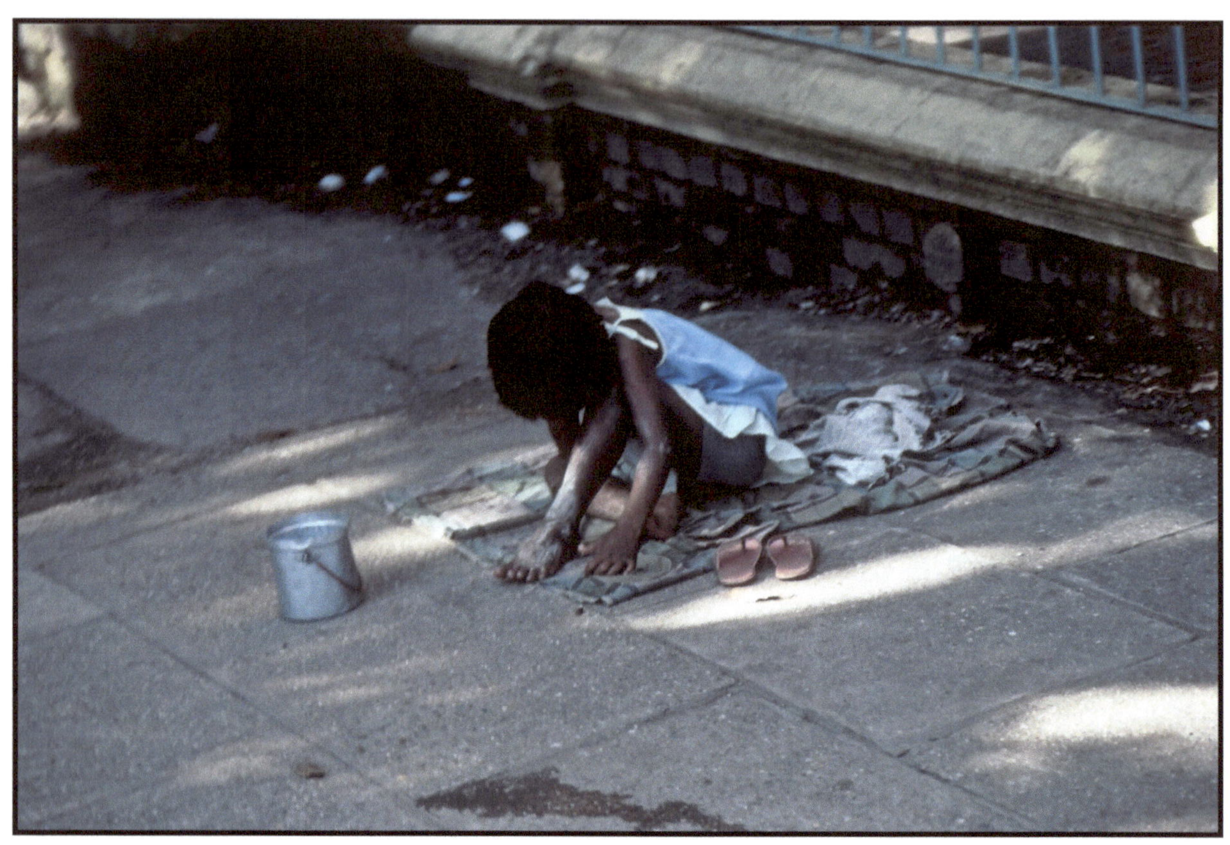

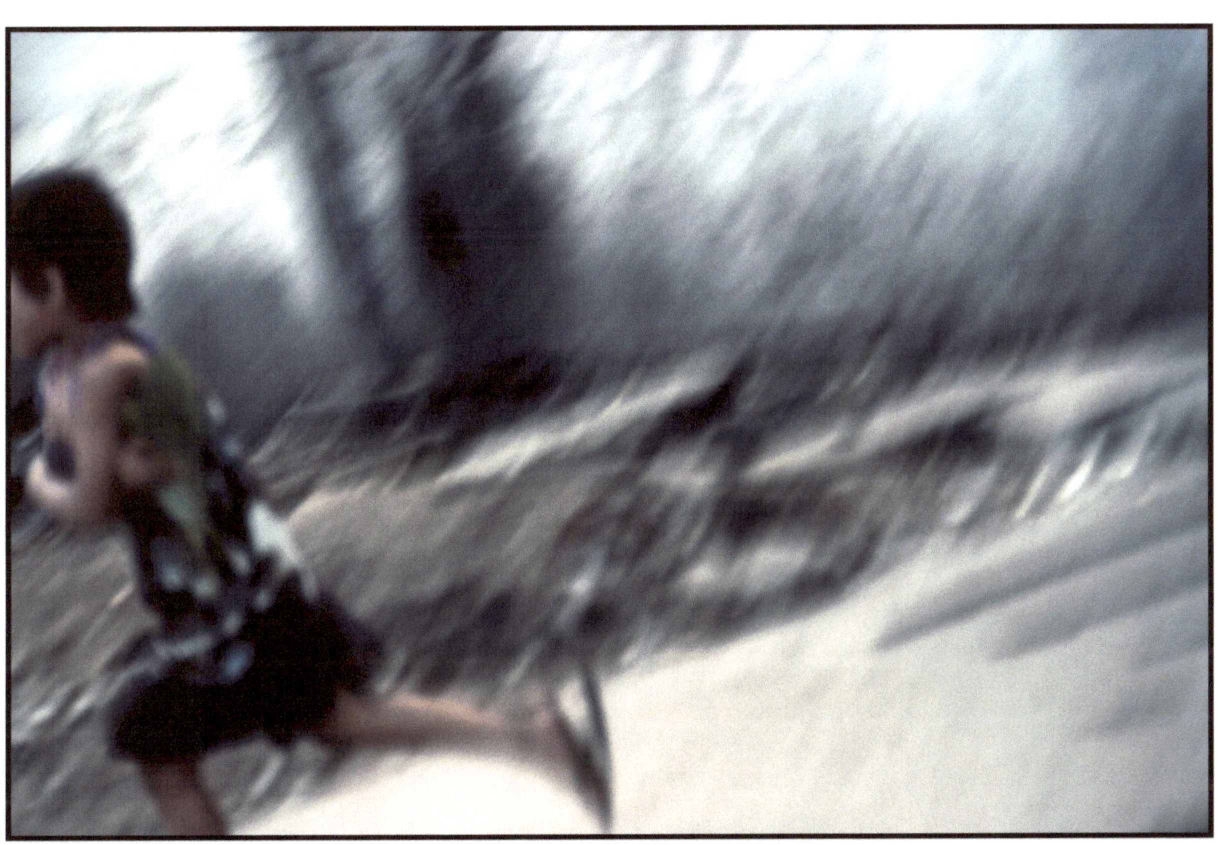

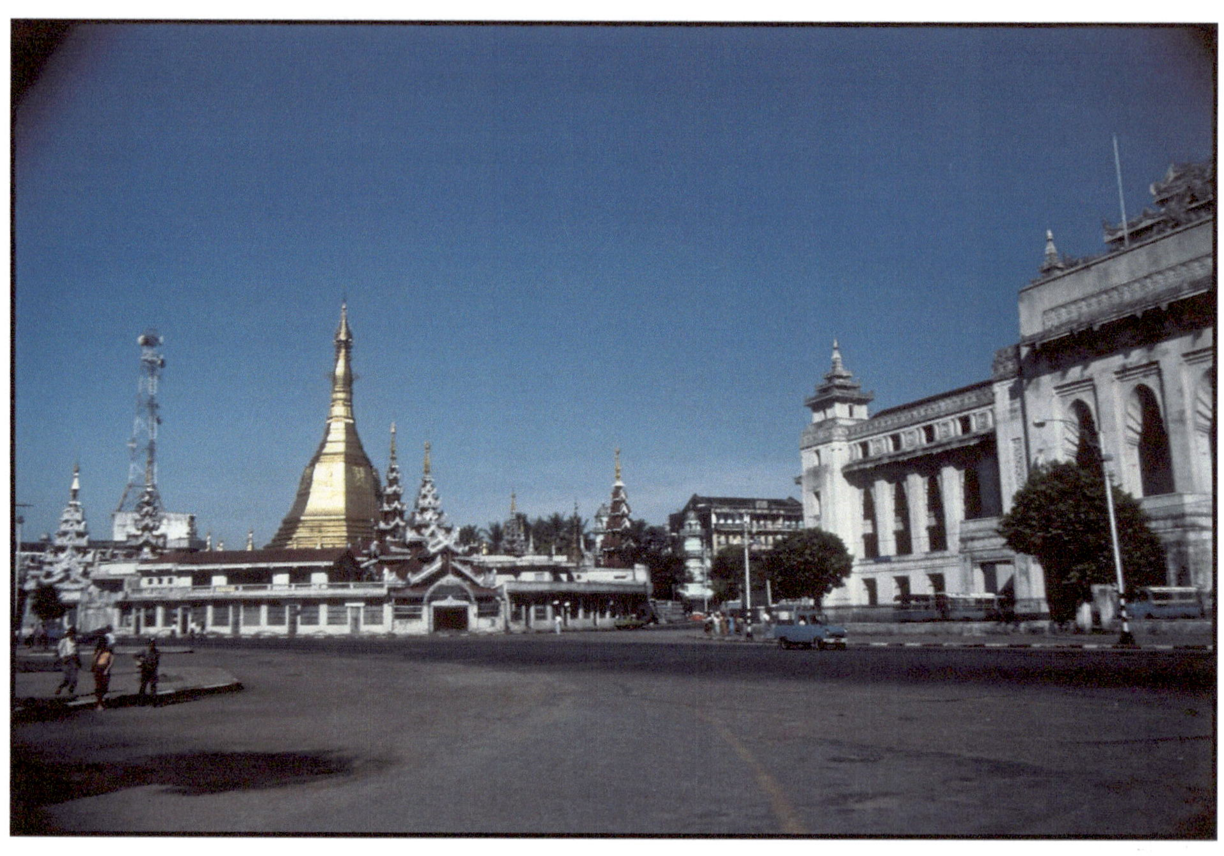

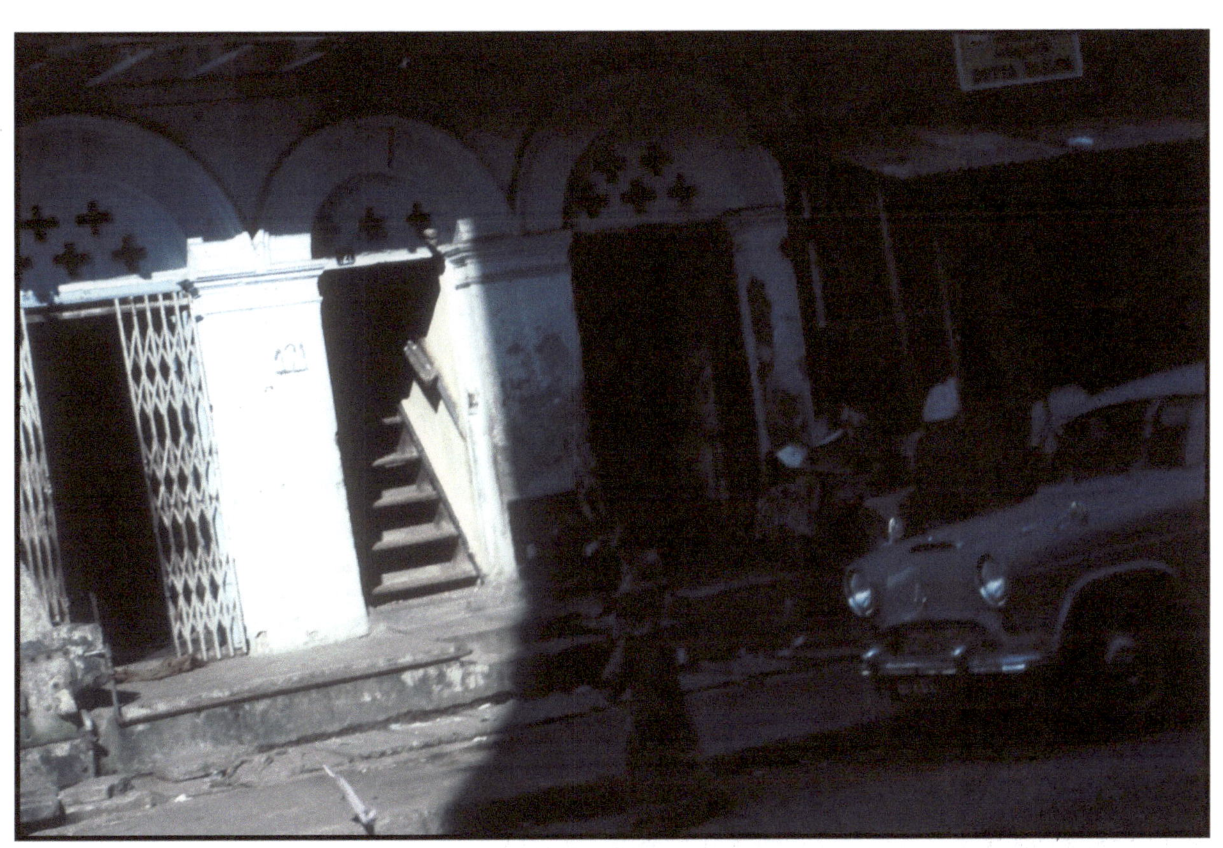

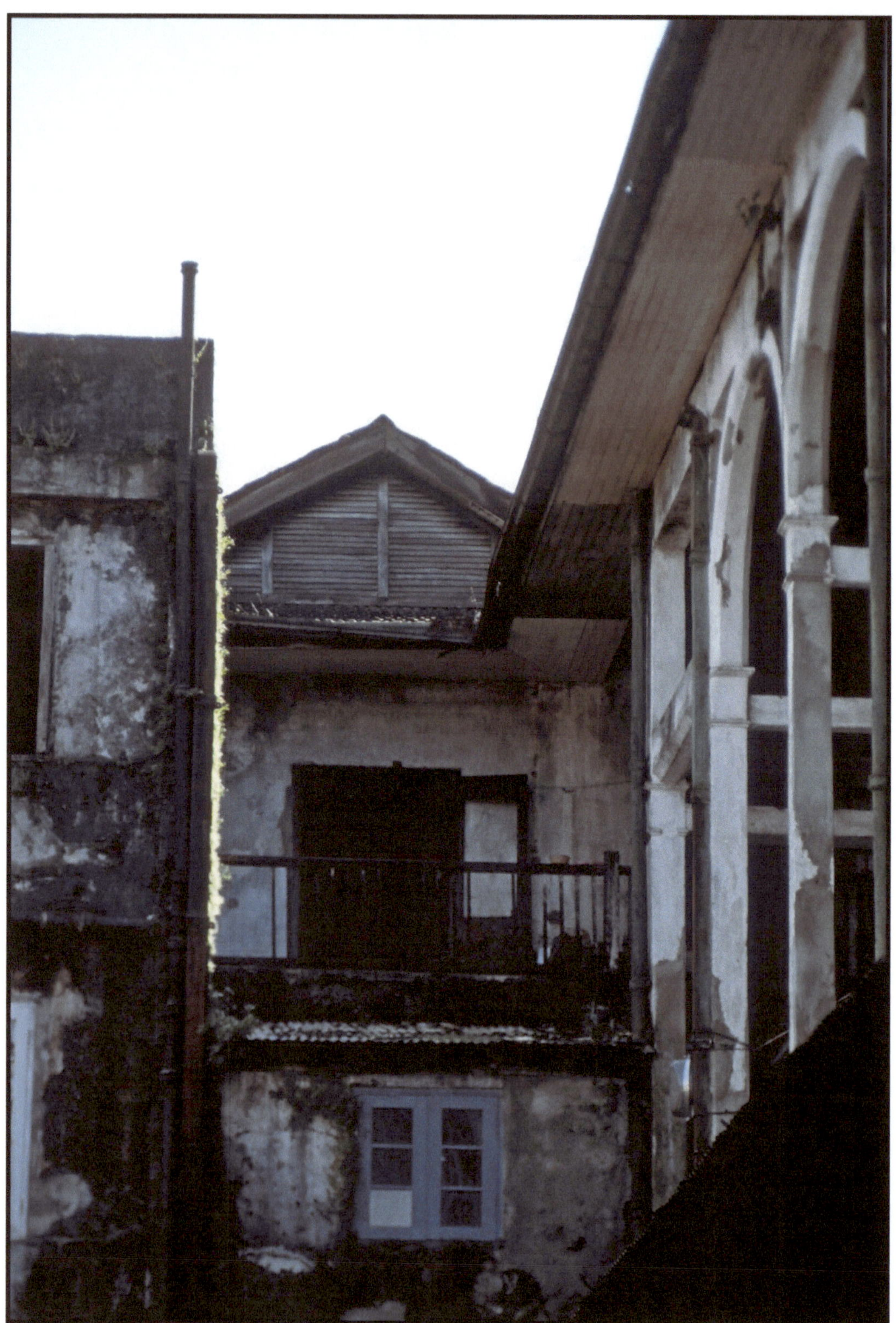

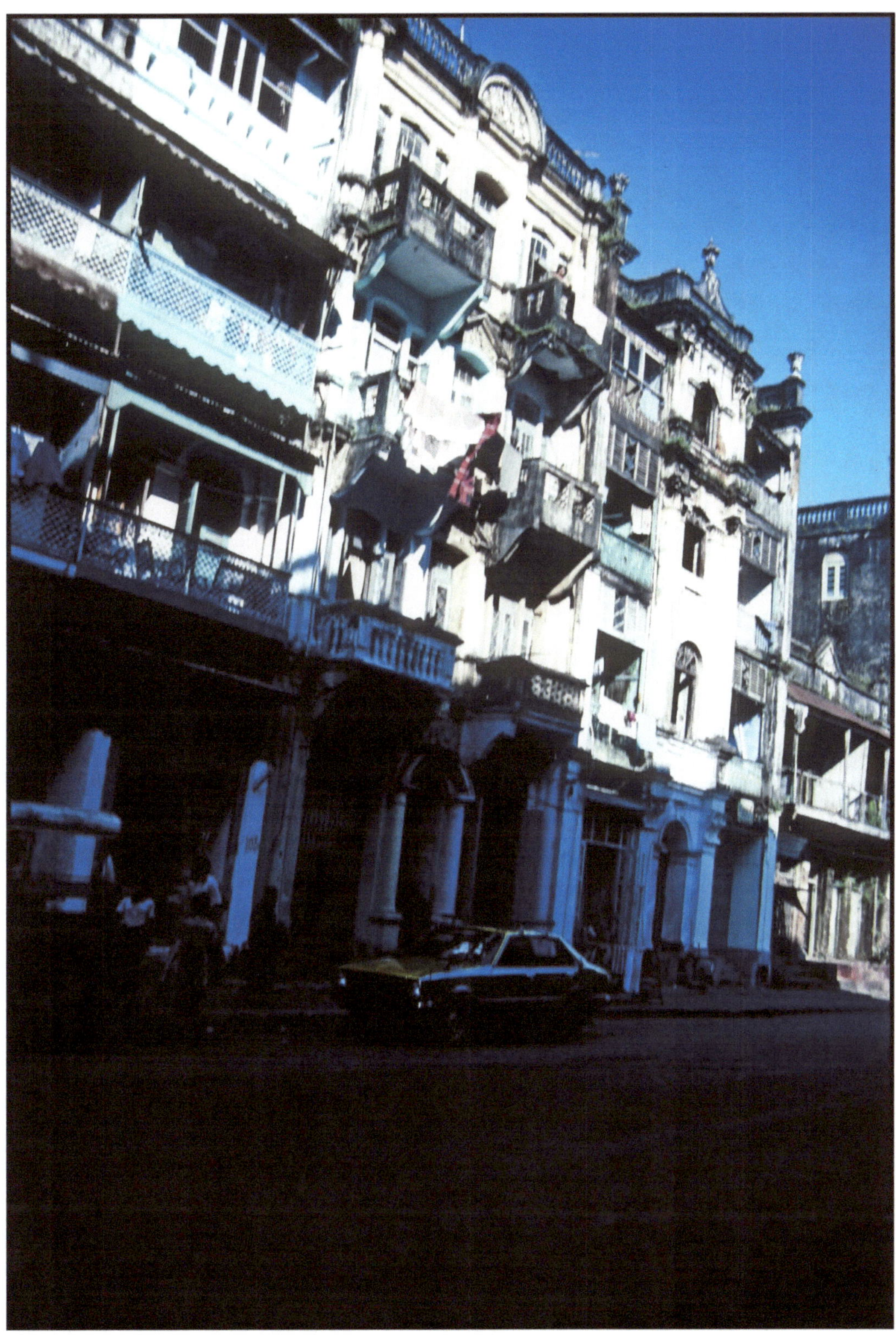

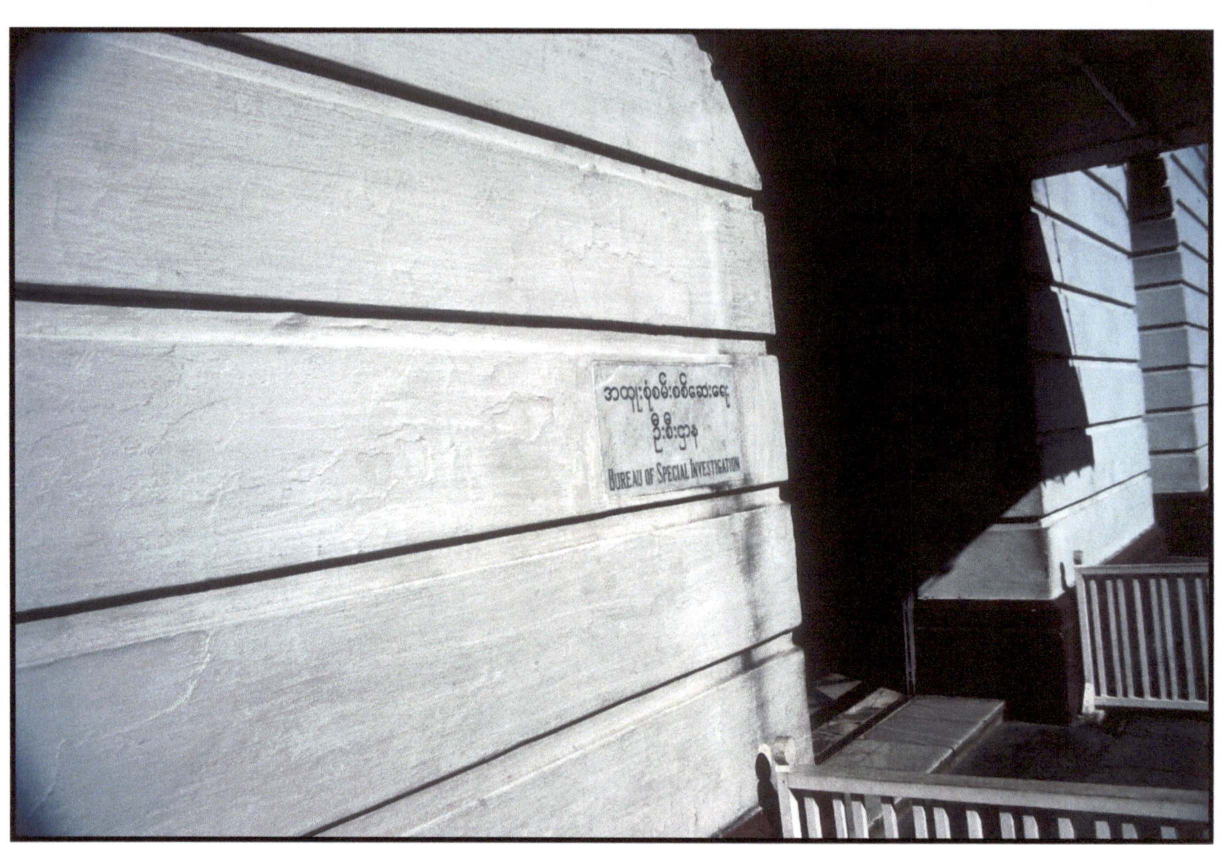
အထူးစုံစမ်းစစ်ဆေးရေး
ဦးစီးဌာန
BUREAU OF SPECIAL INVESTIGATION

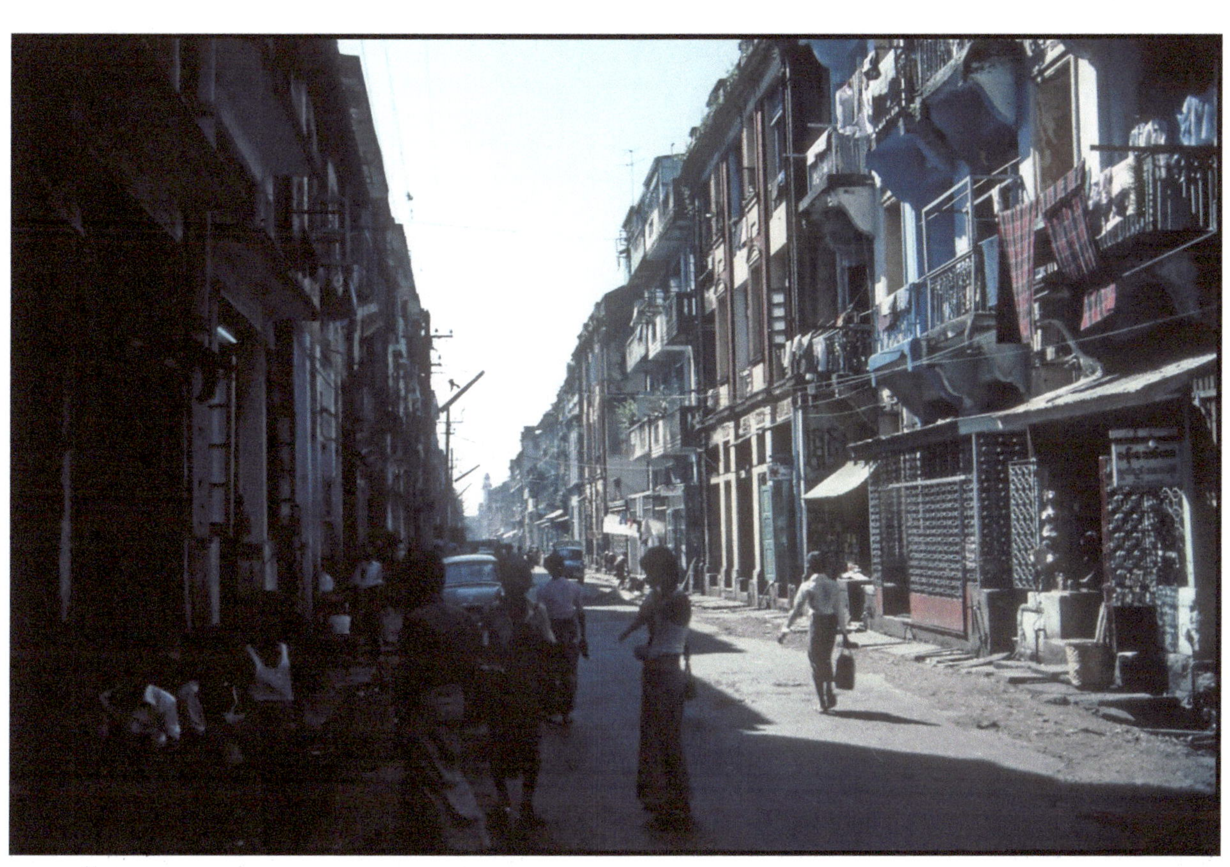

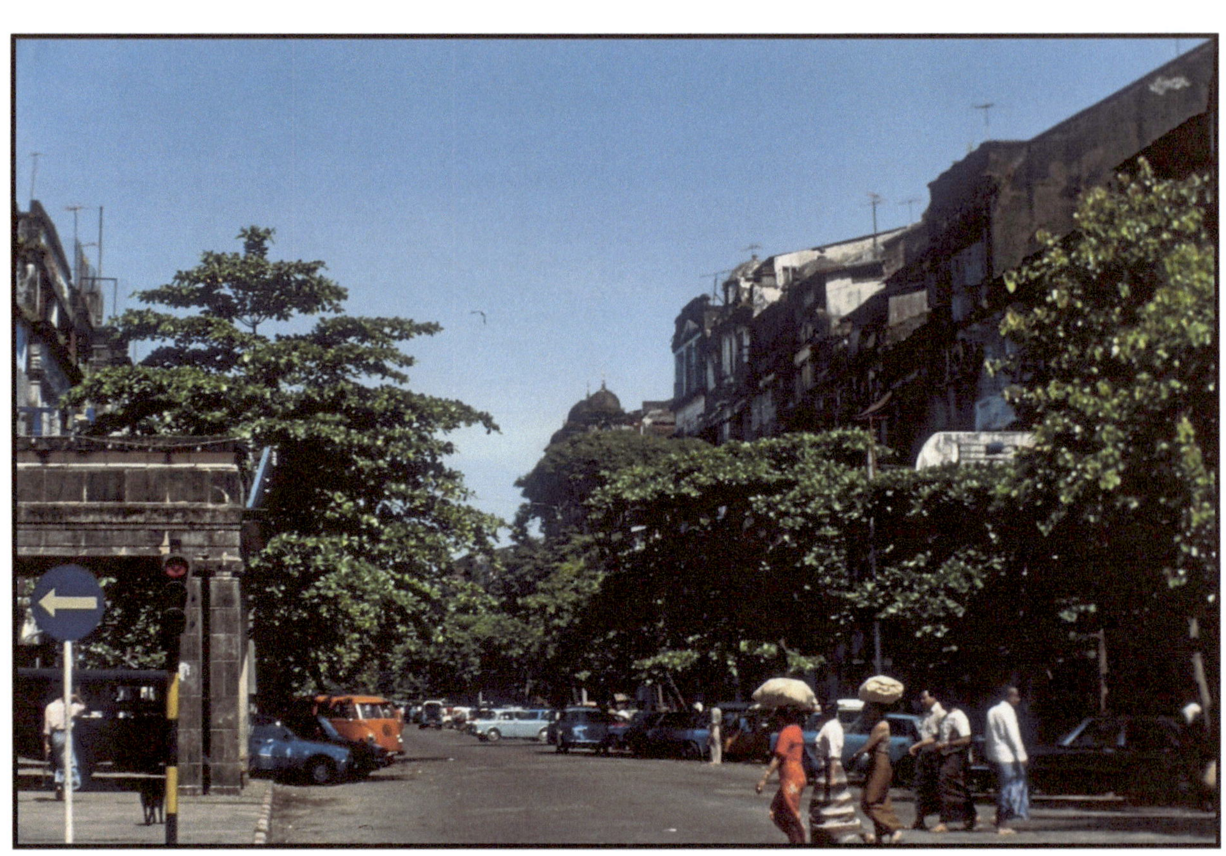

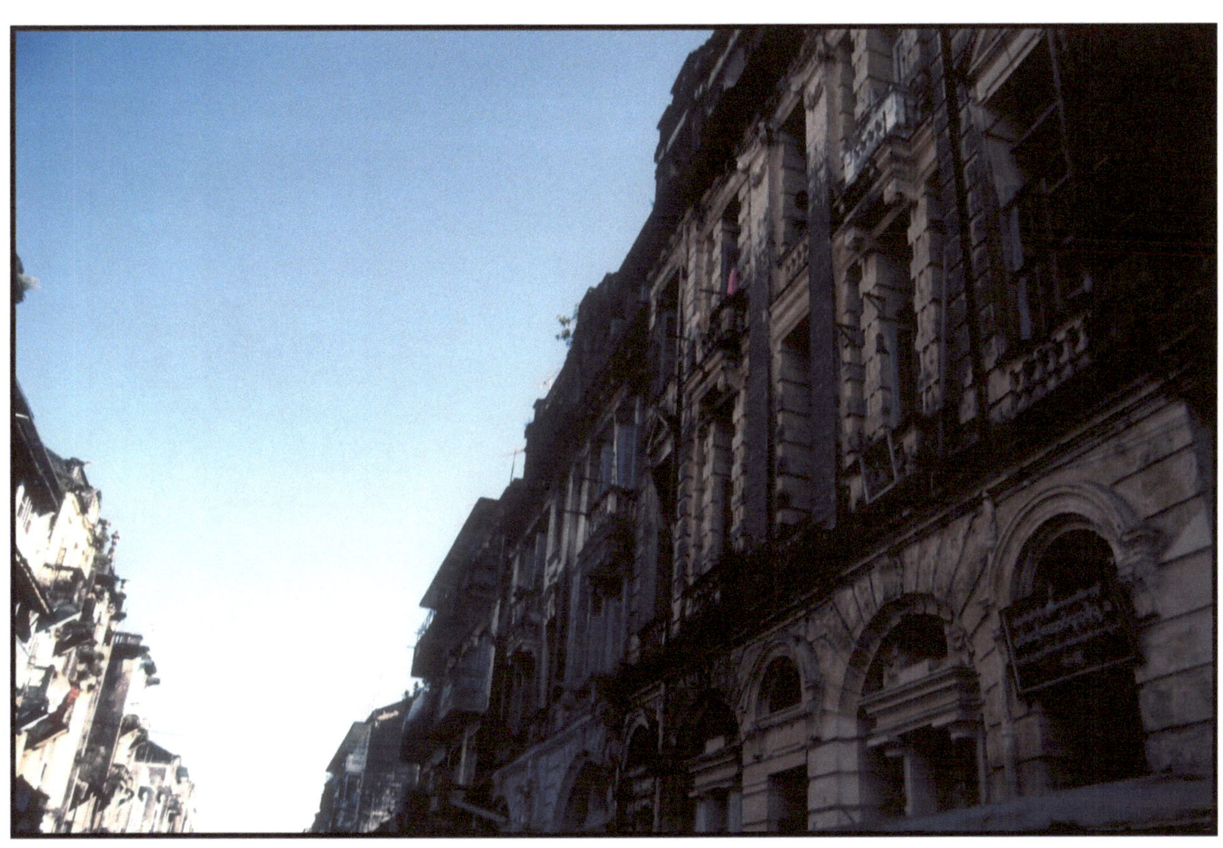

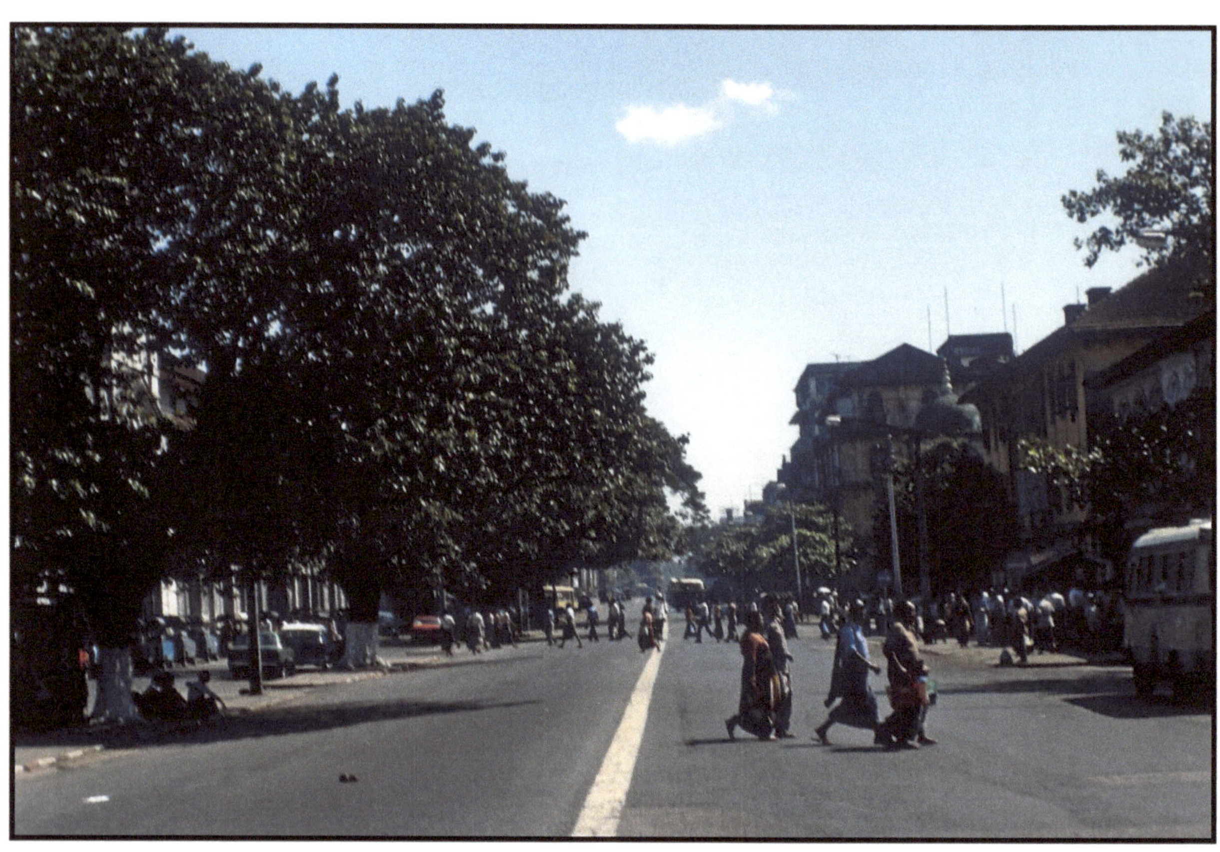

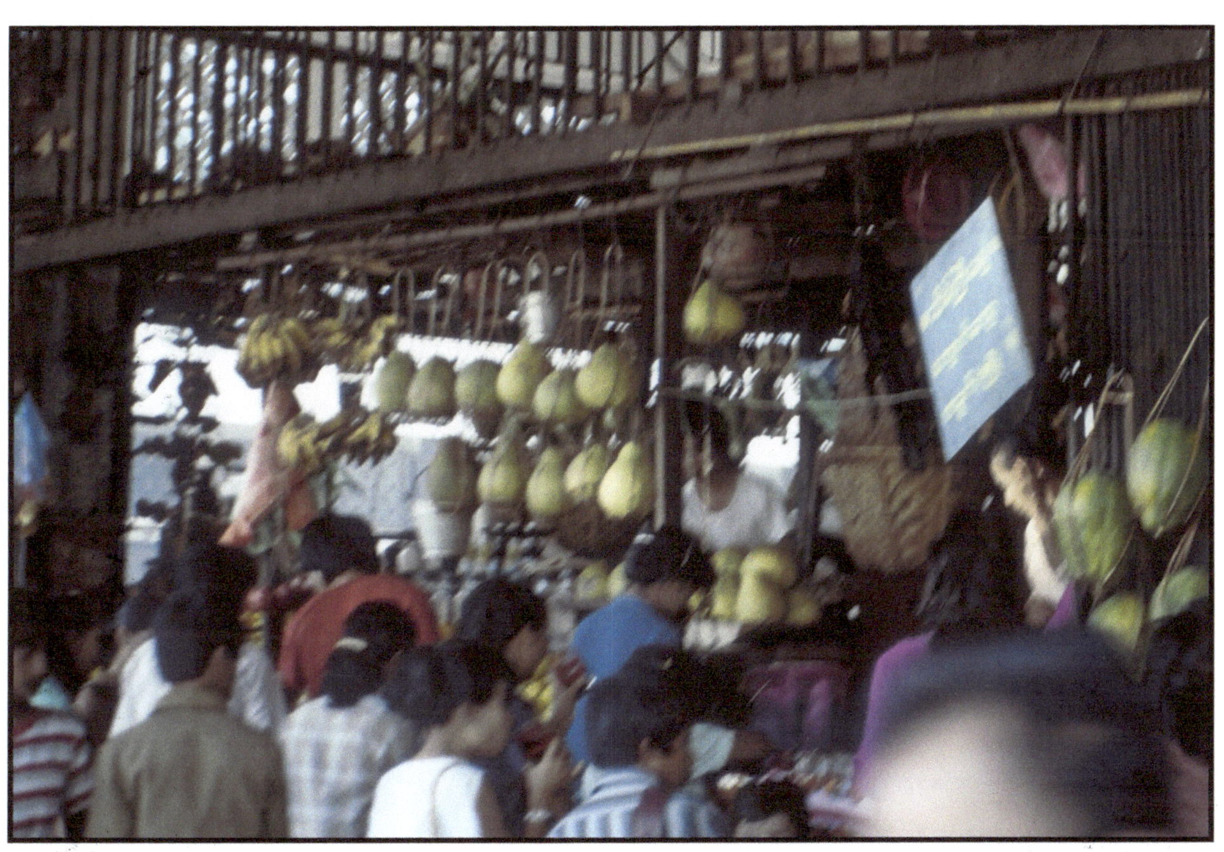

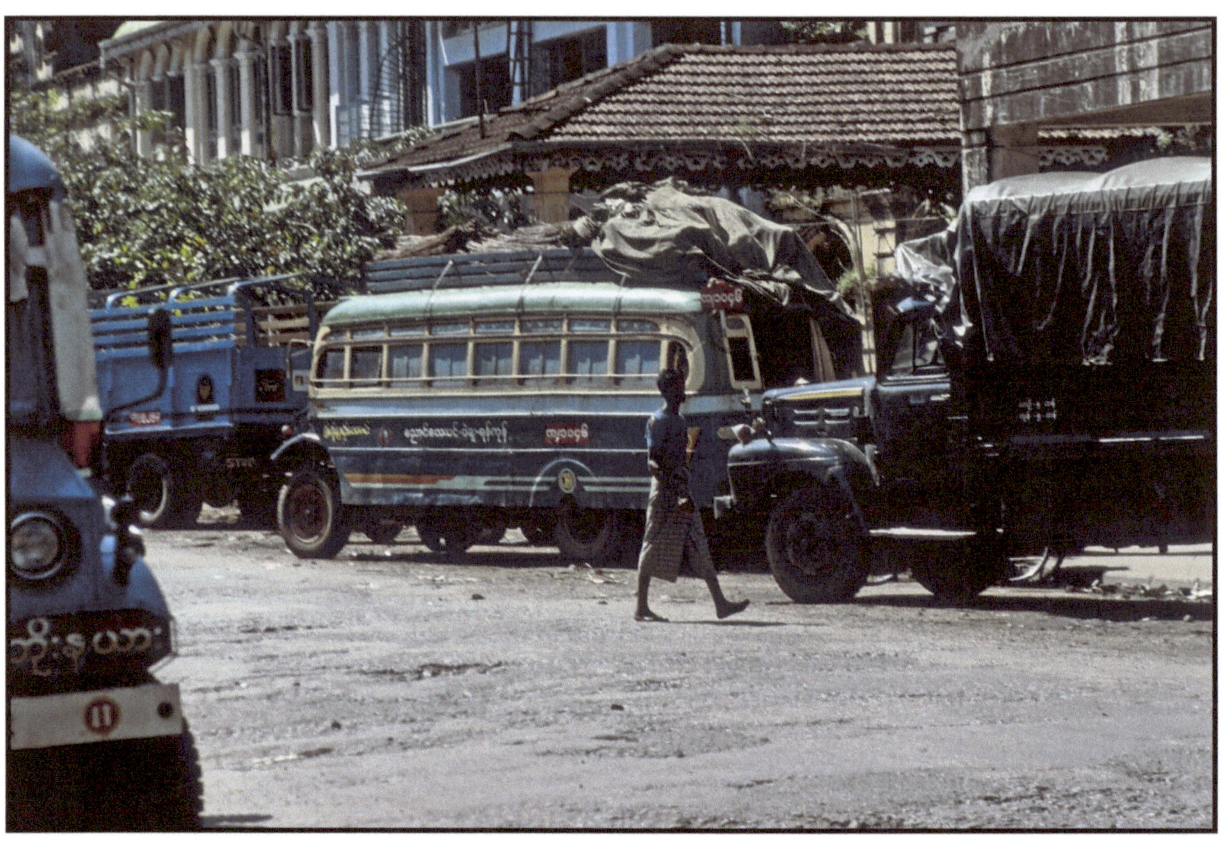
11

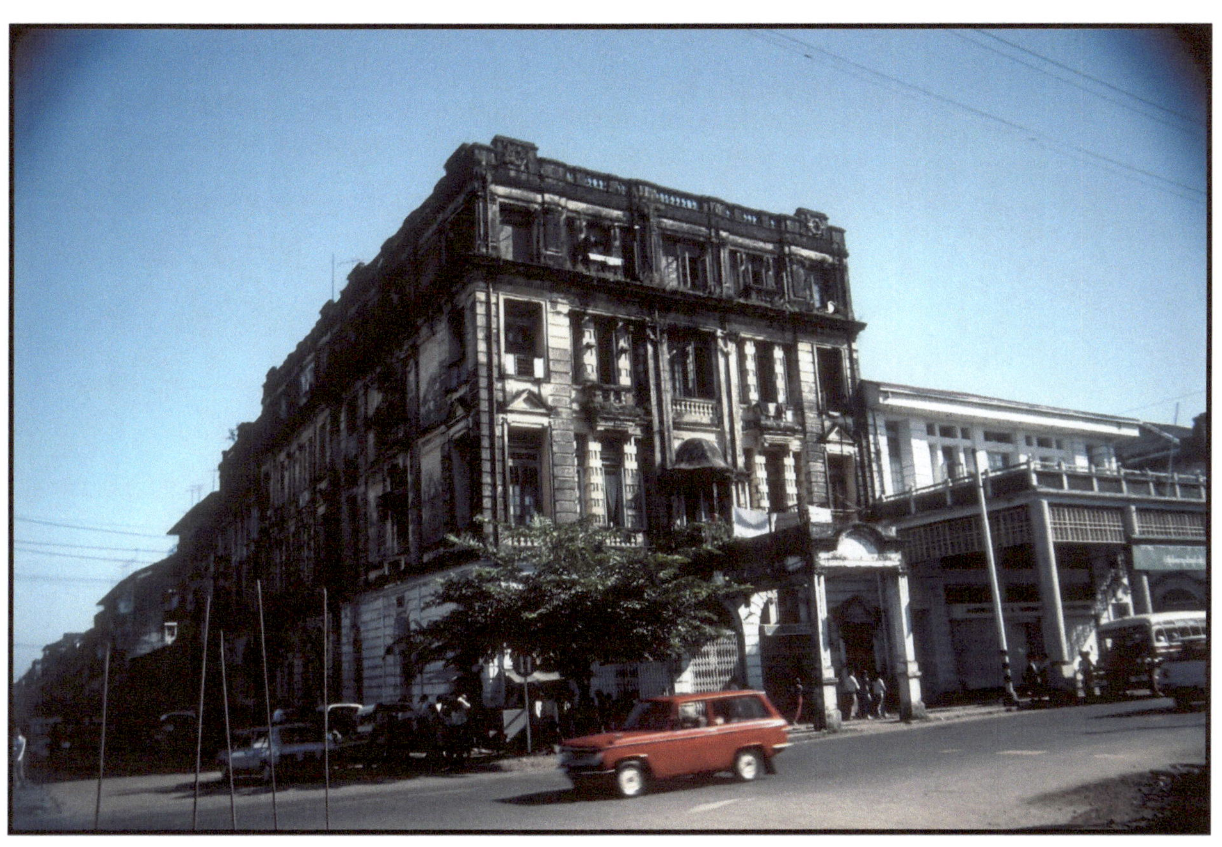

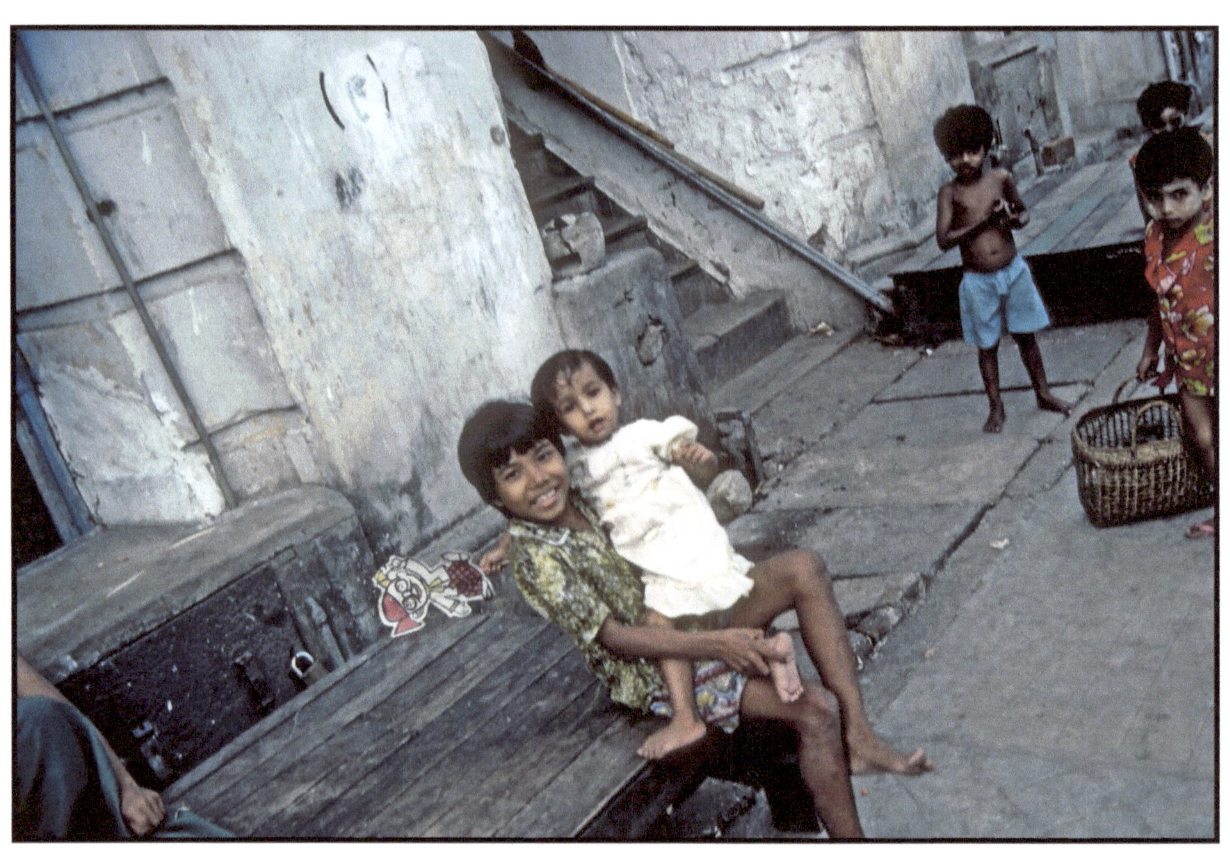

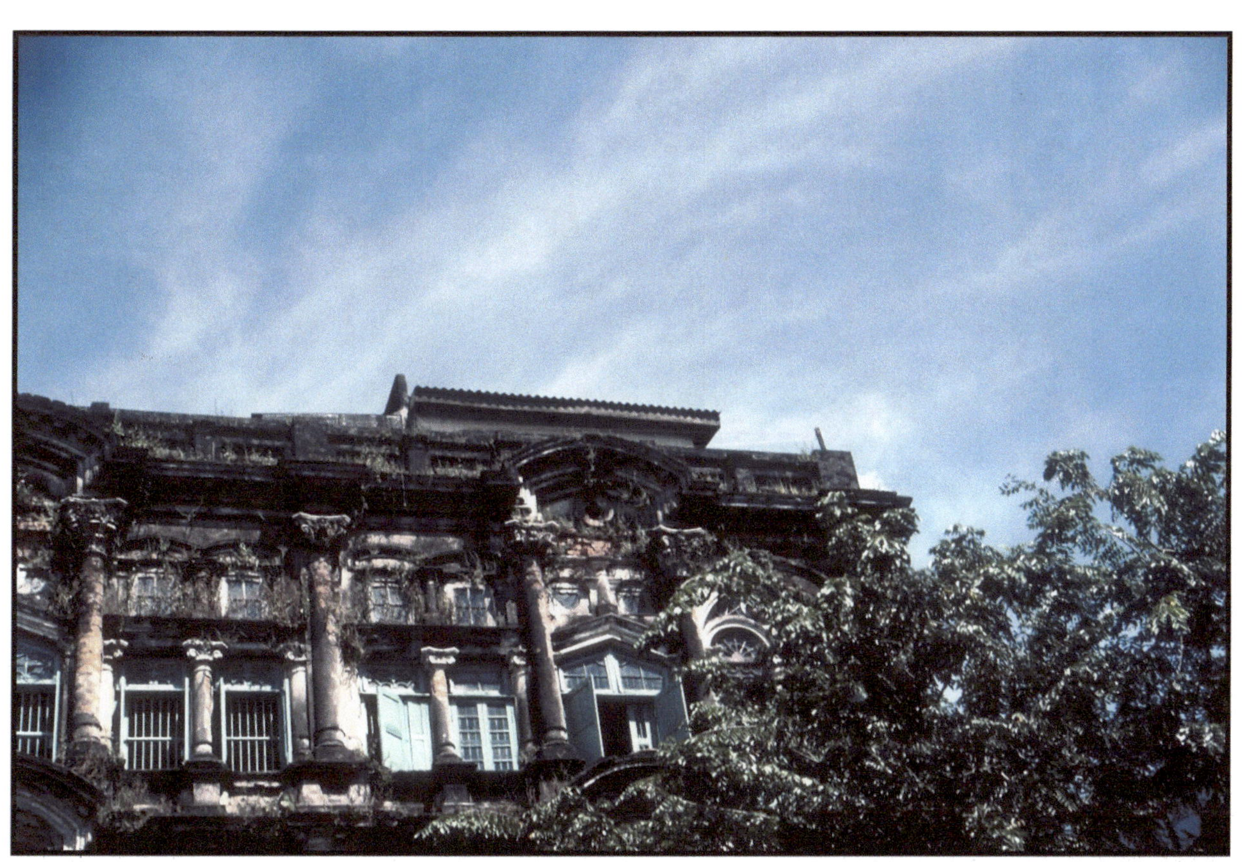

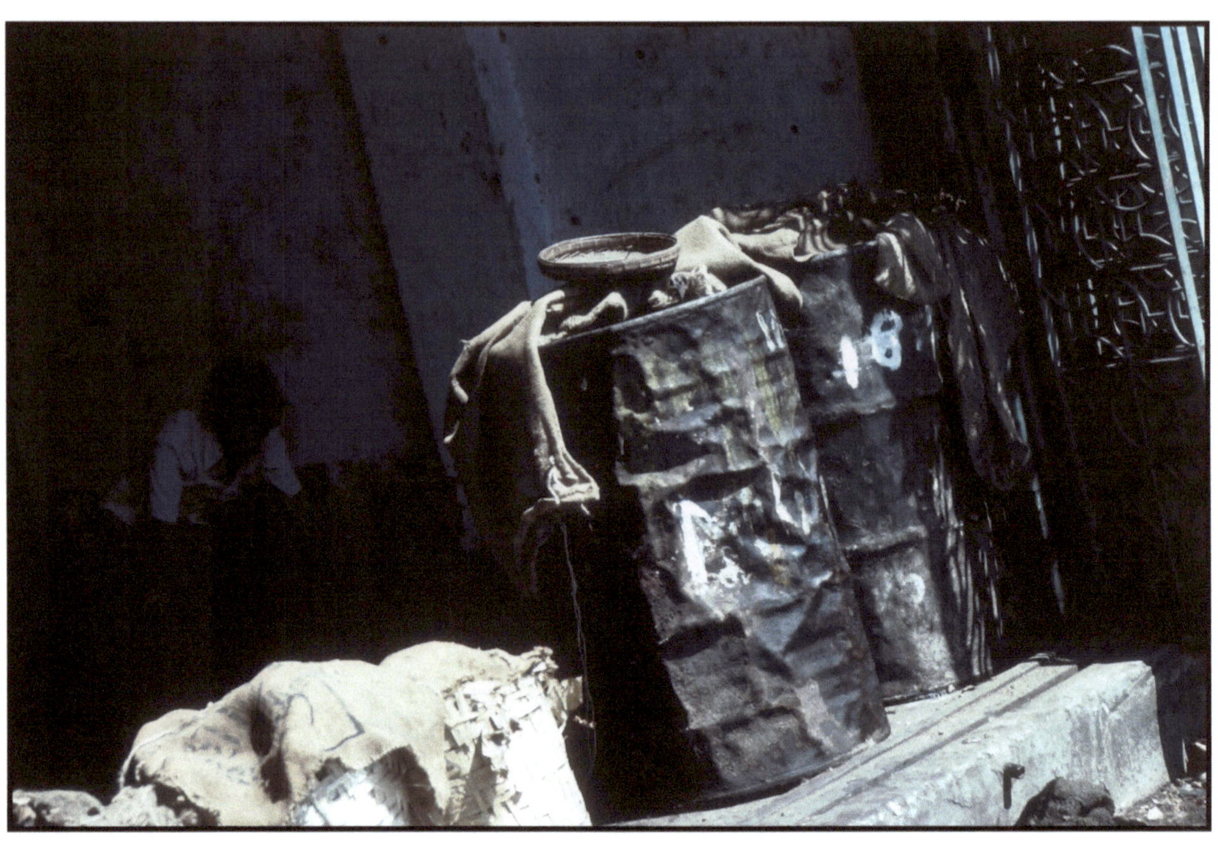

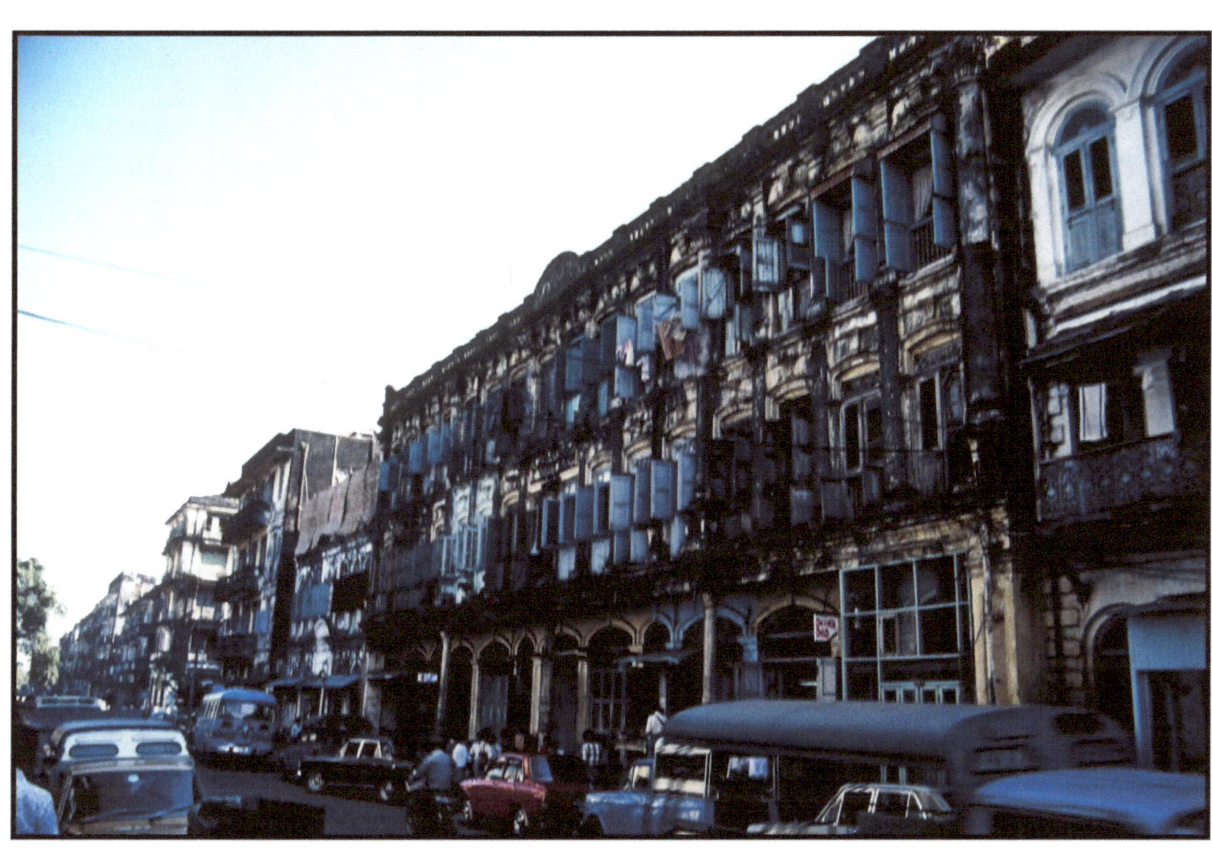

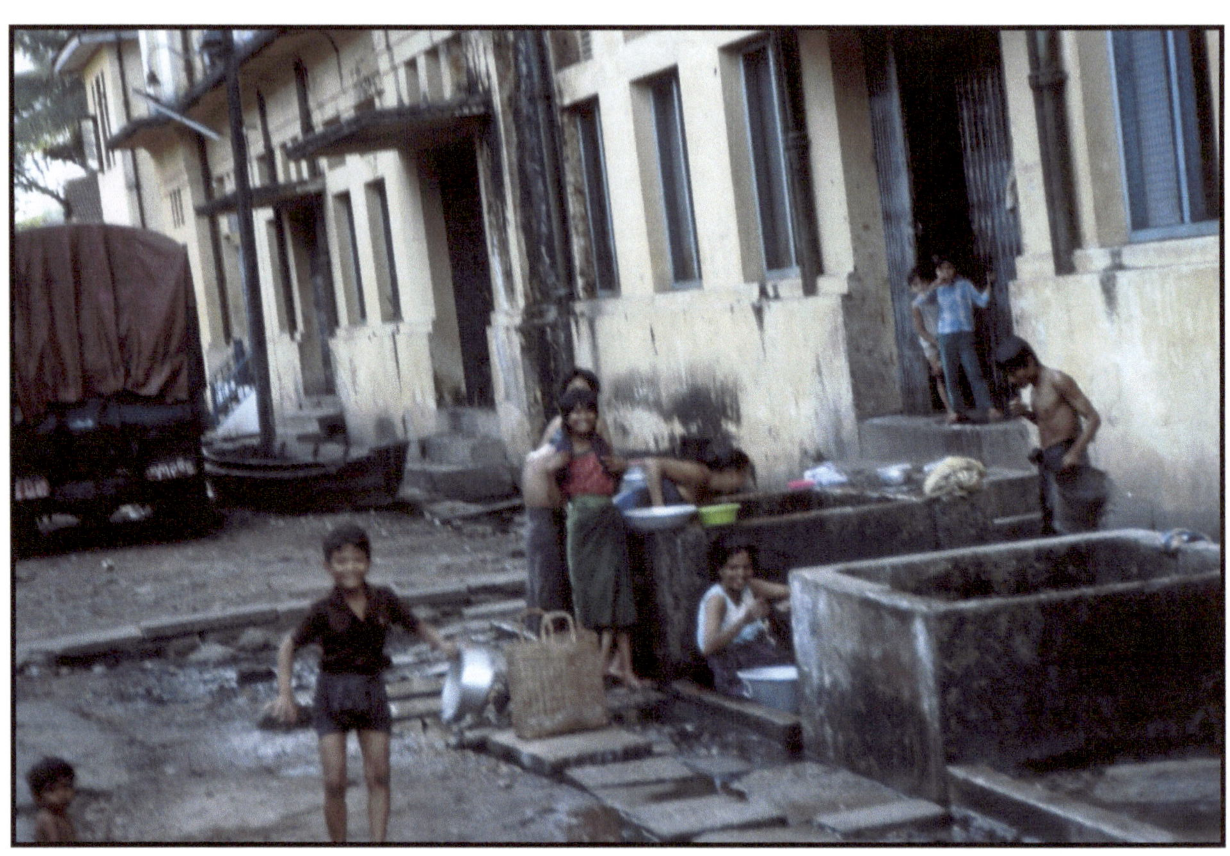

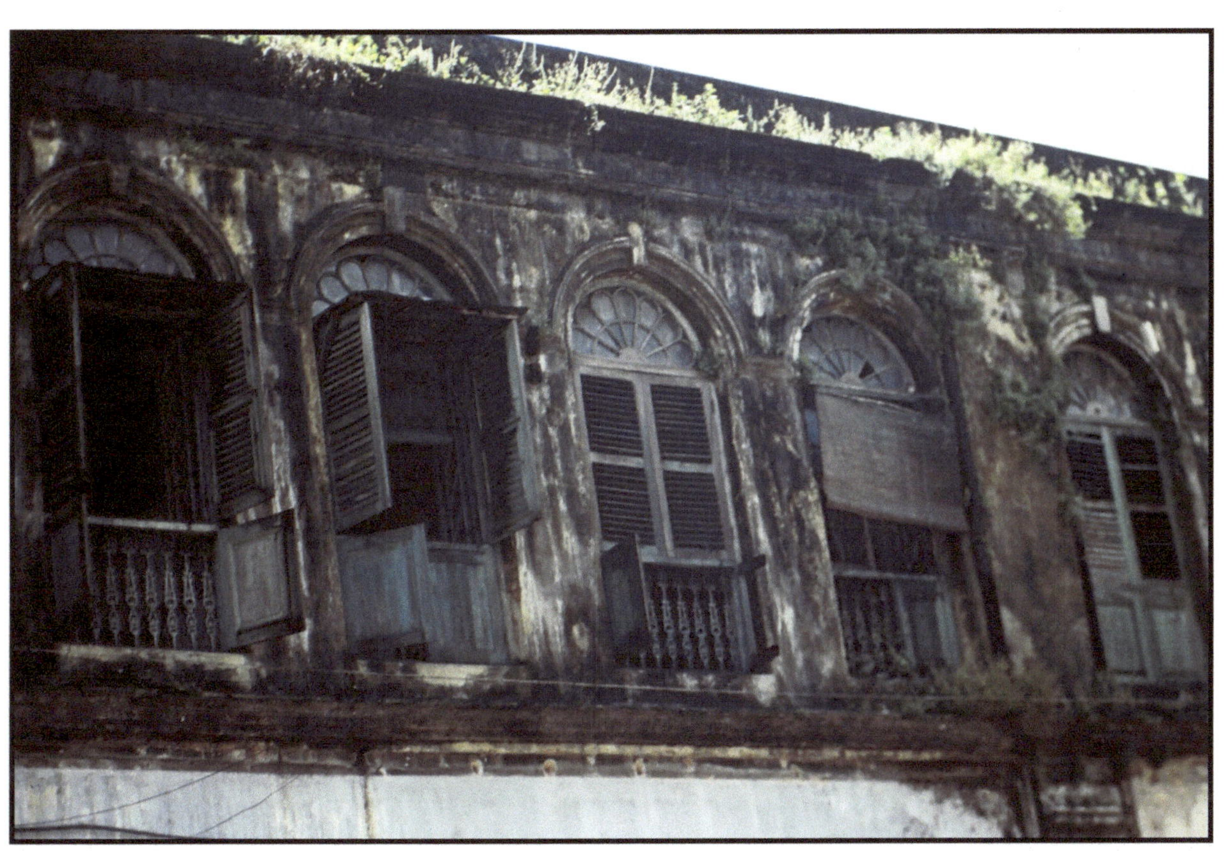

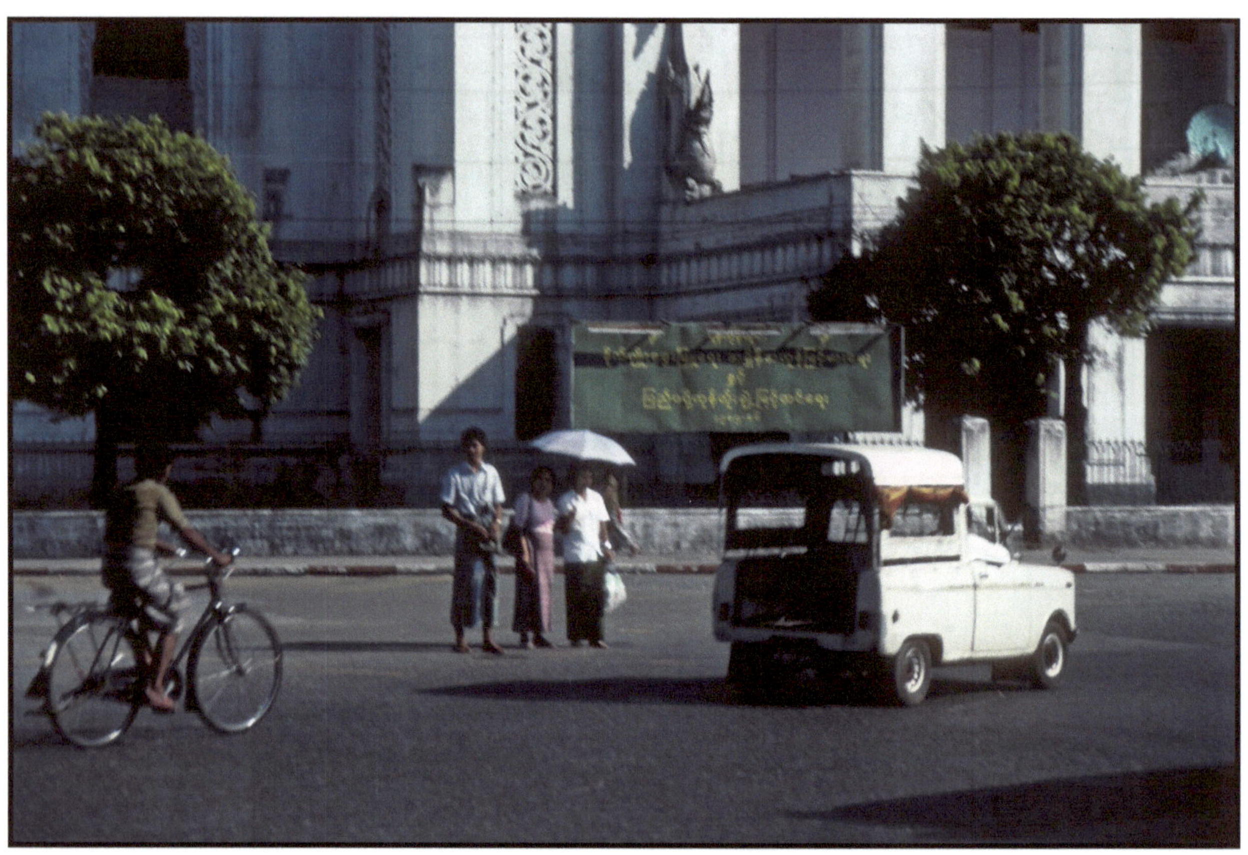

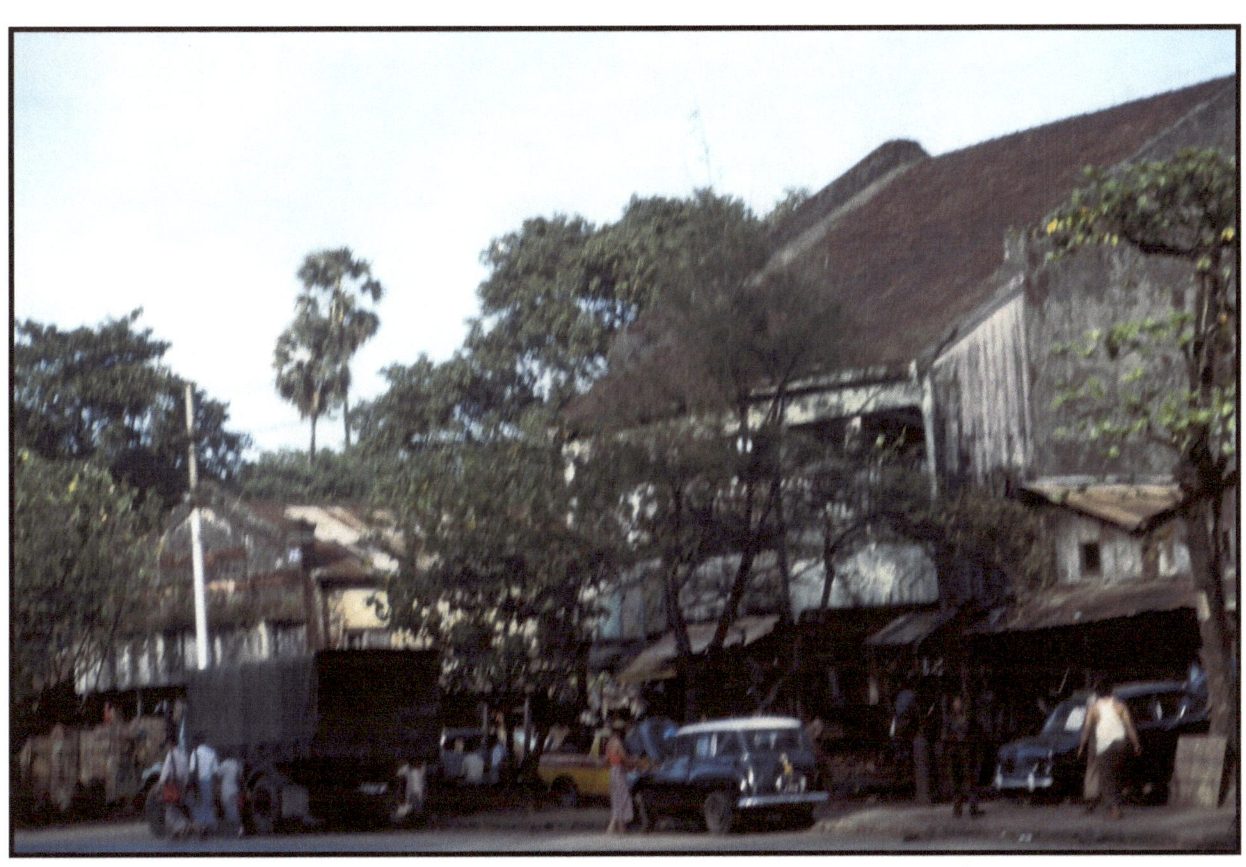

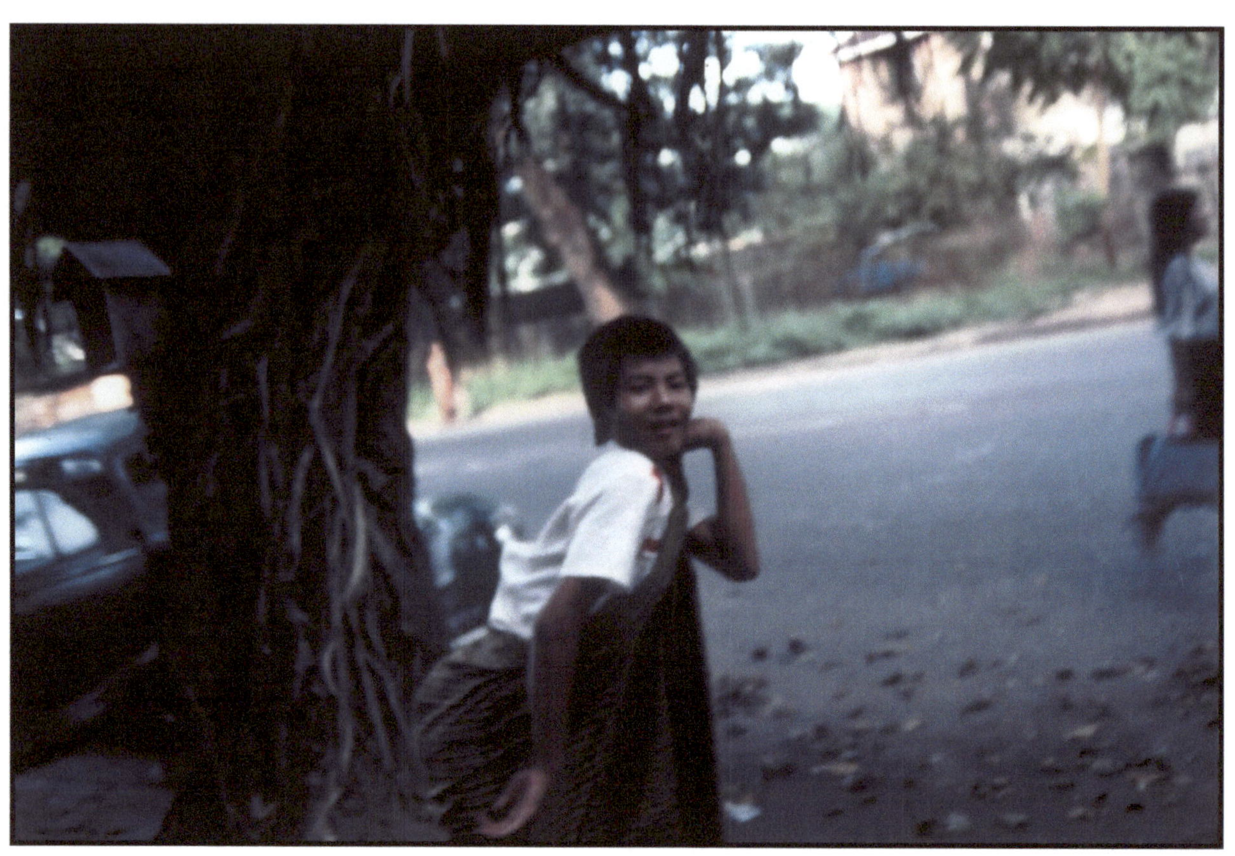

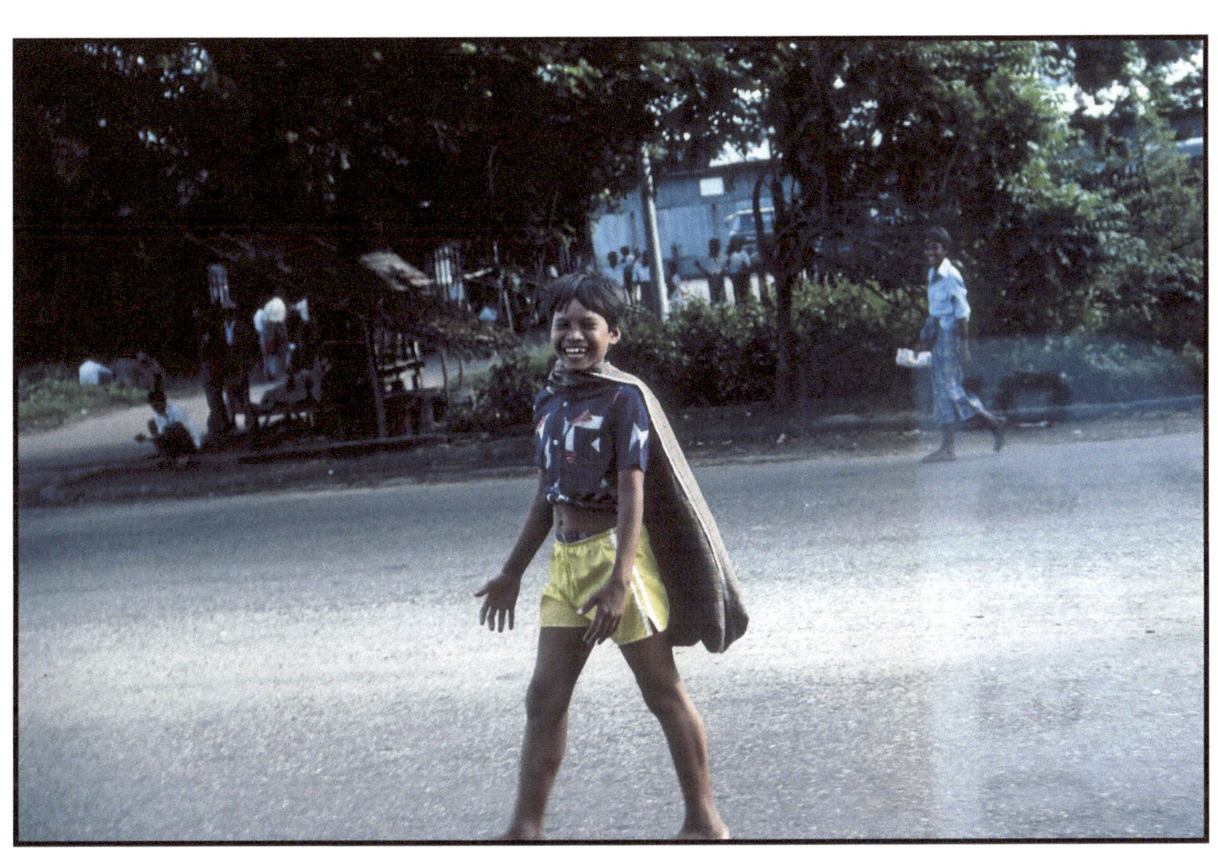

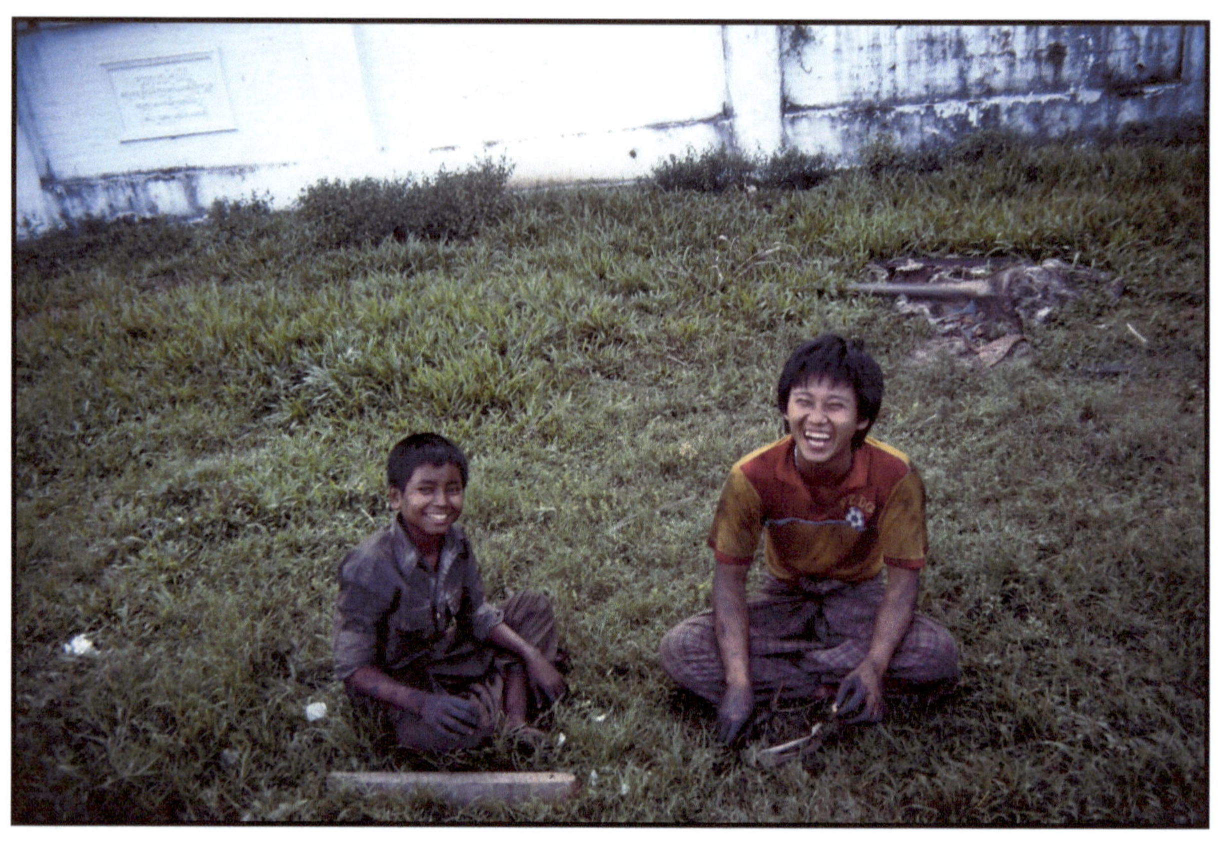

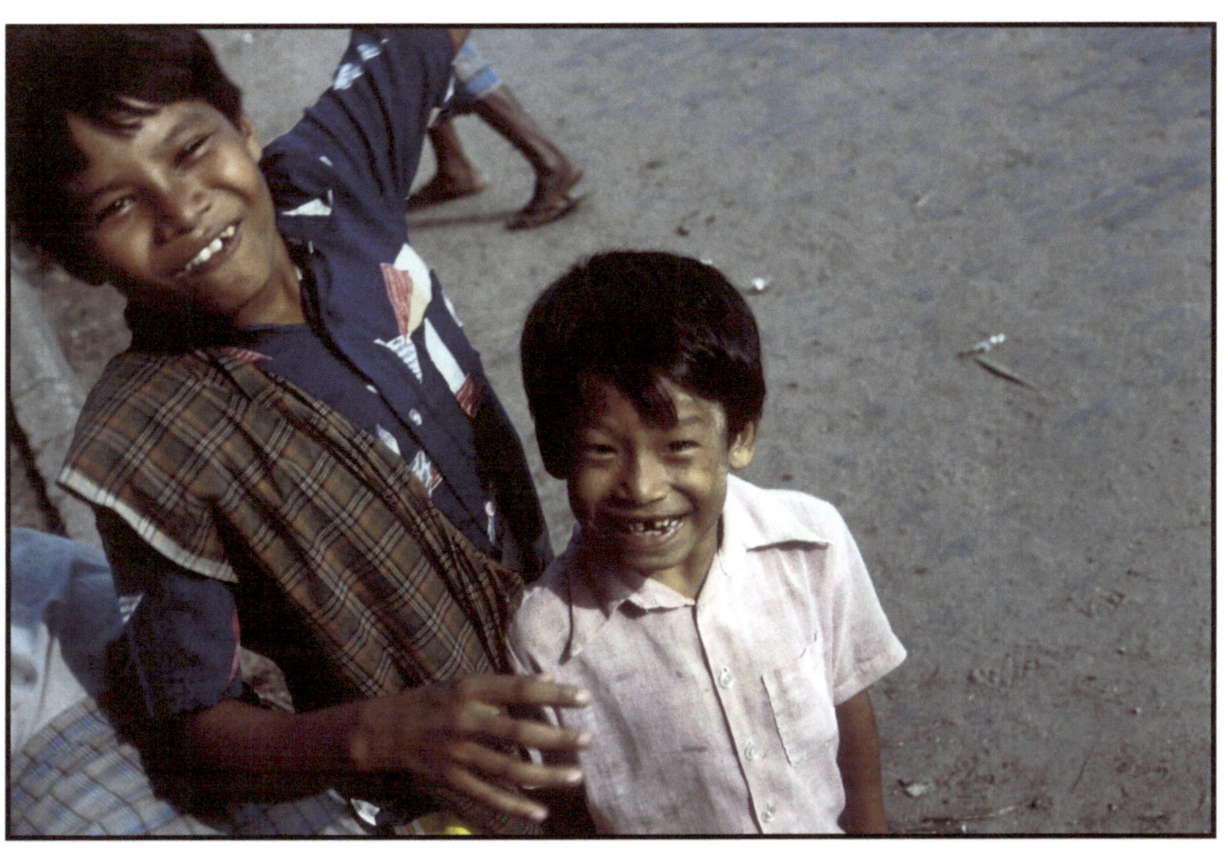

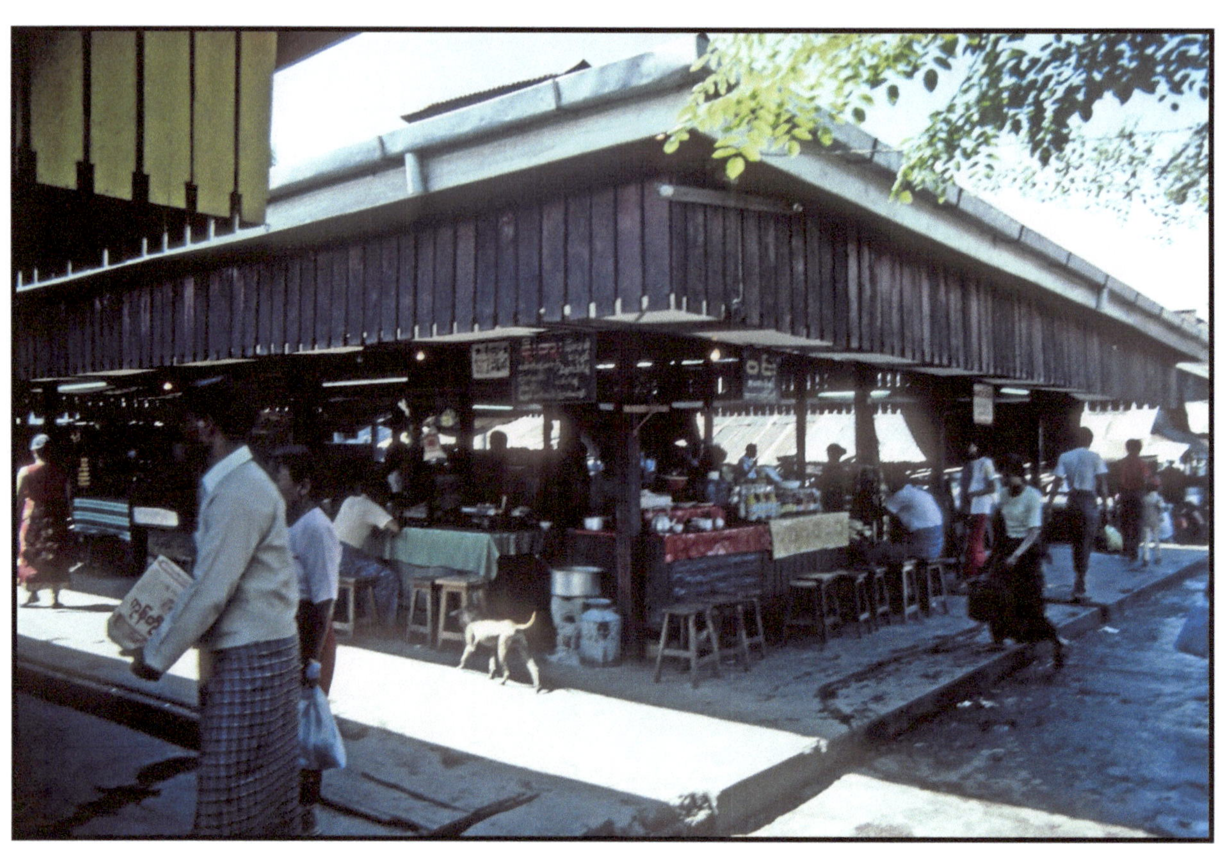

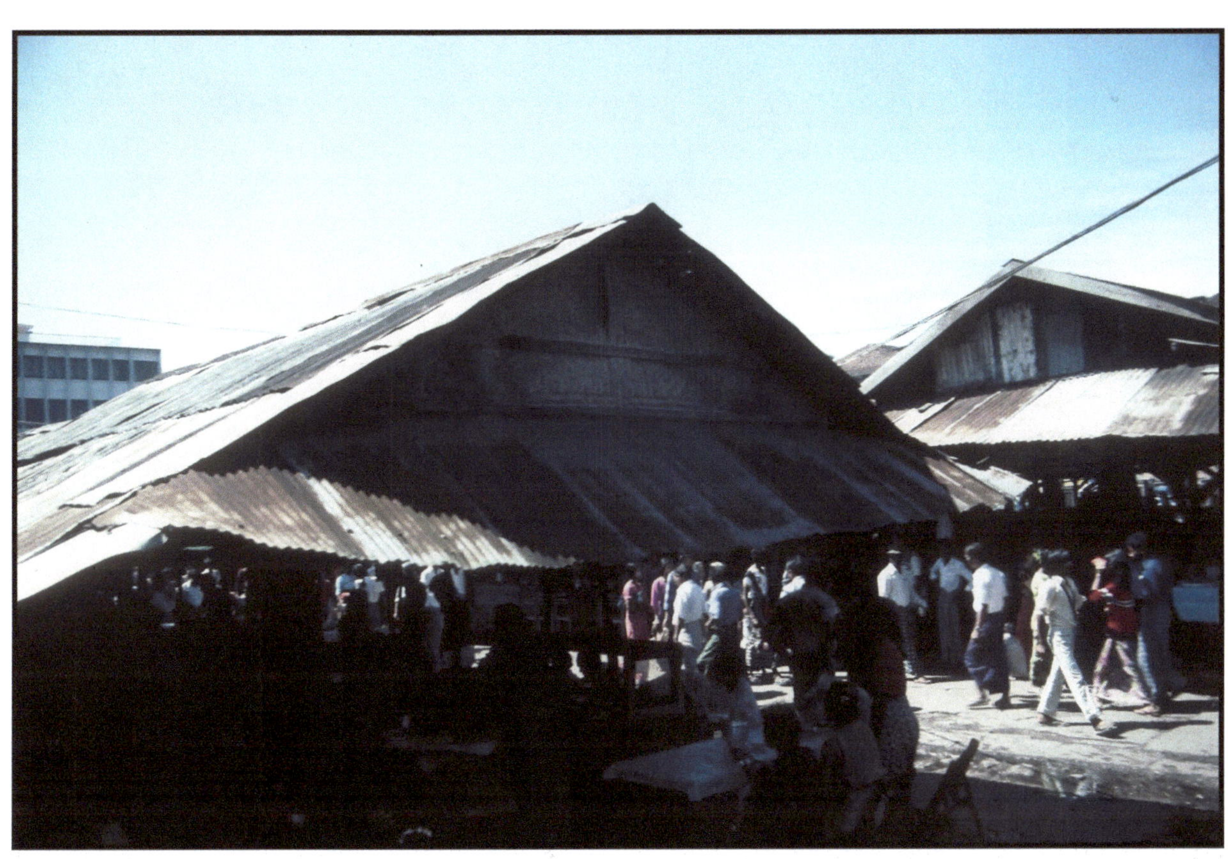

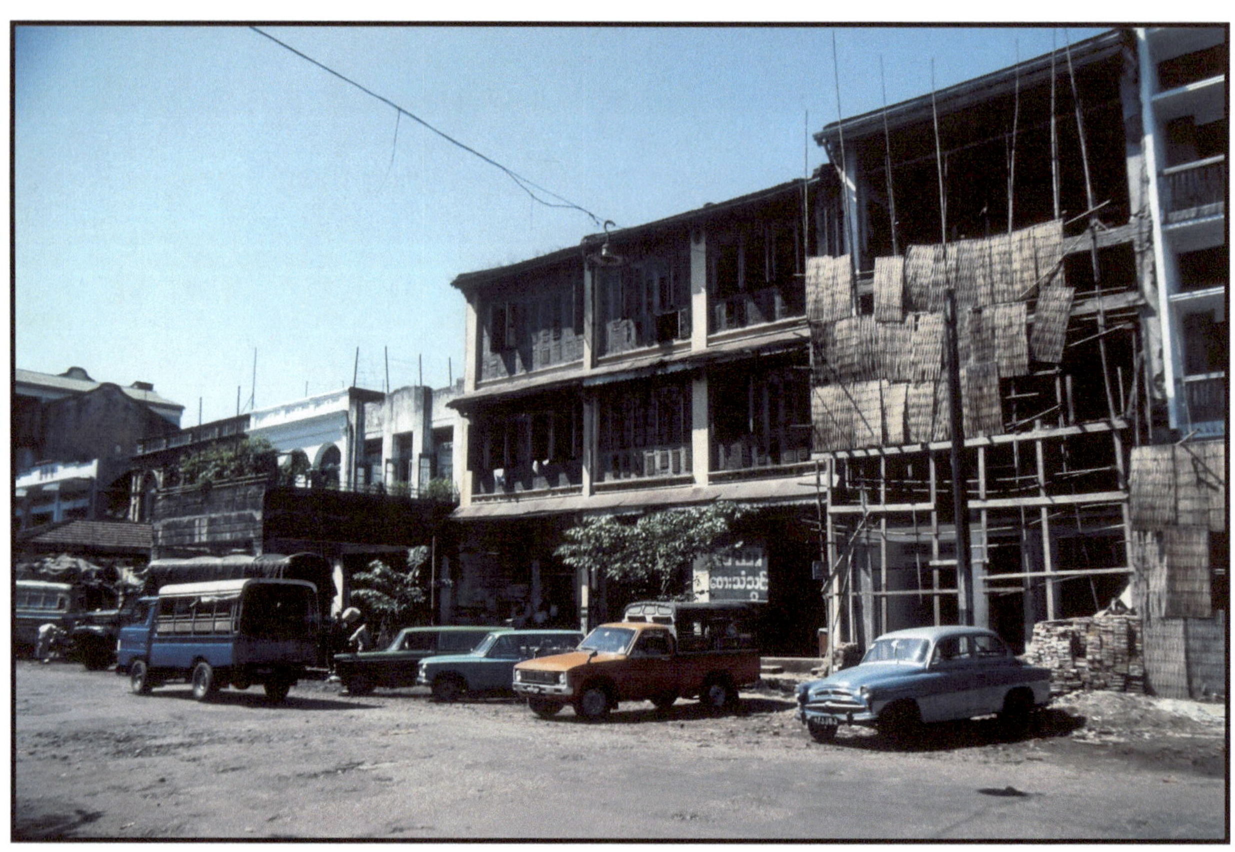

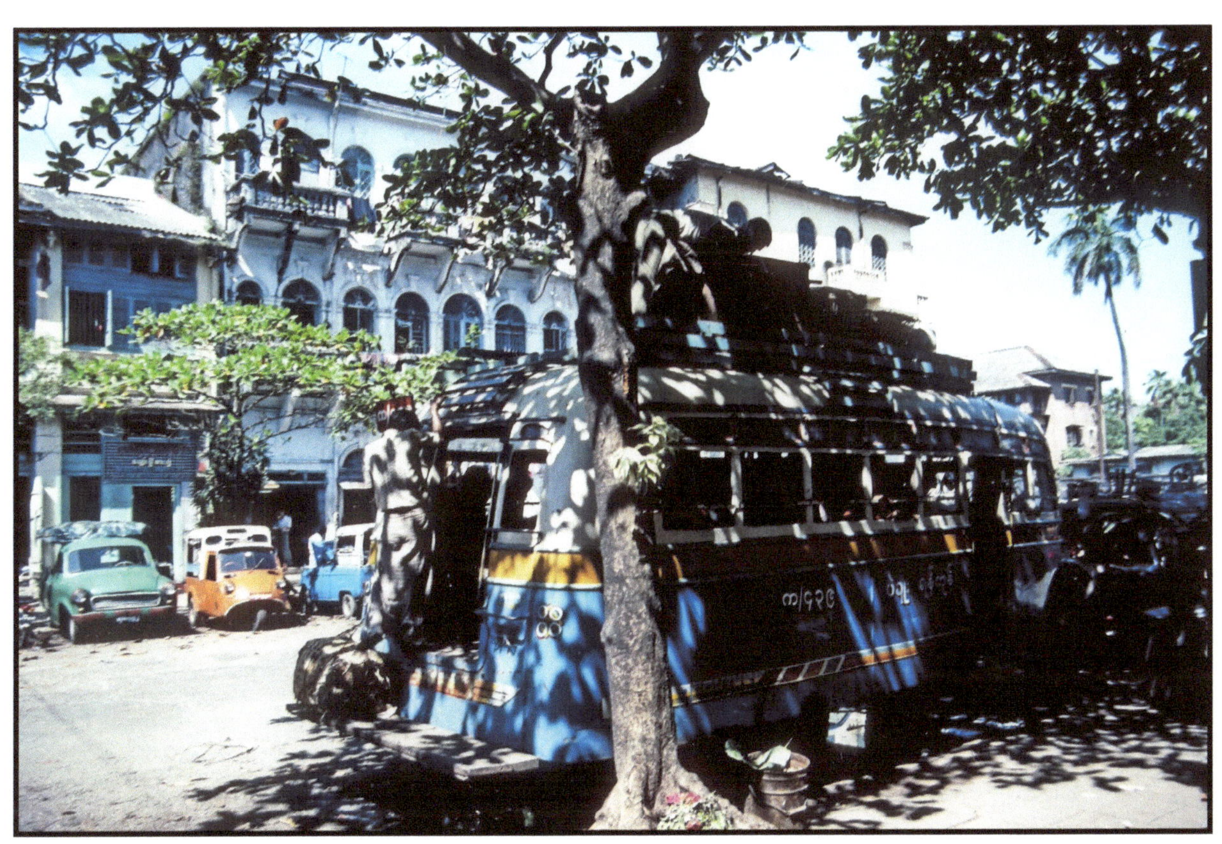

Mandalay

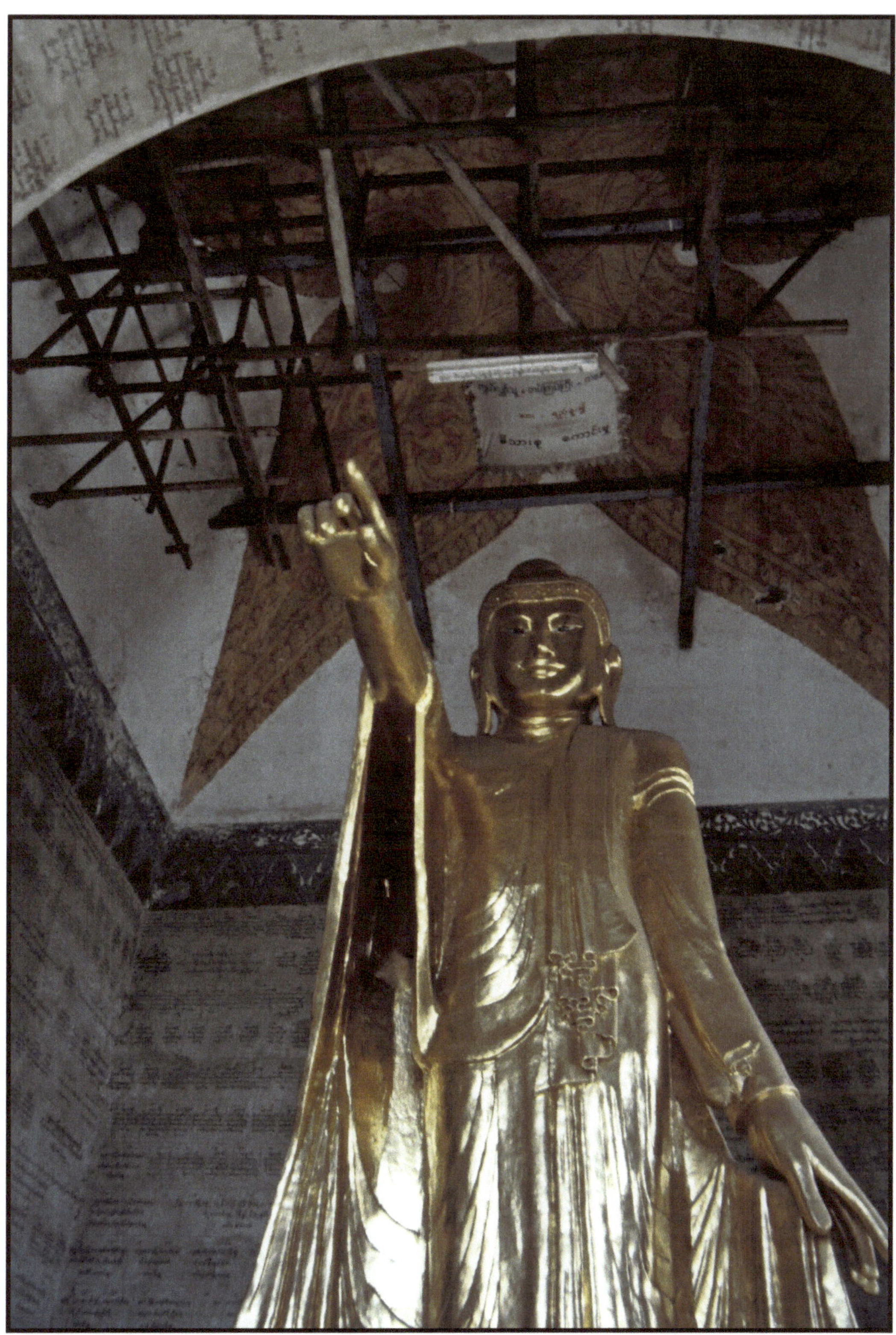

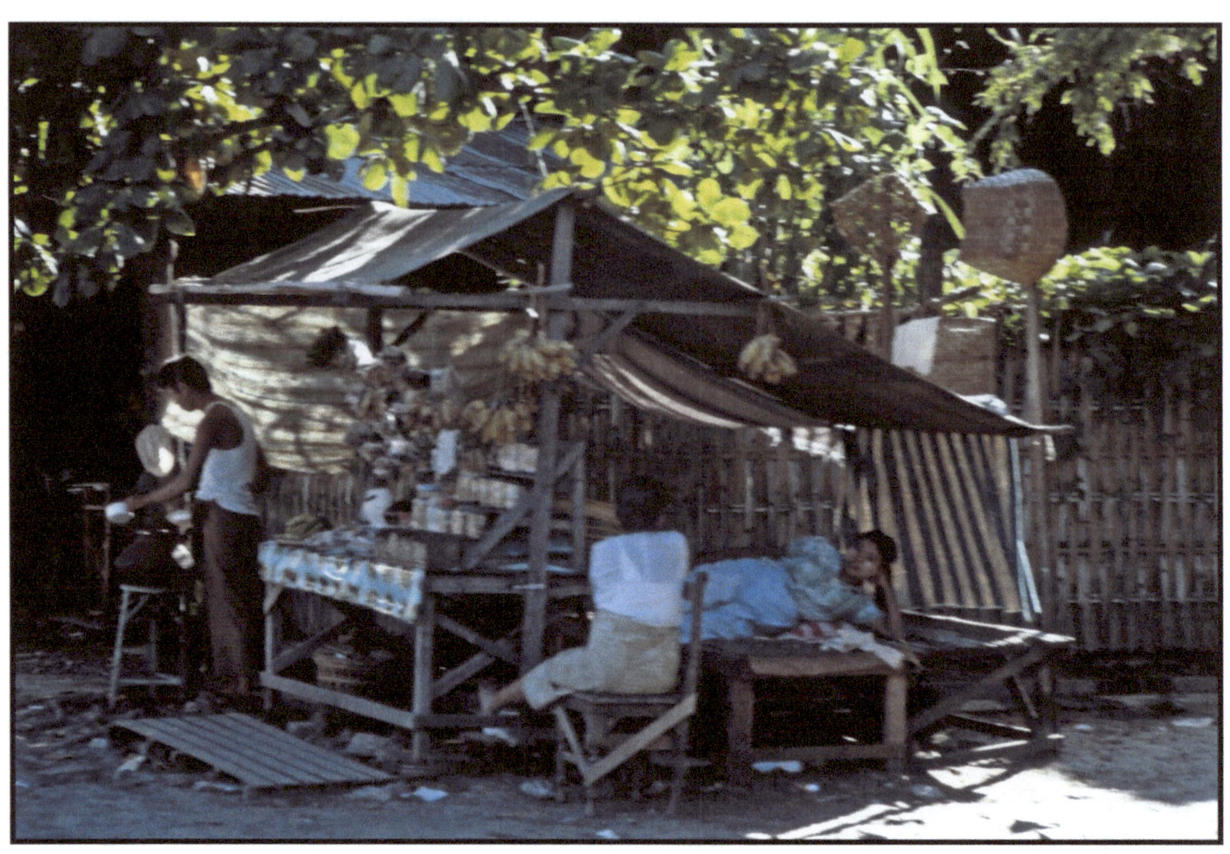

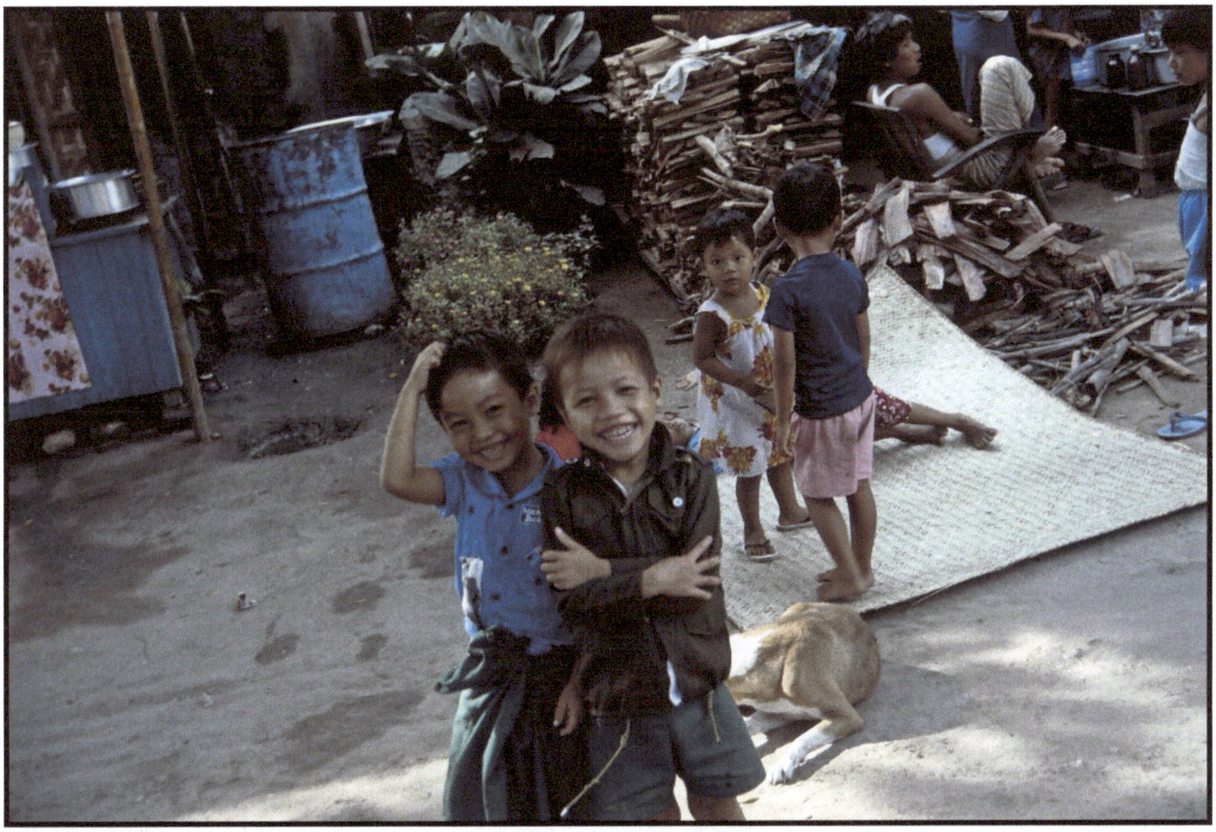

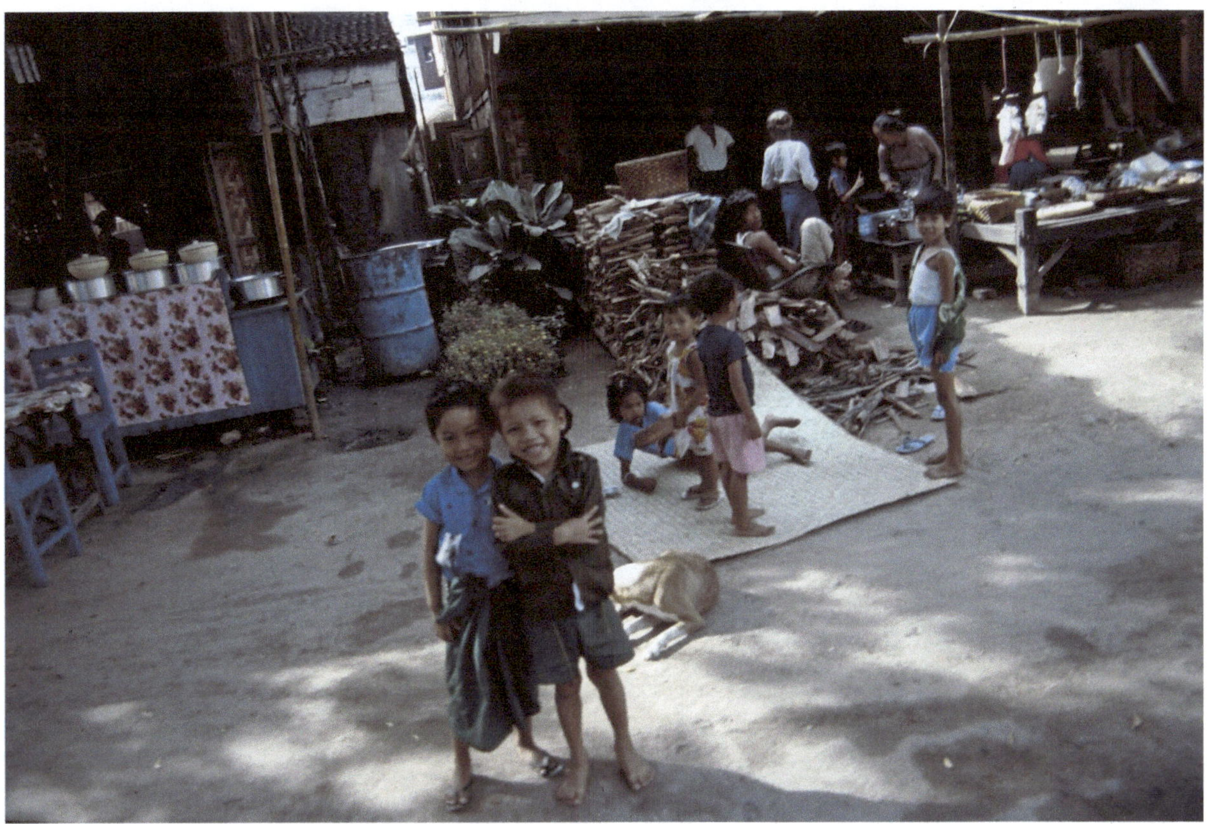

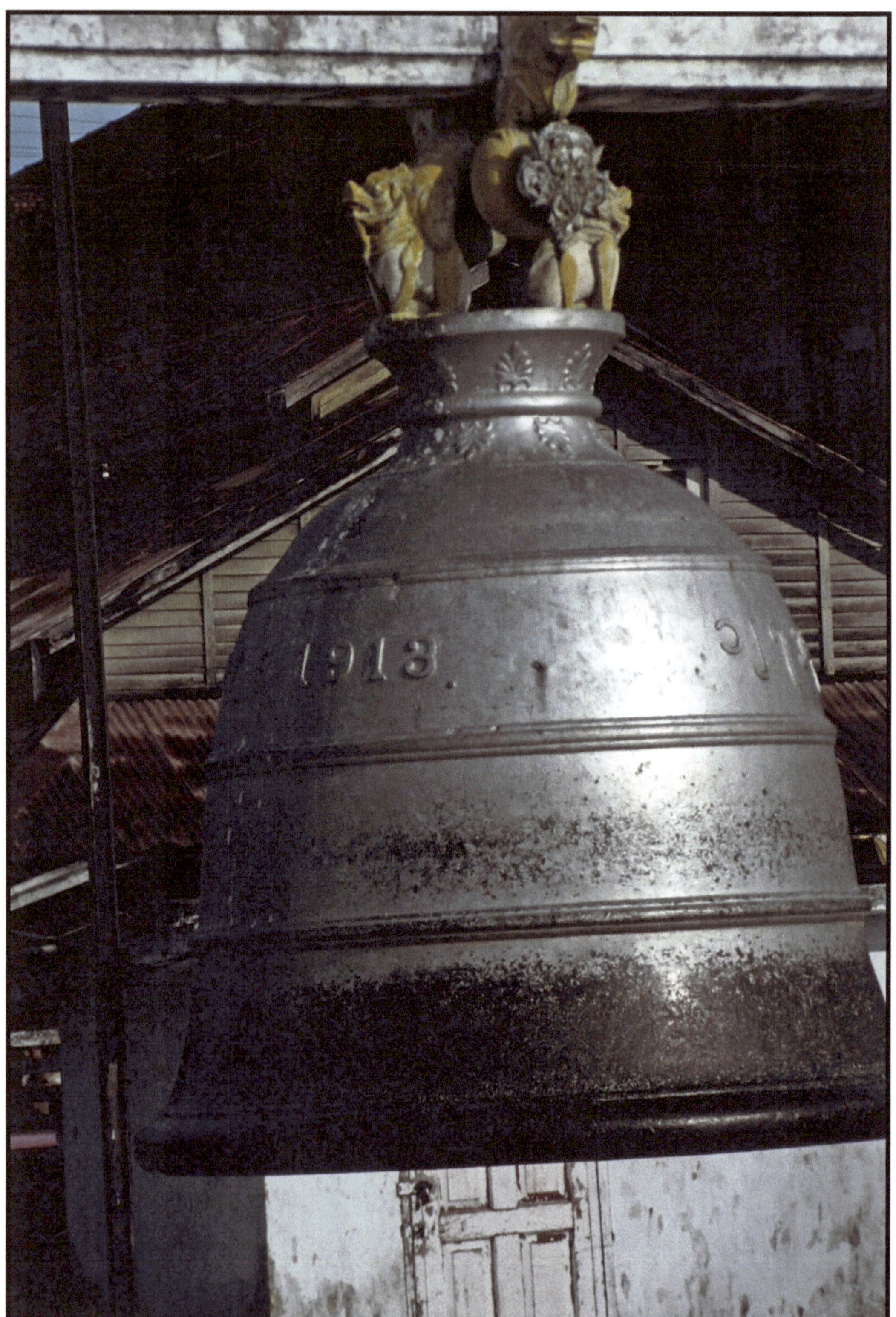
1913.

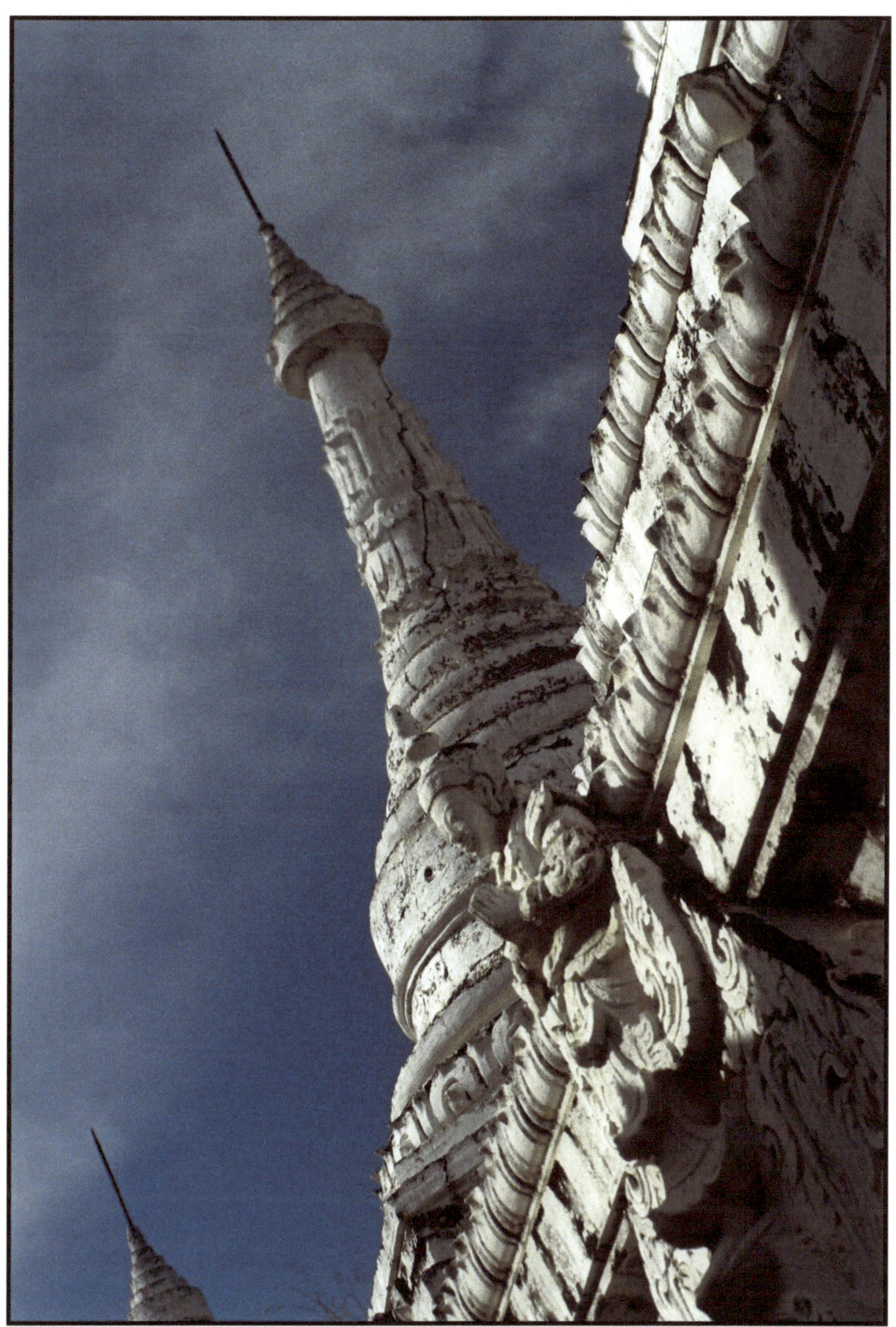

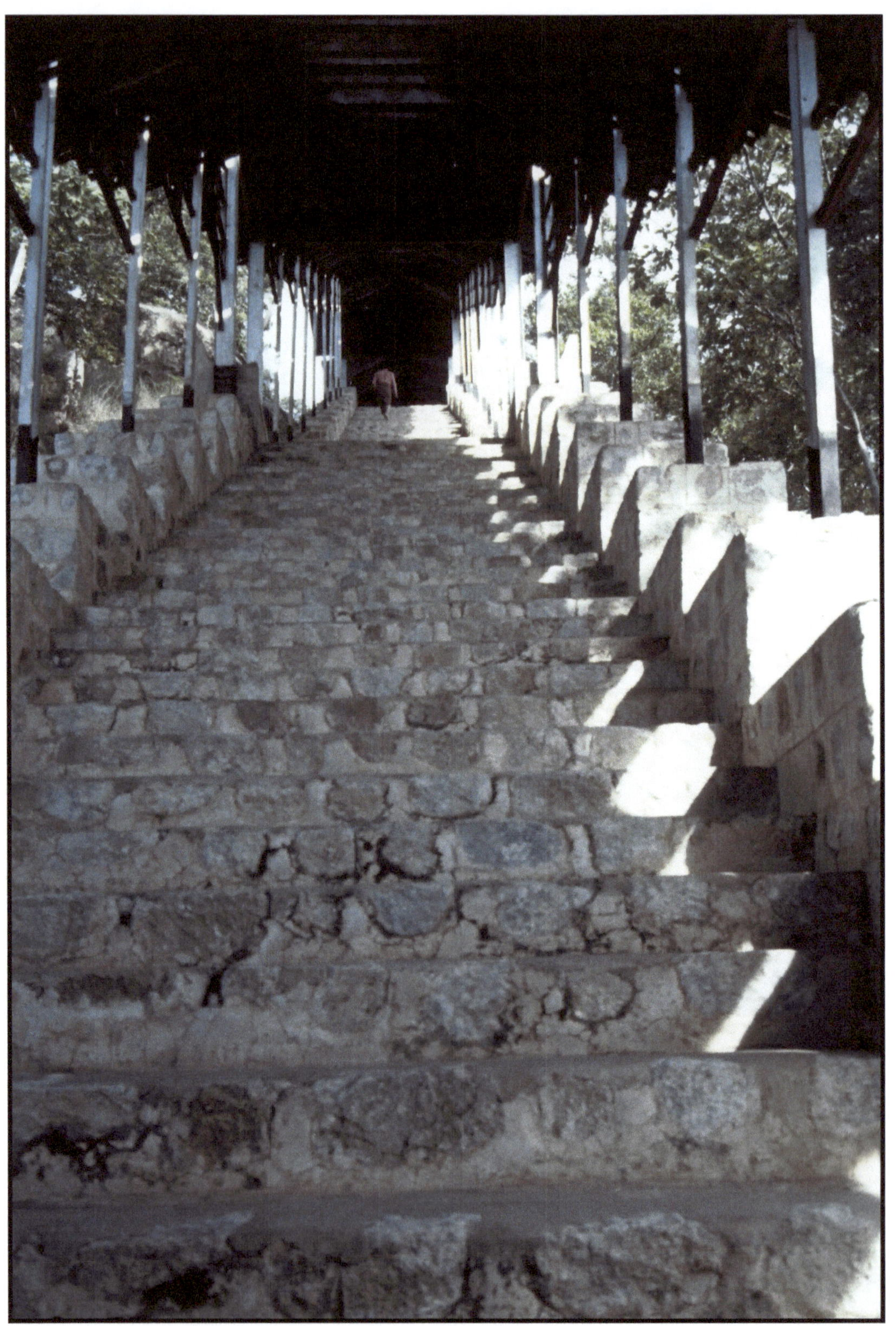

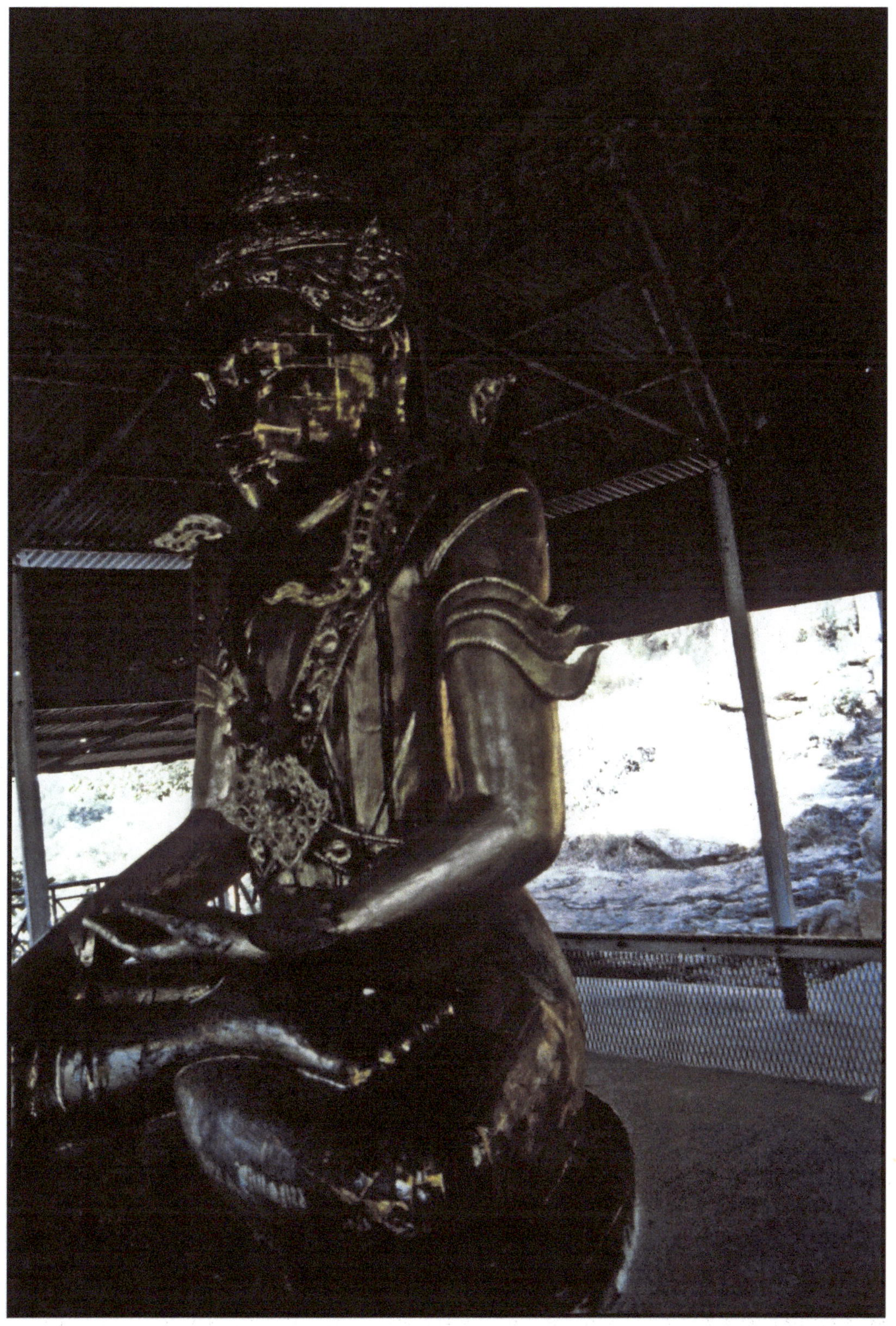

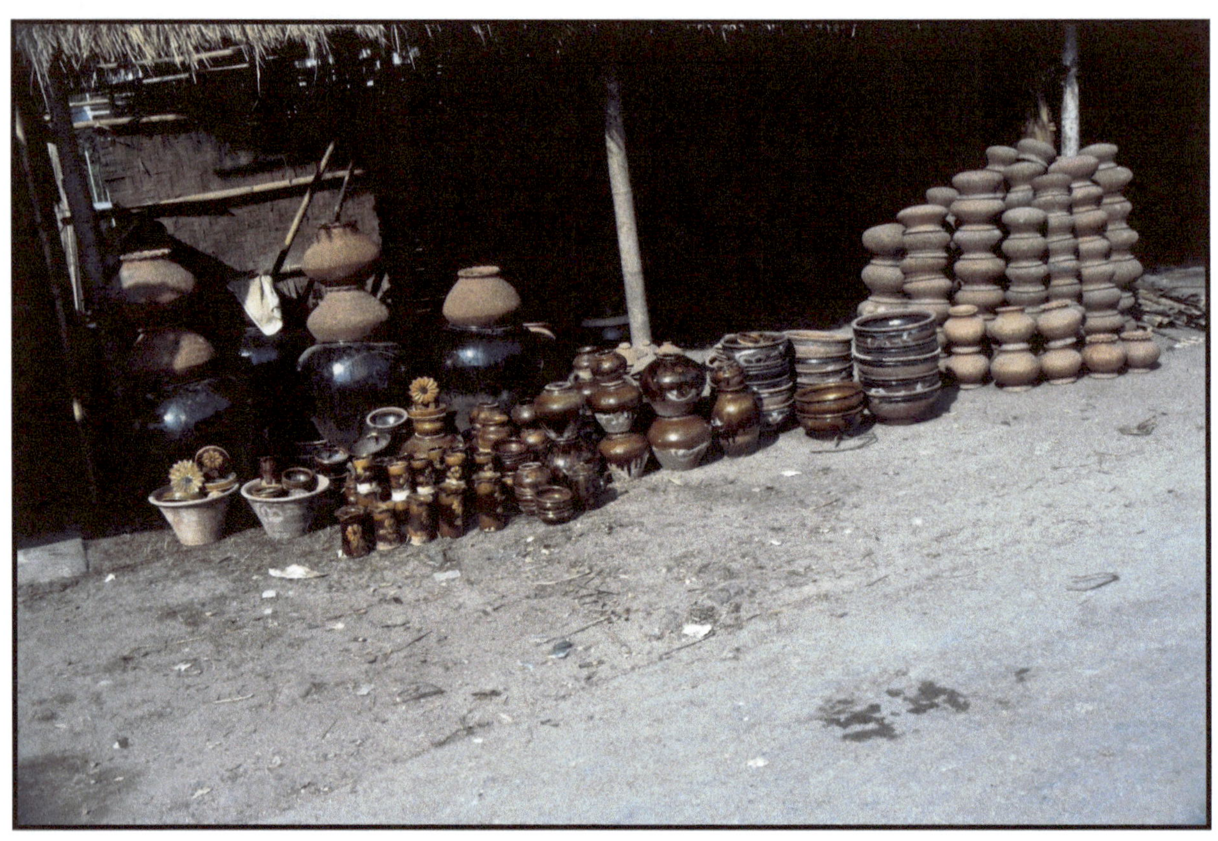

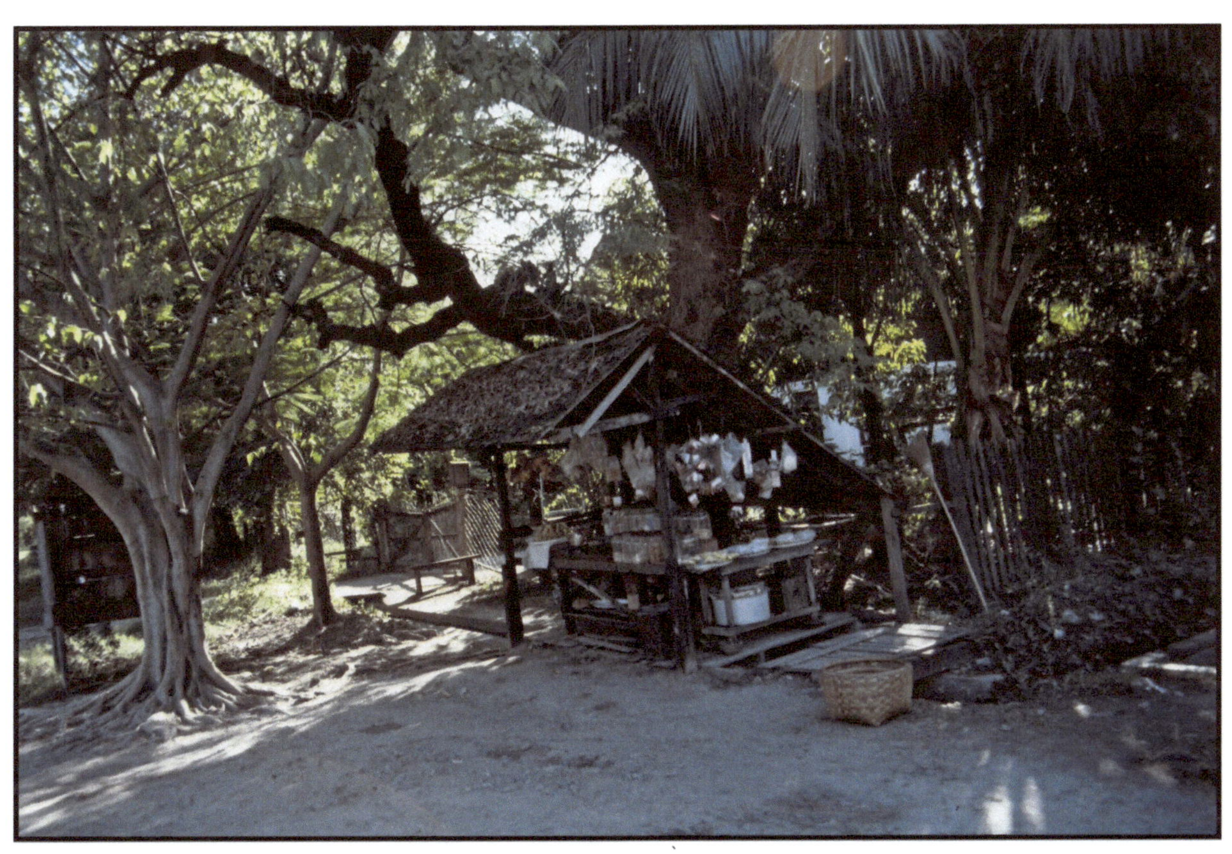

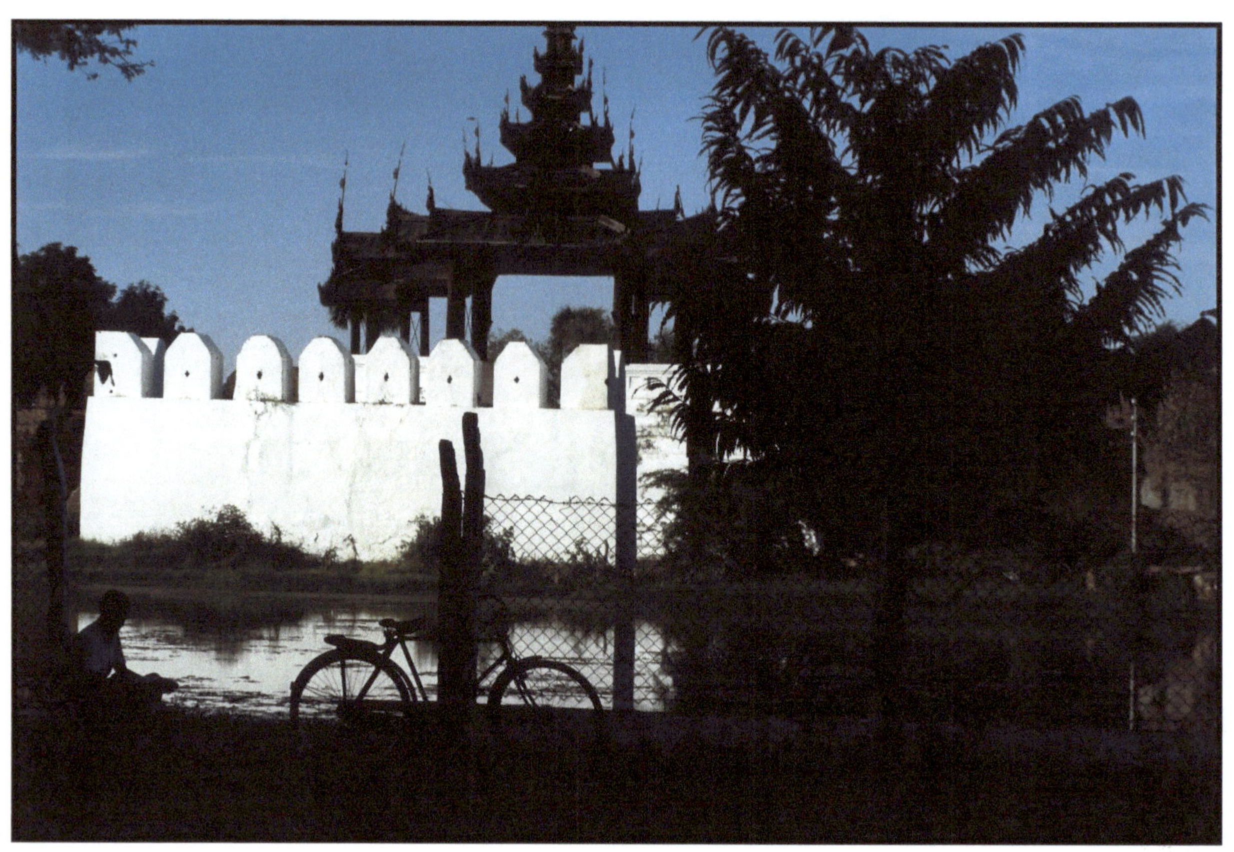

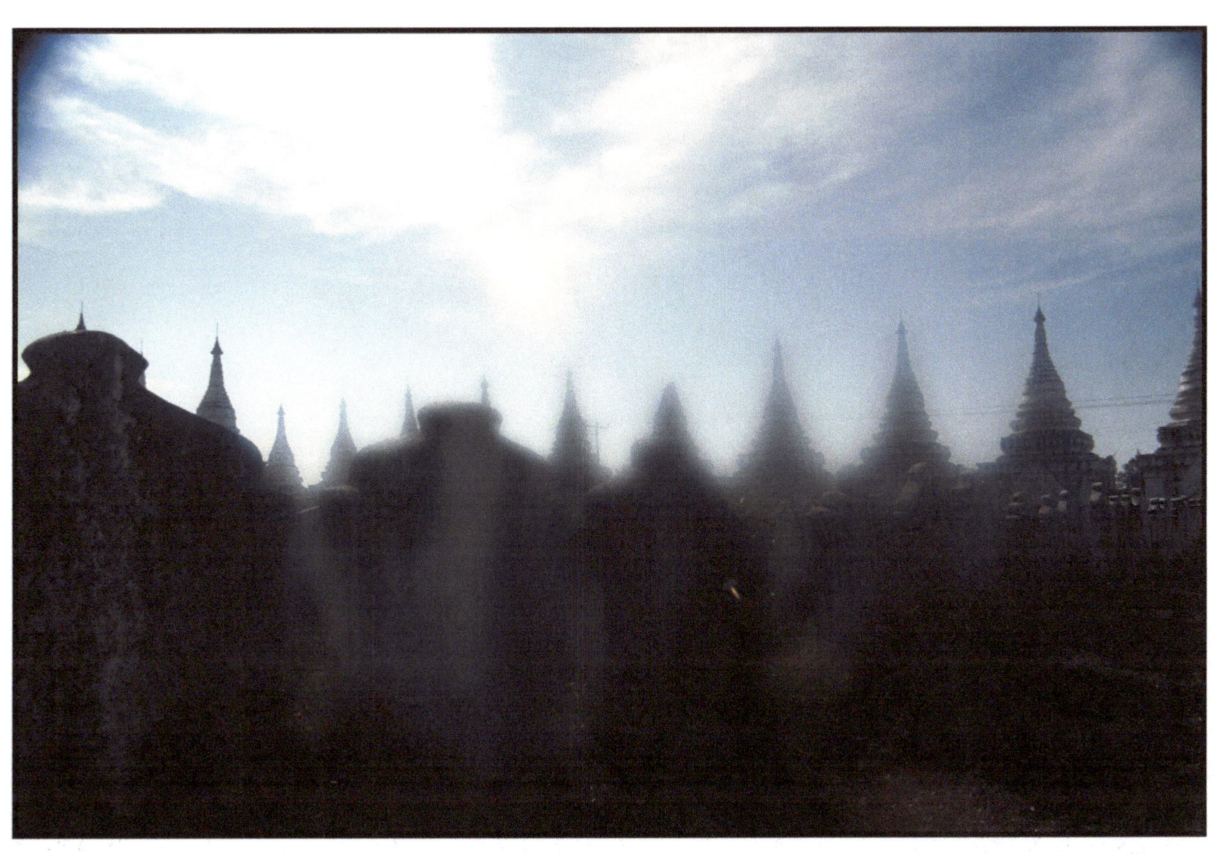

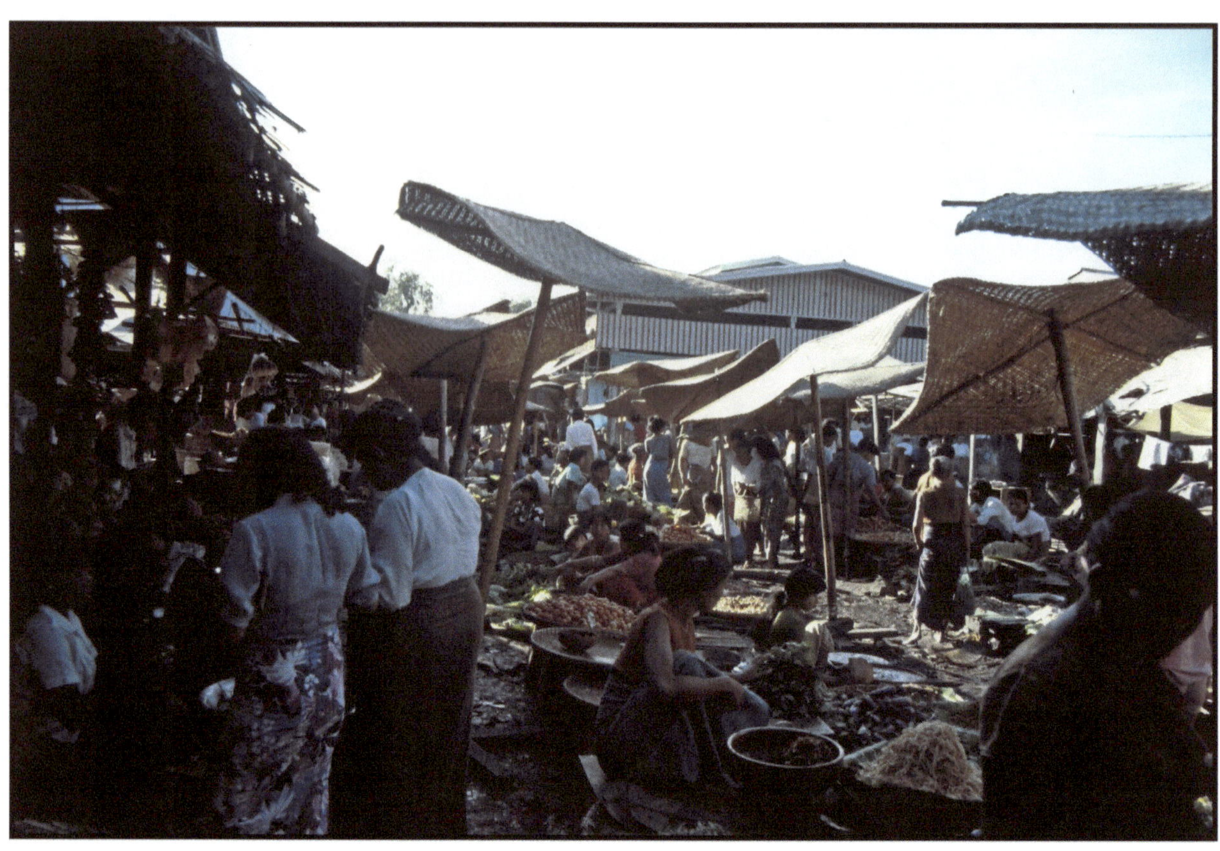

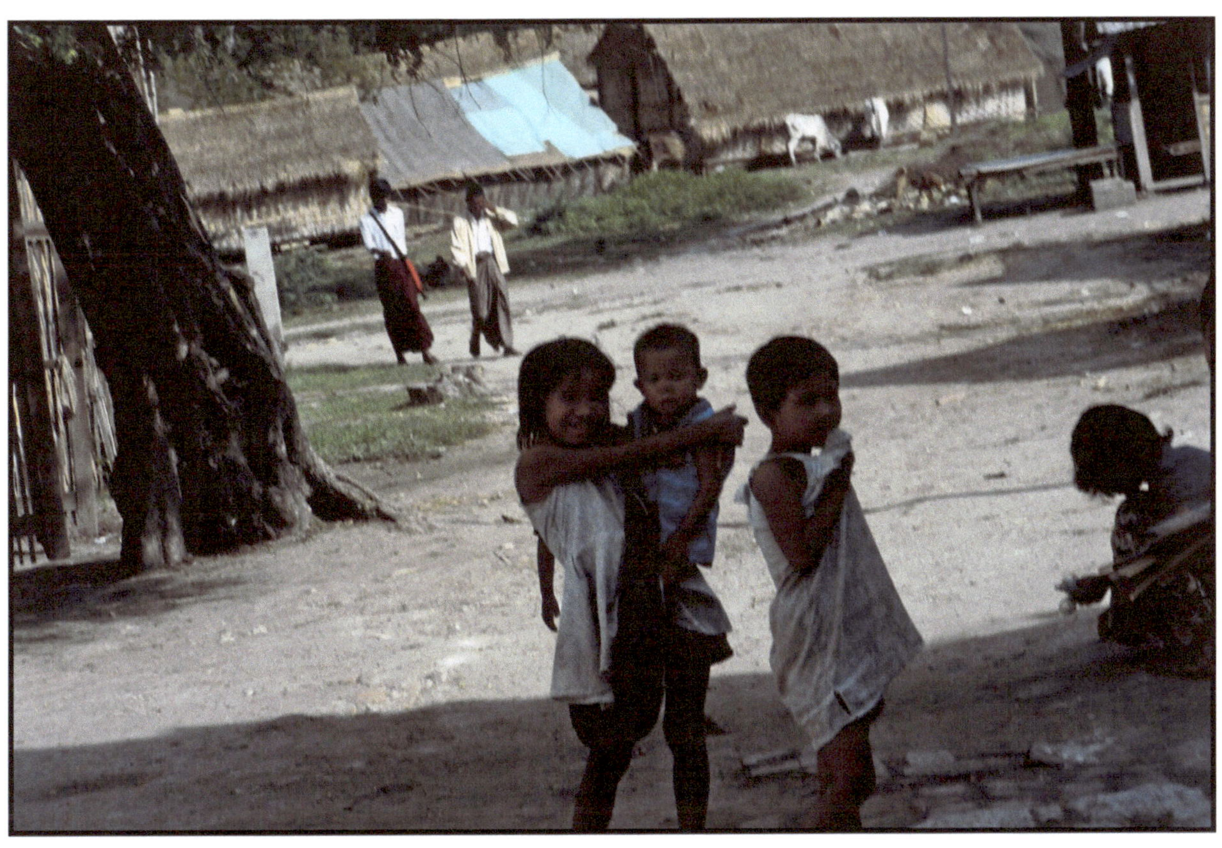

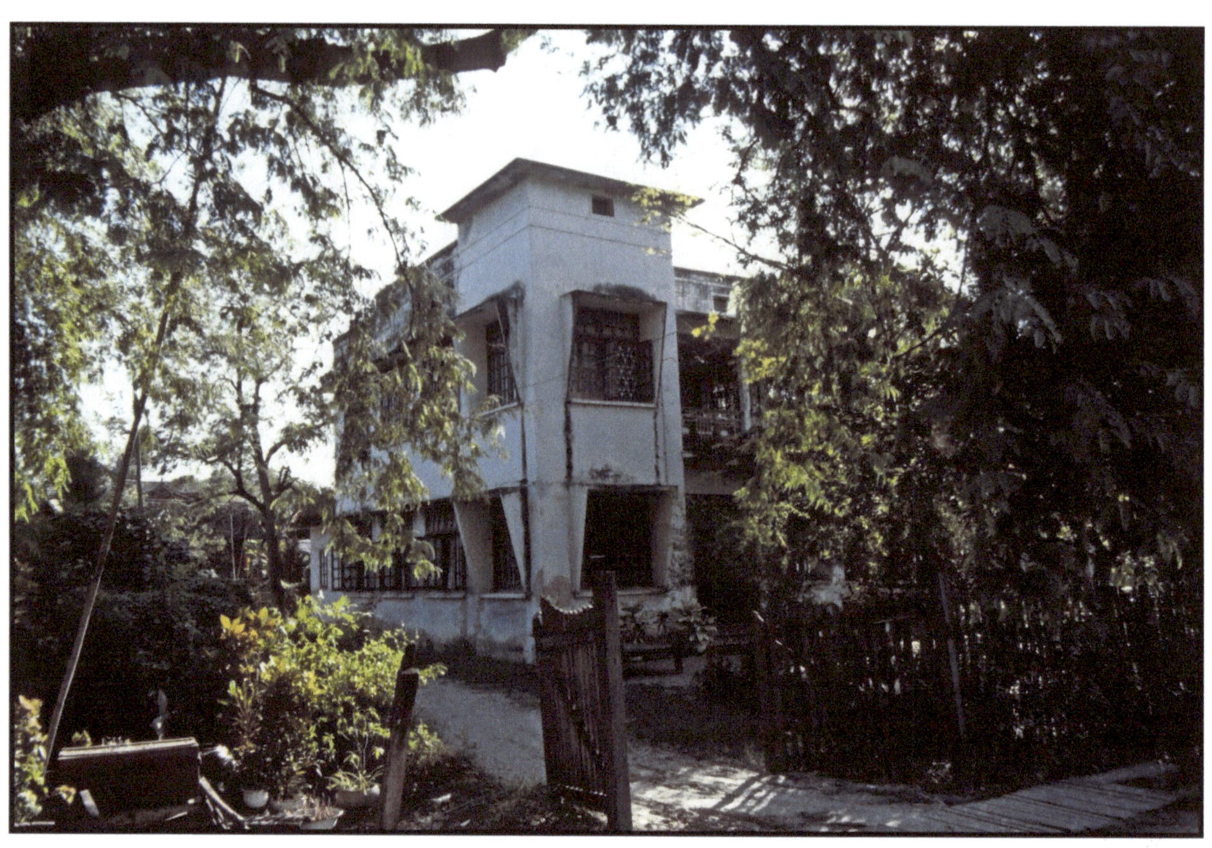

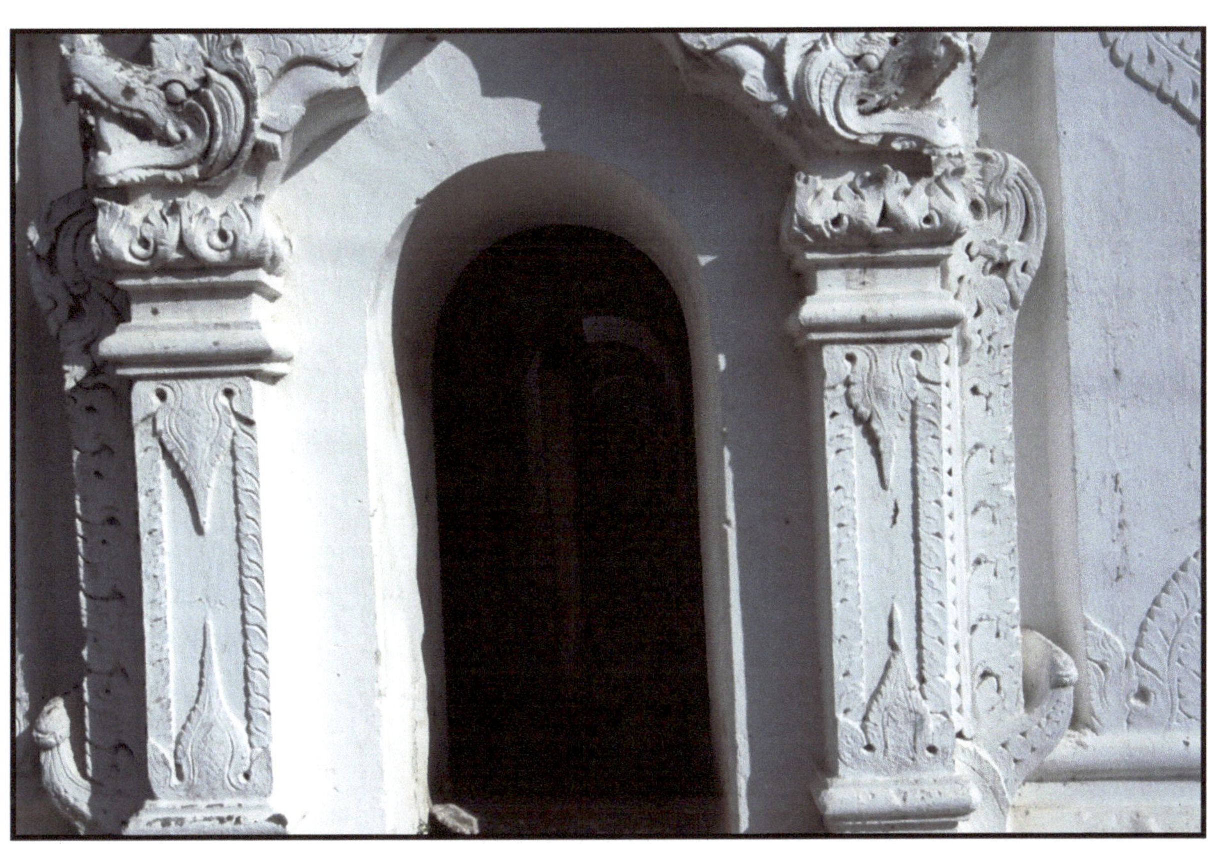

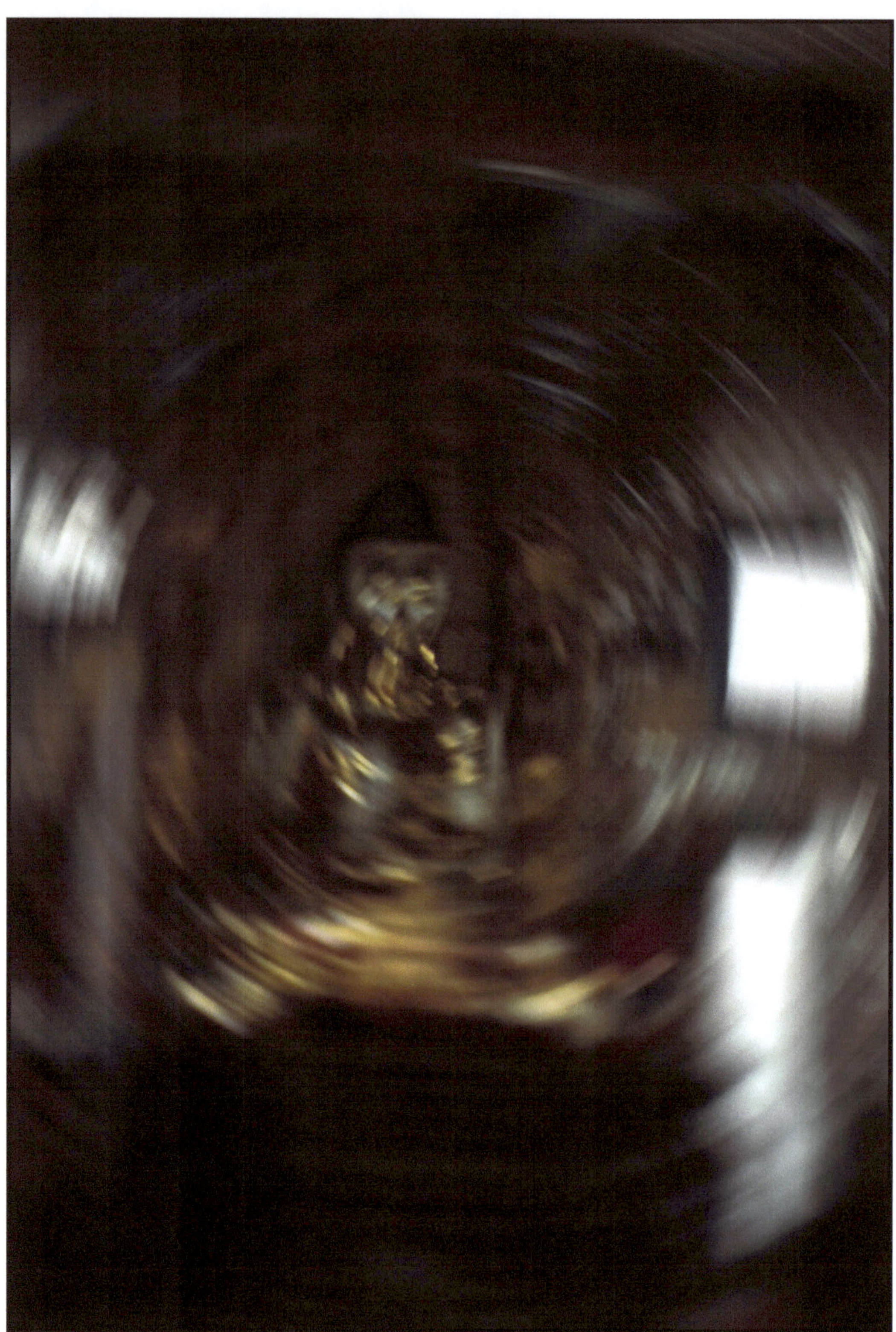

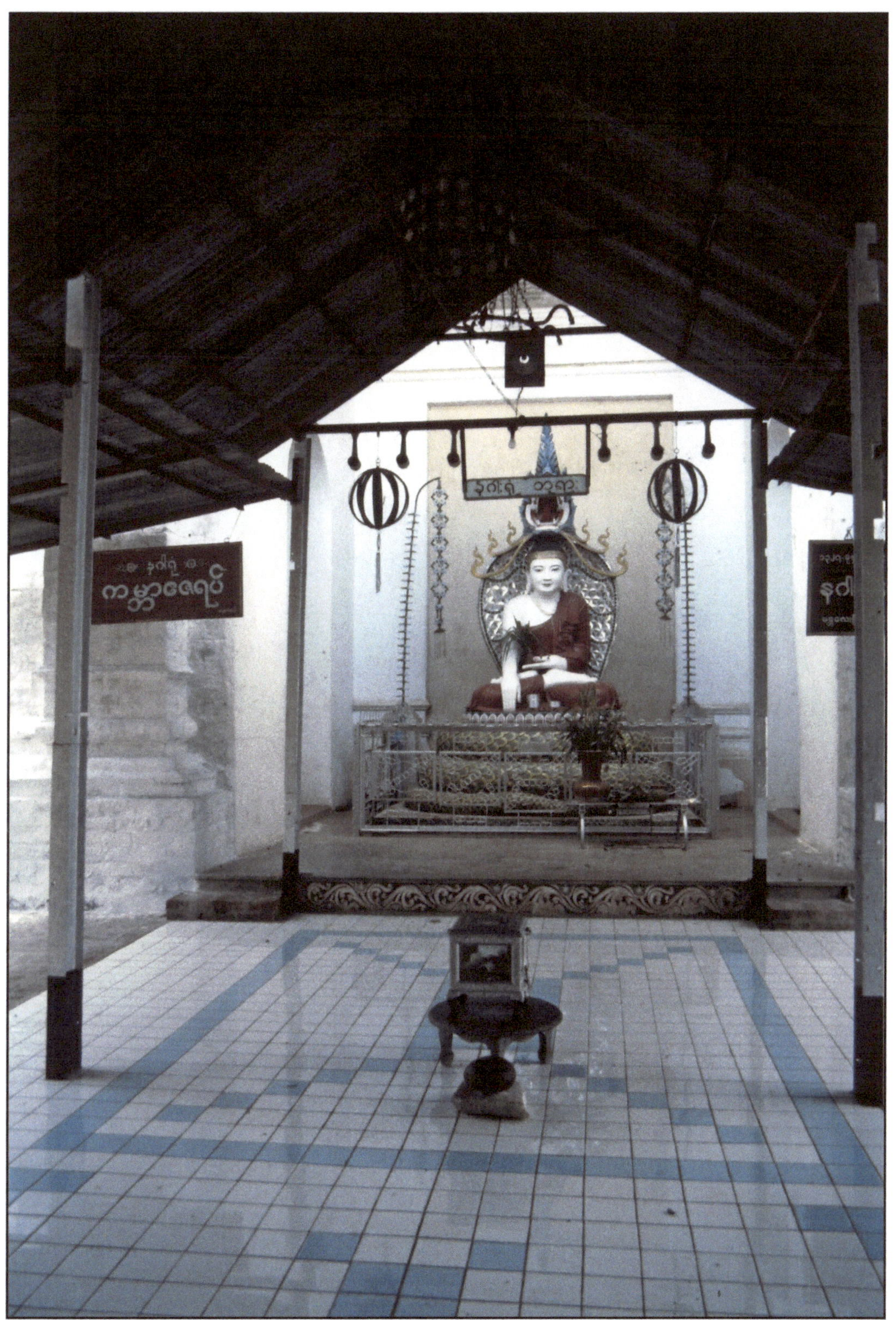
နဂါးရုံ ဘုရား
ကမ္ဘာဇေရပ်

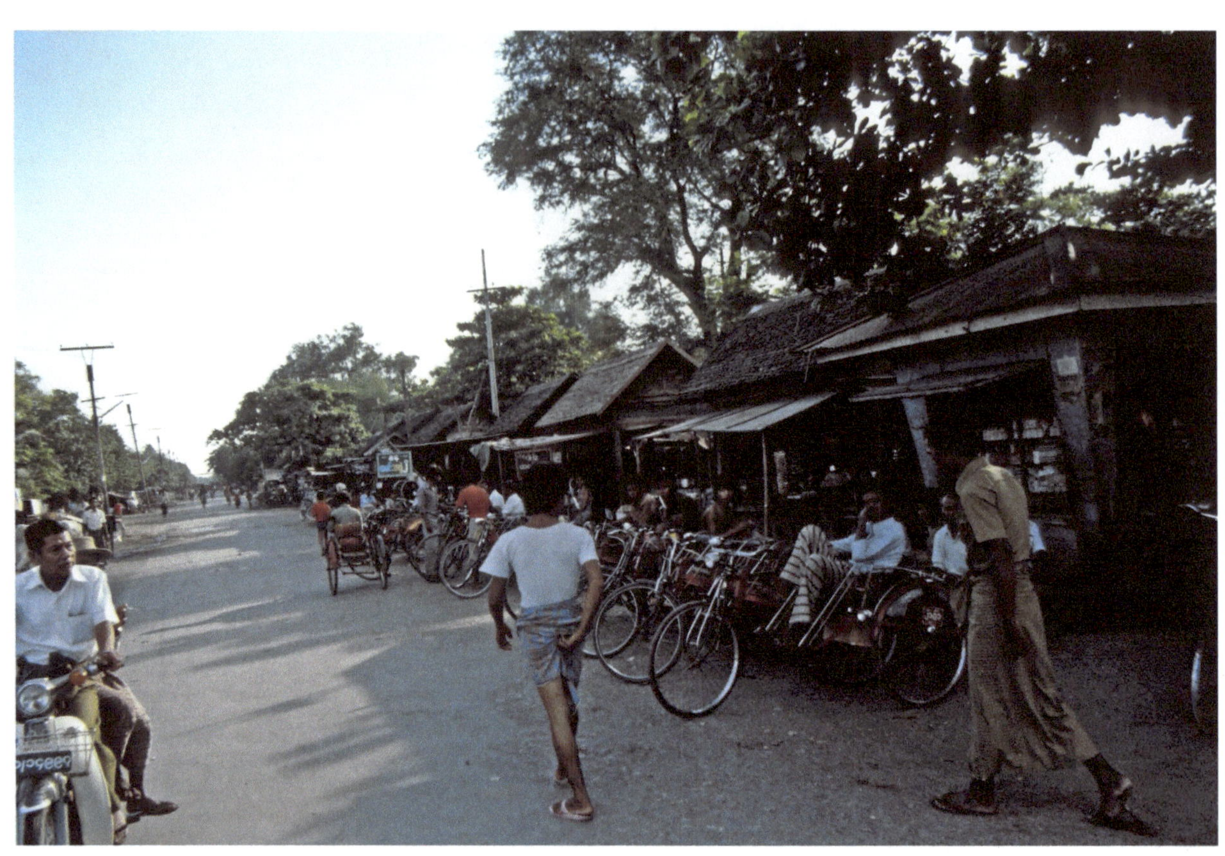

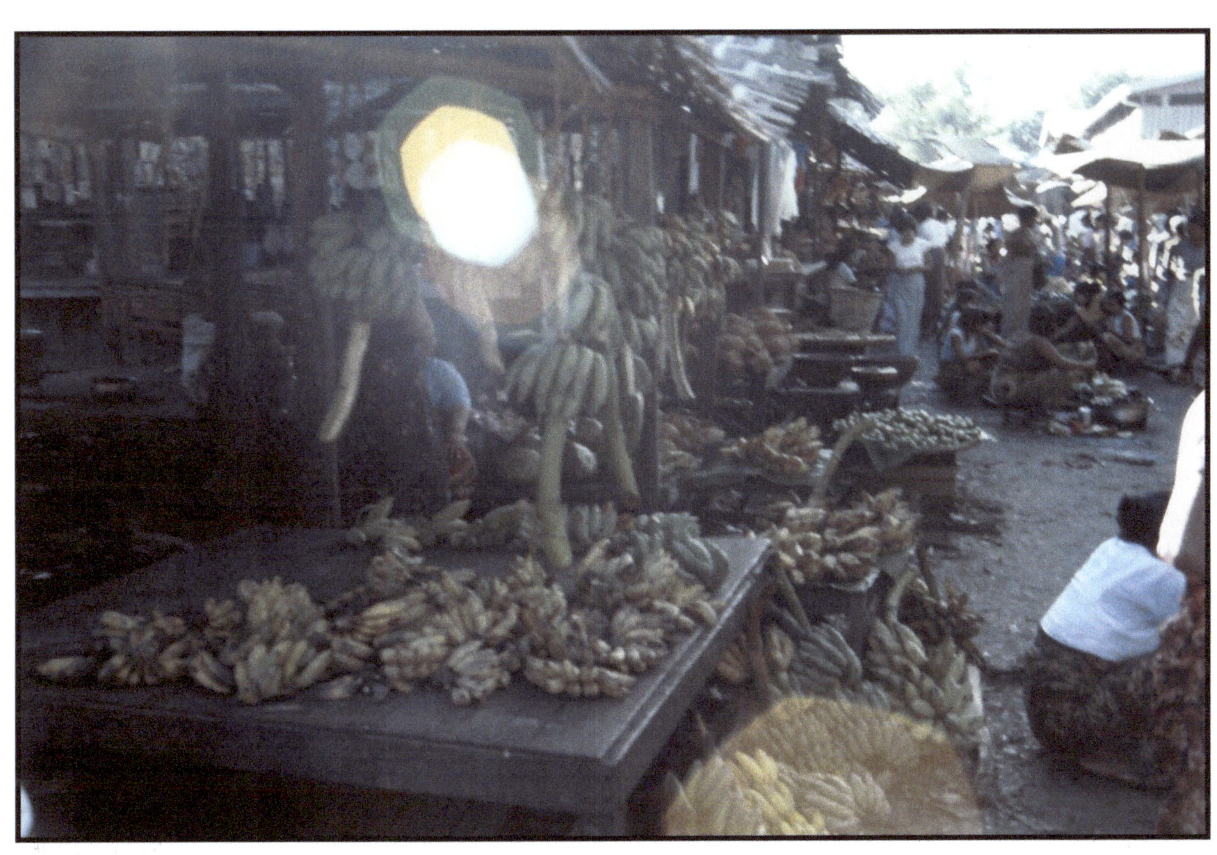

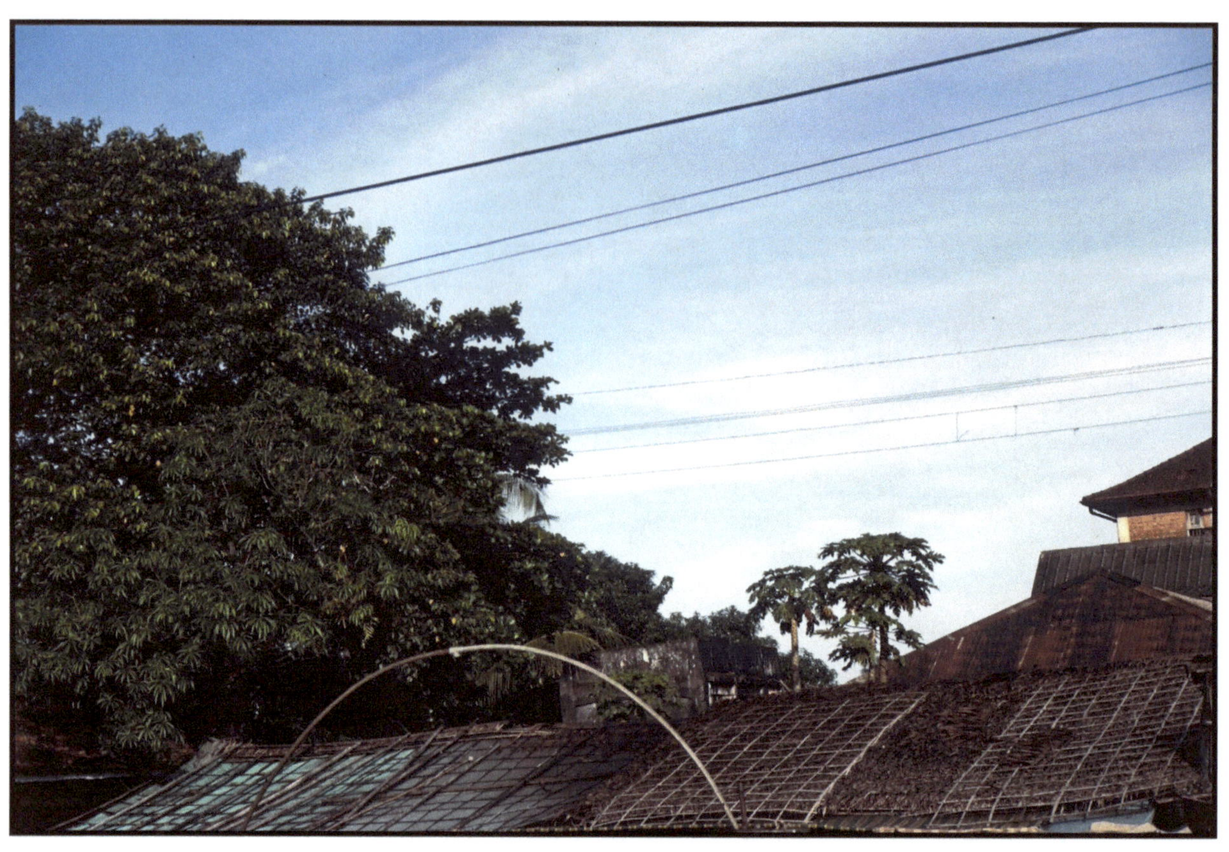

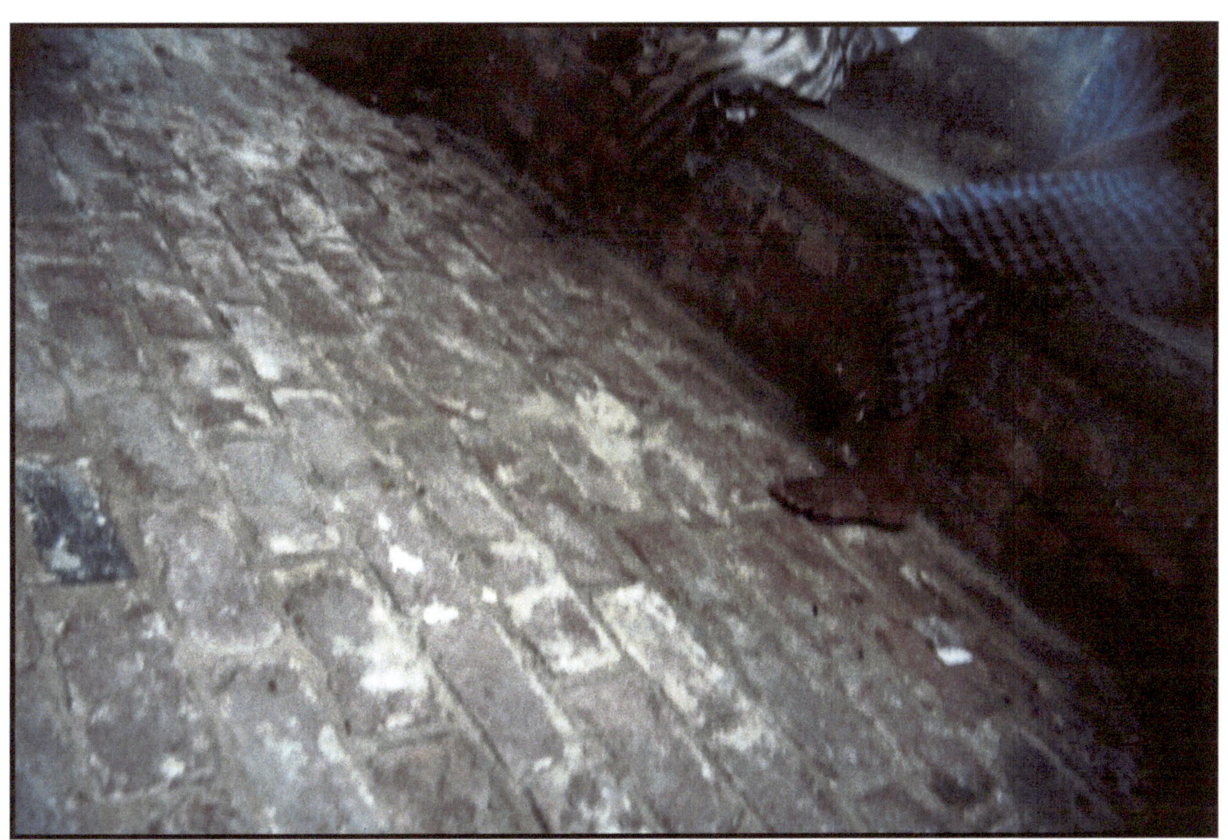

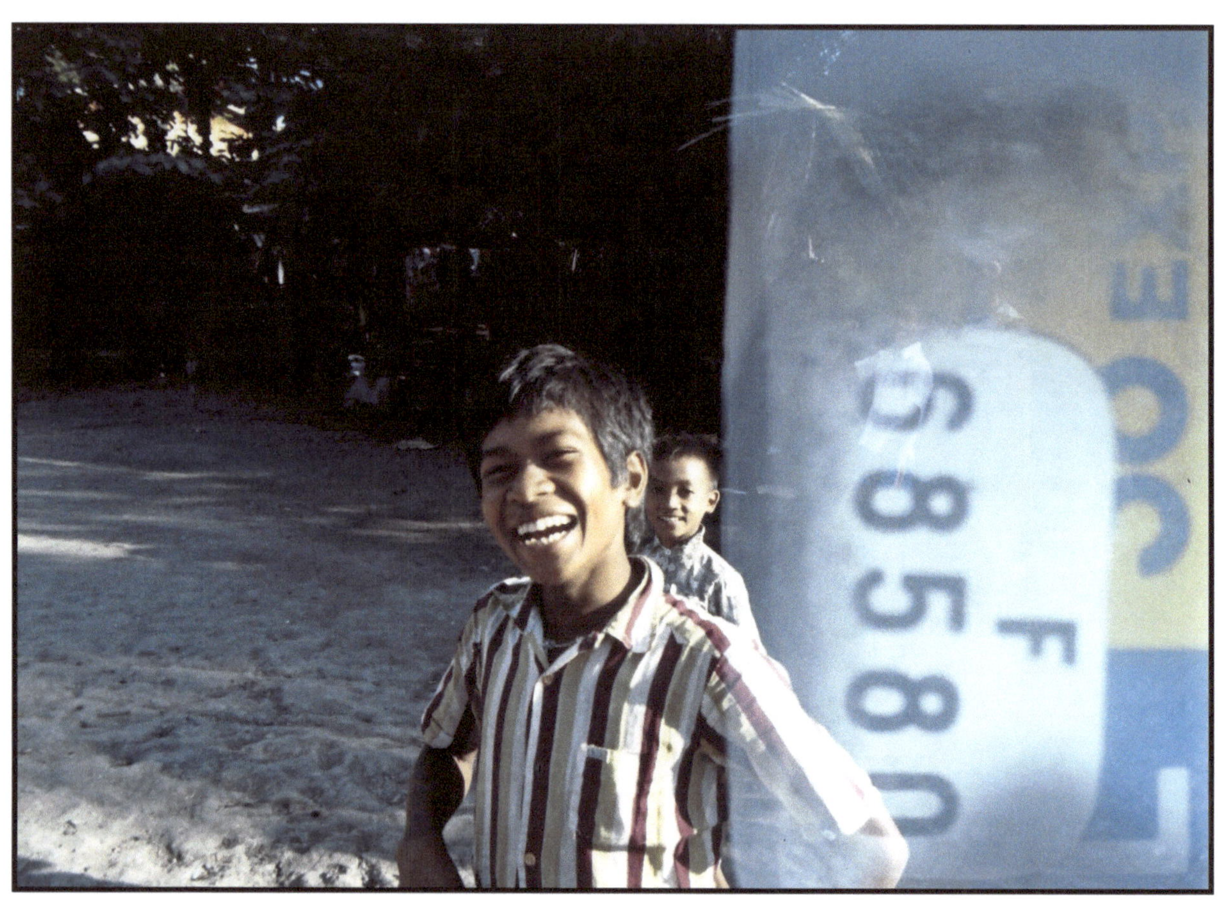

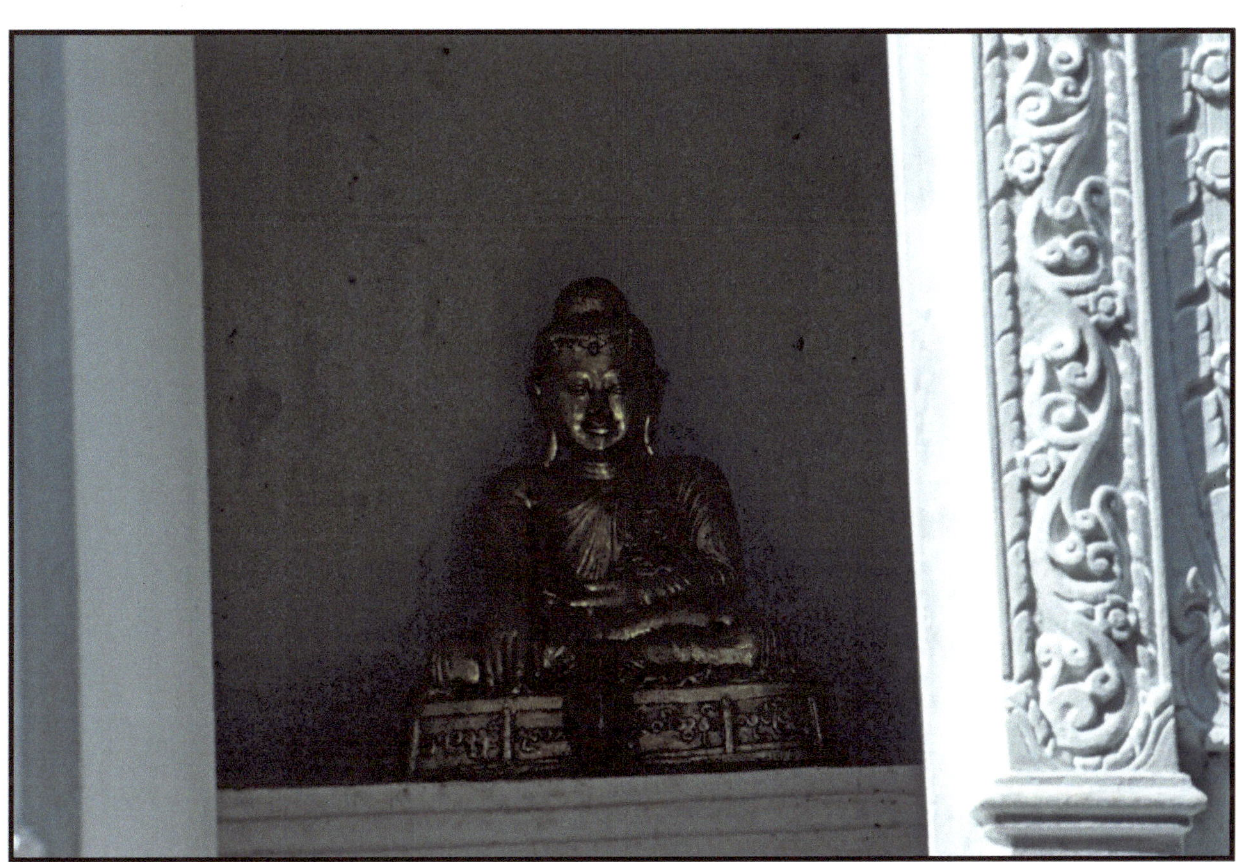

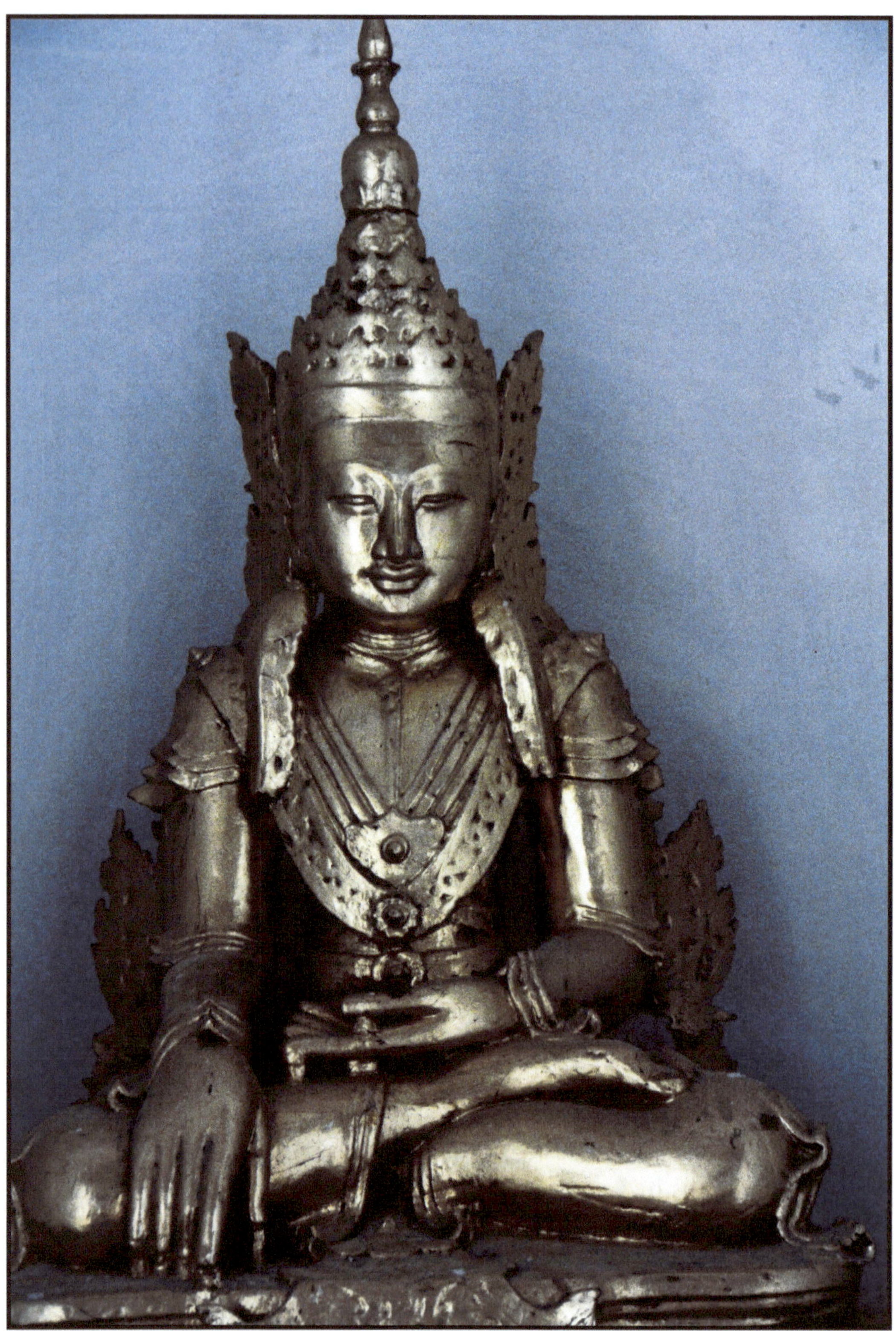

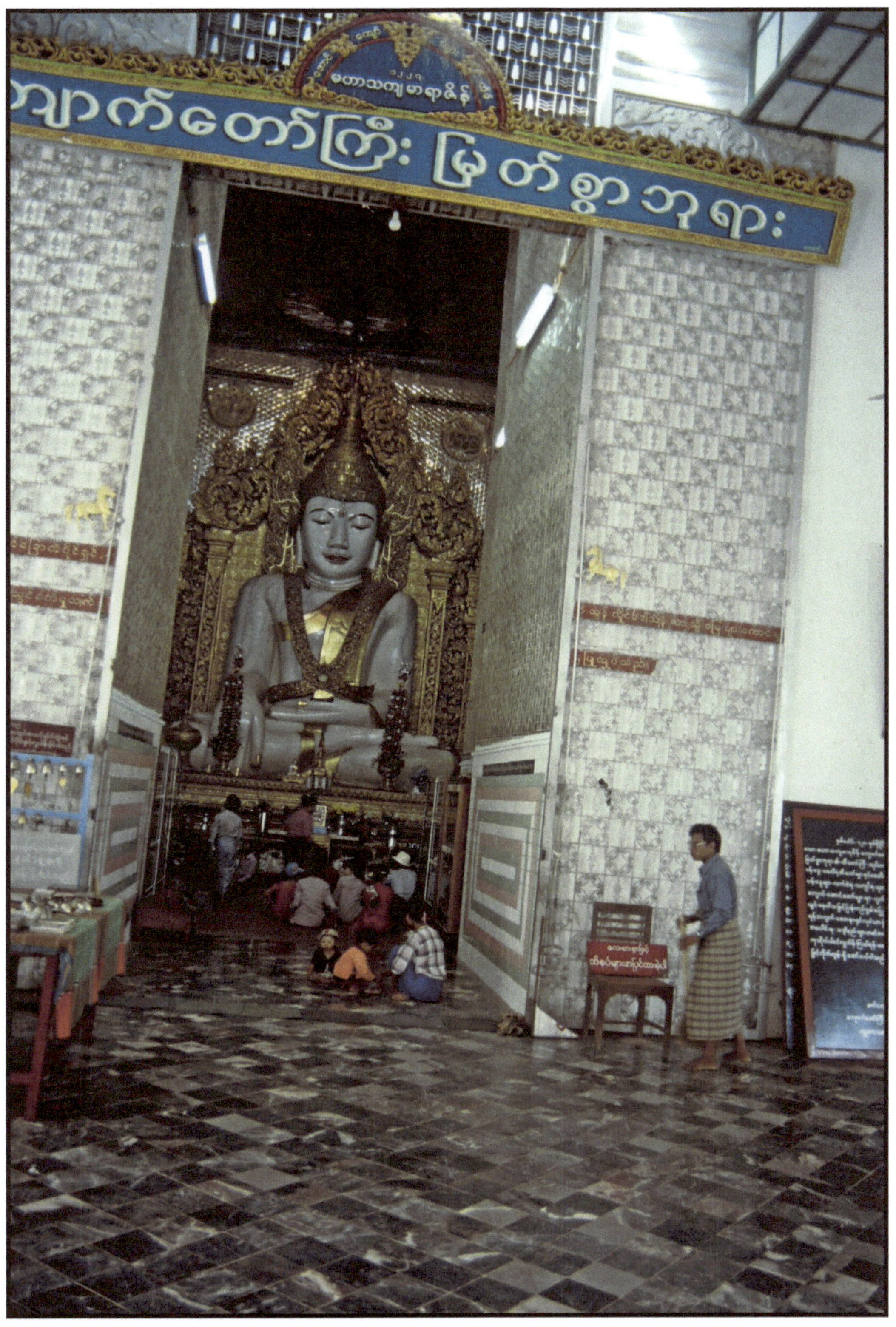

တော်ကြီး မြတ်စွာဘုရား

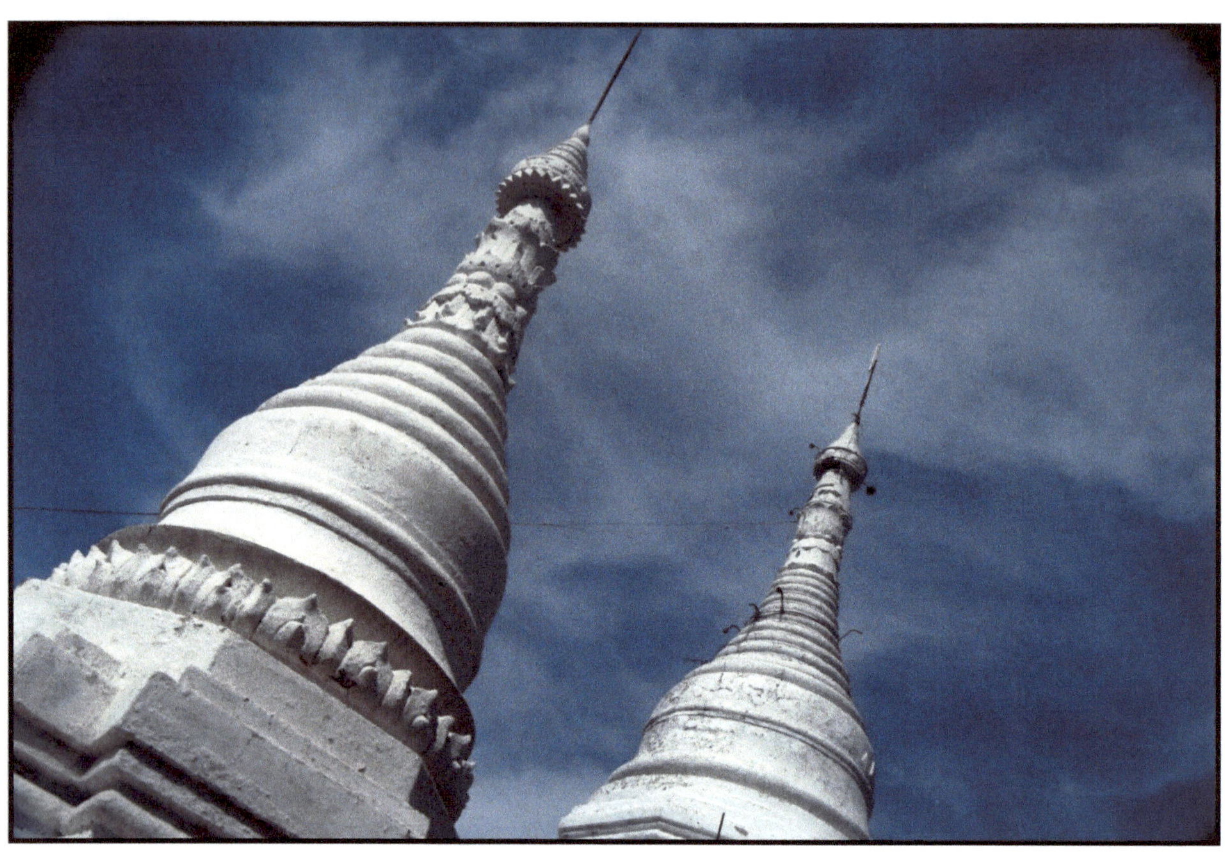

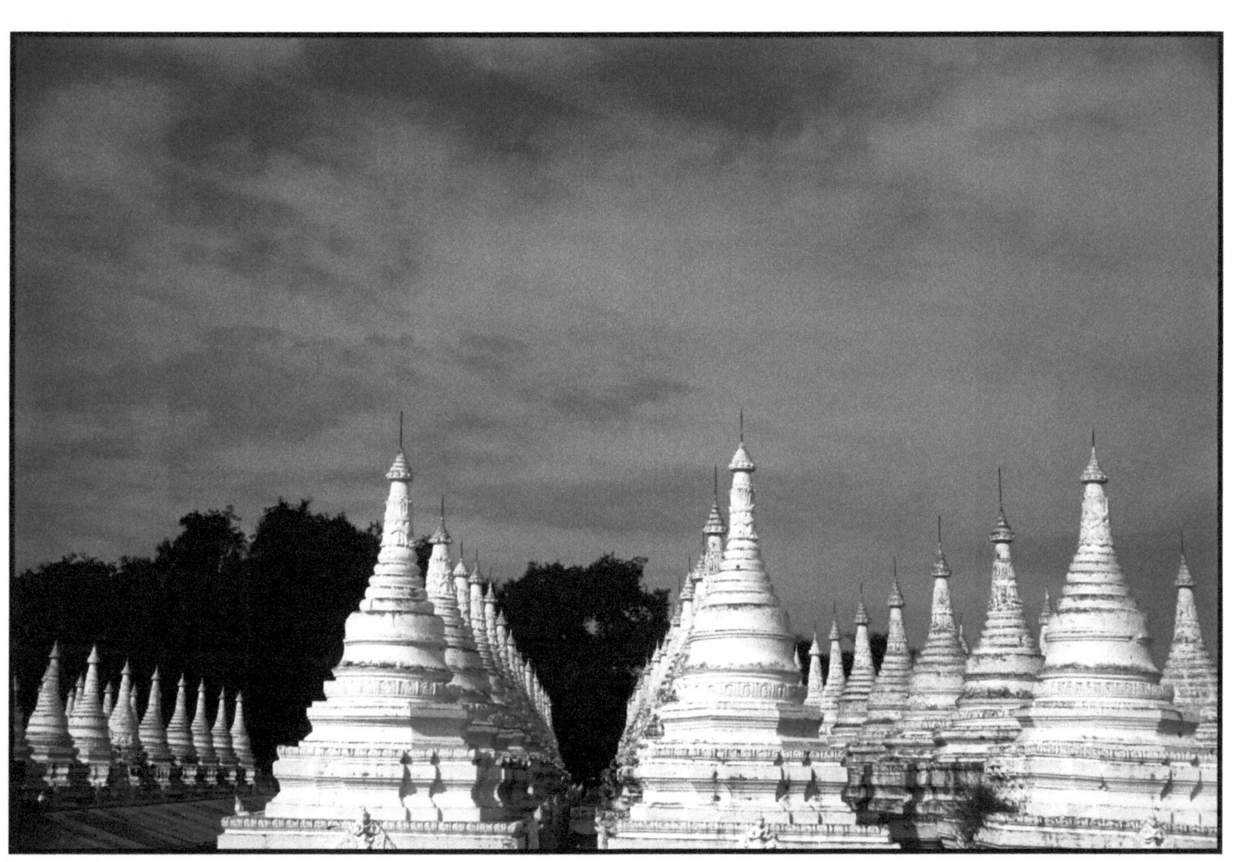

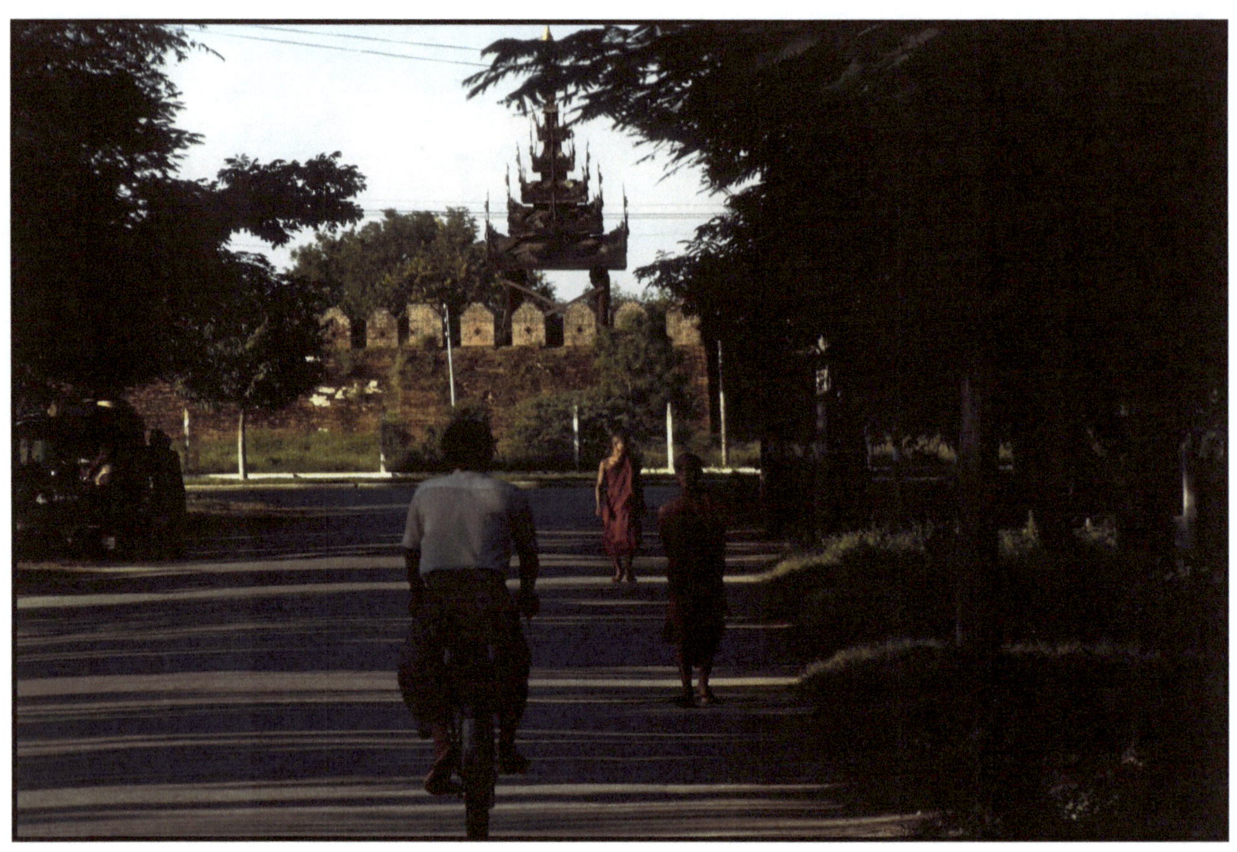

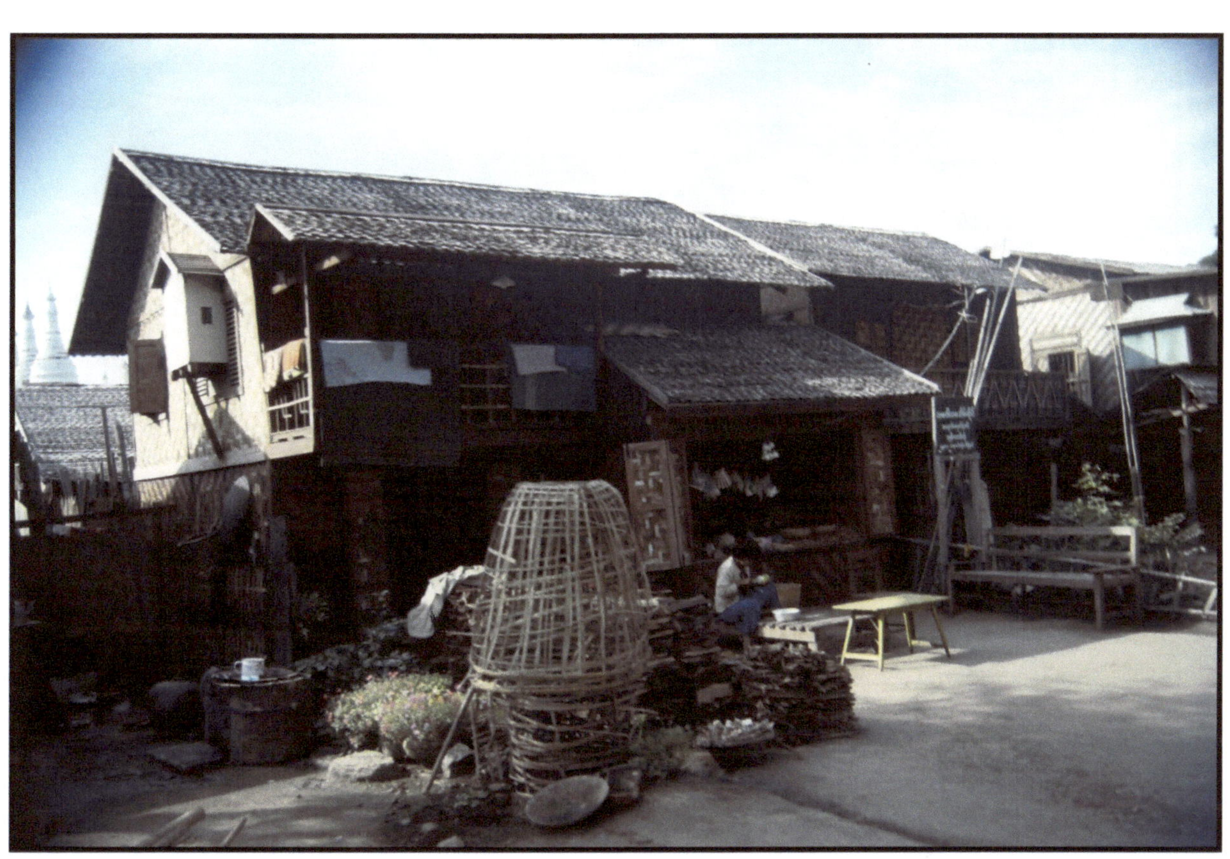

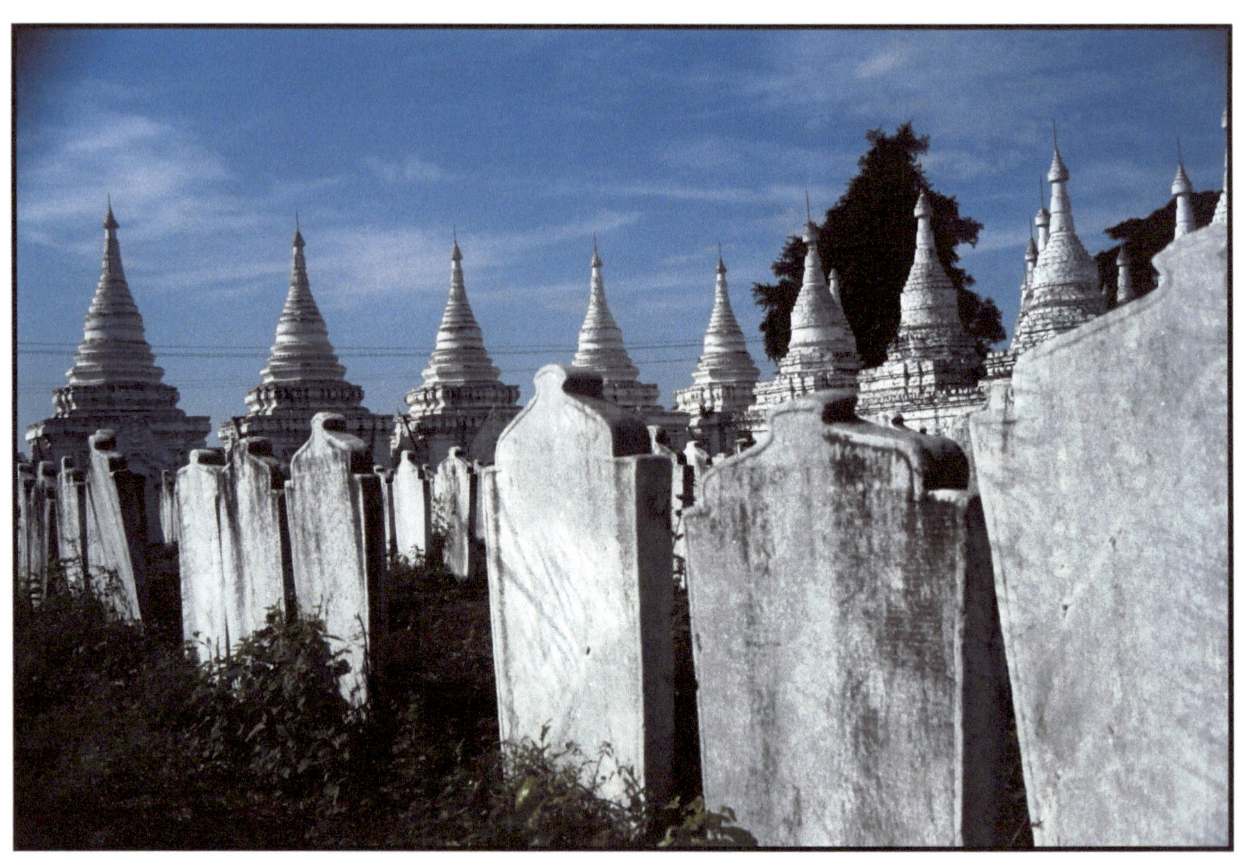

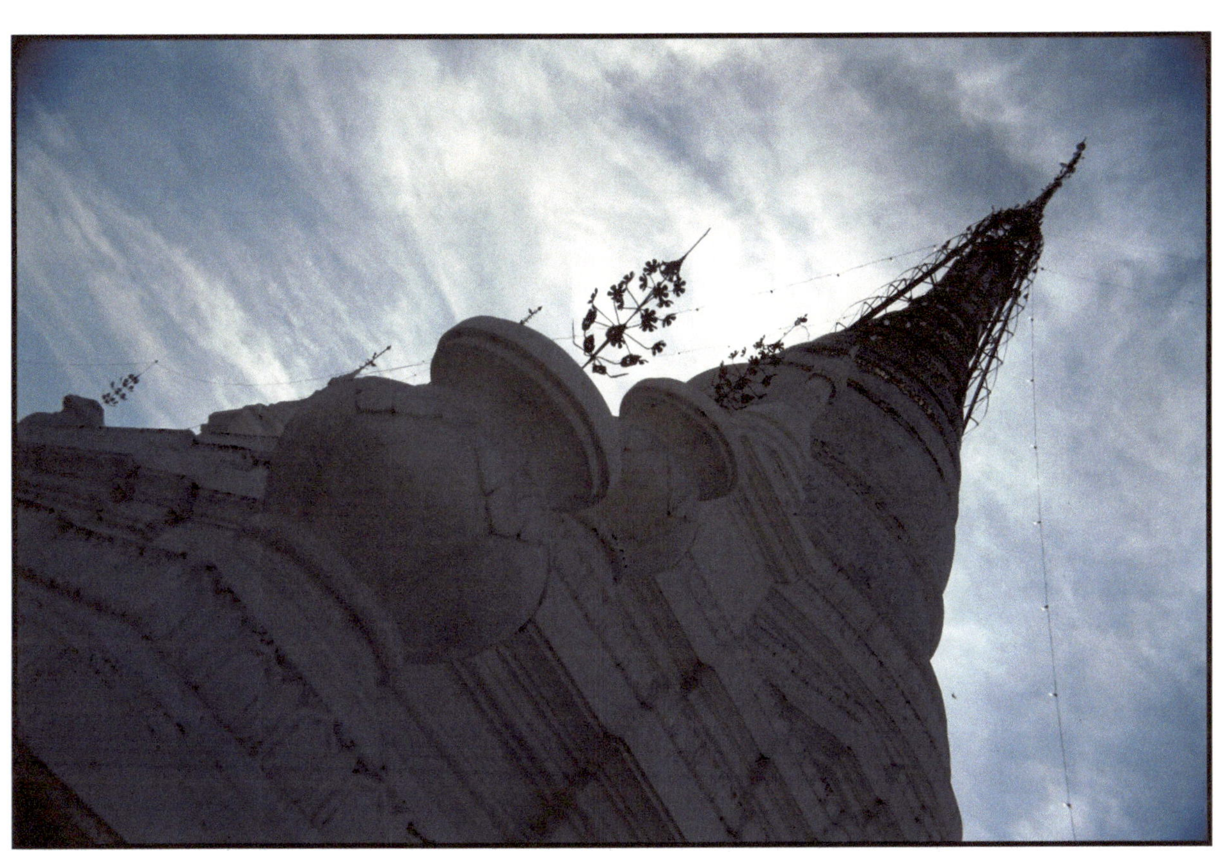

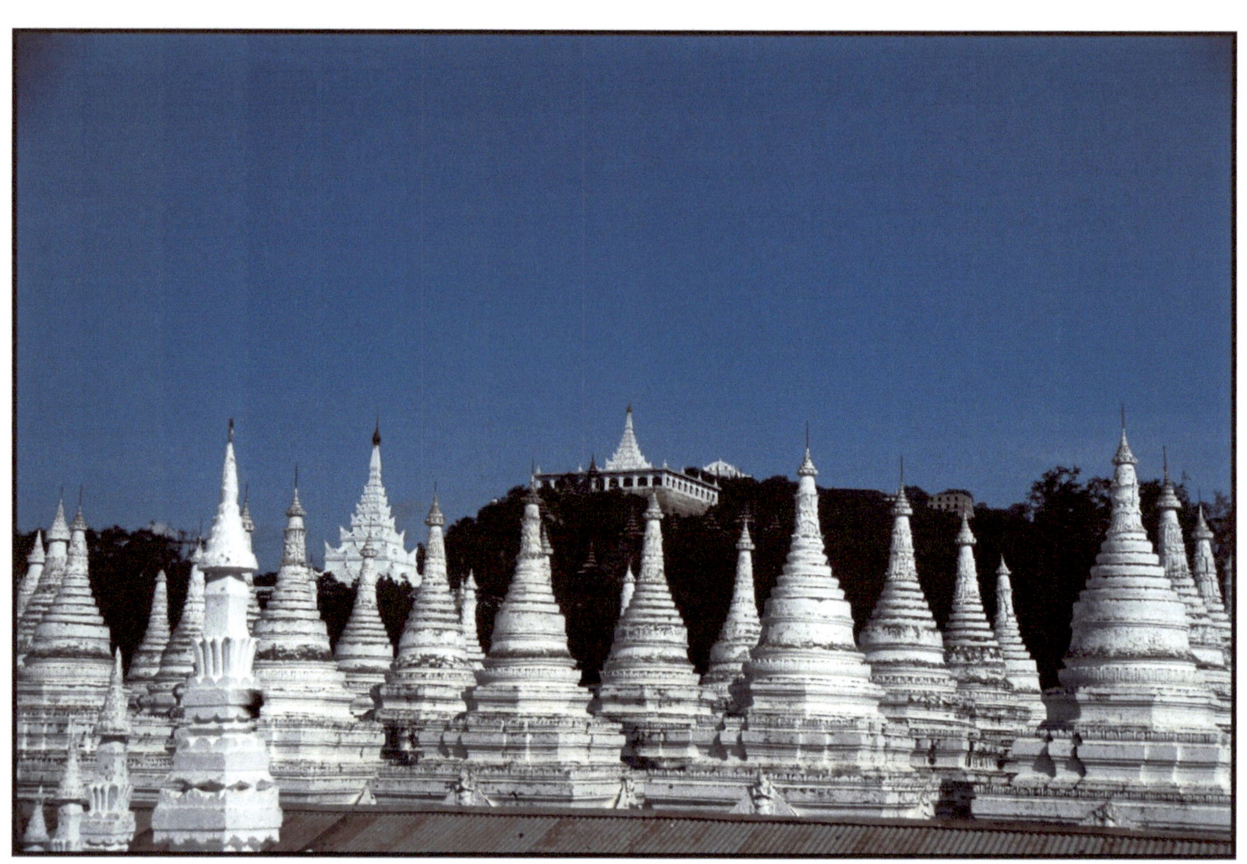

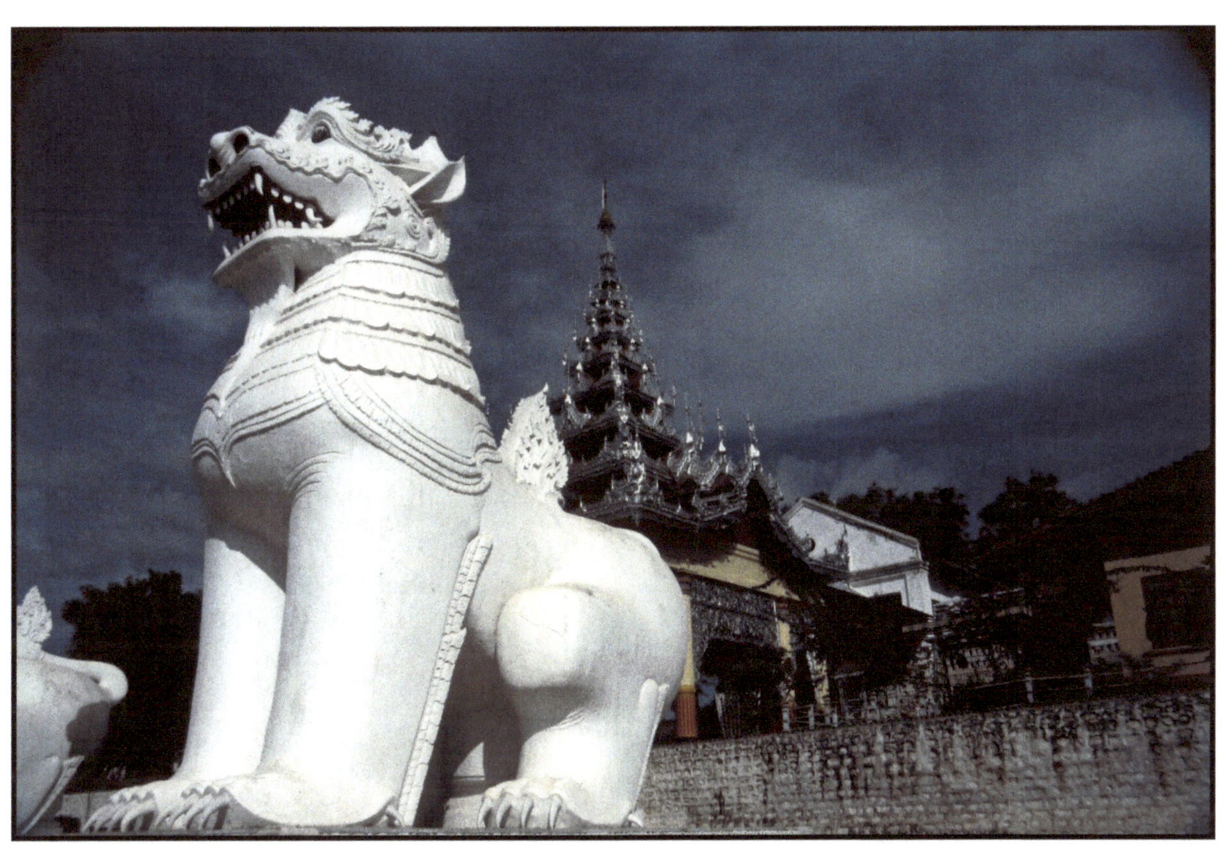

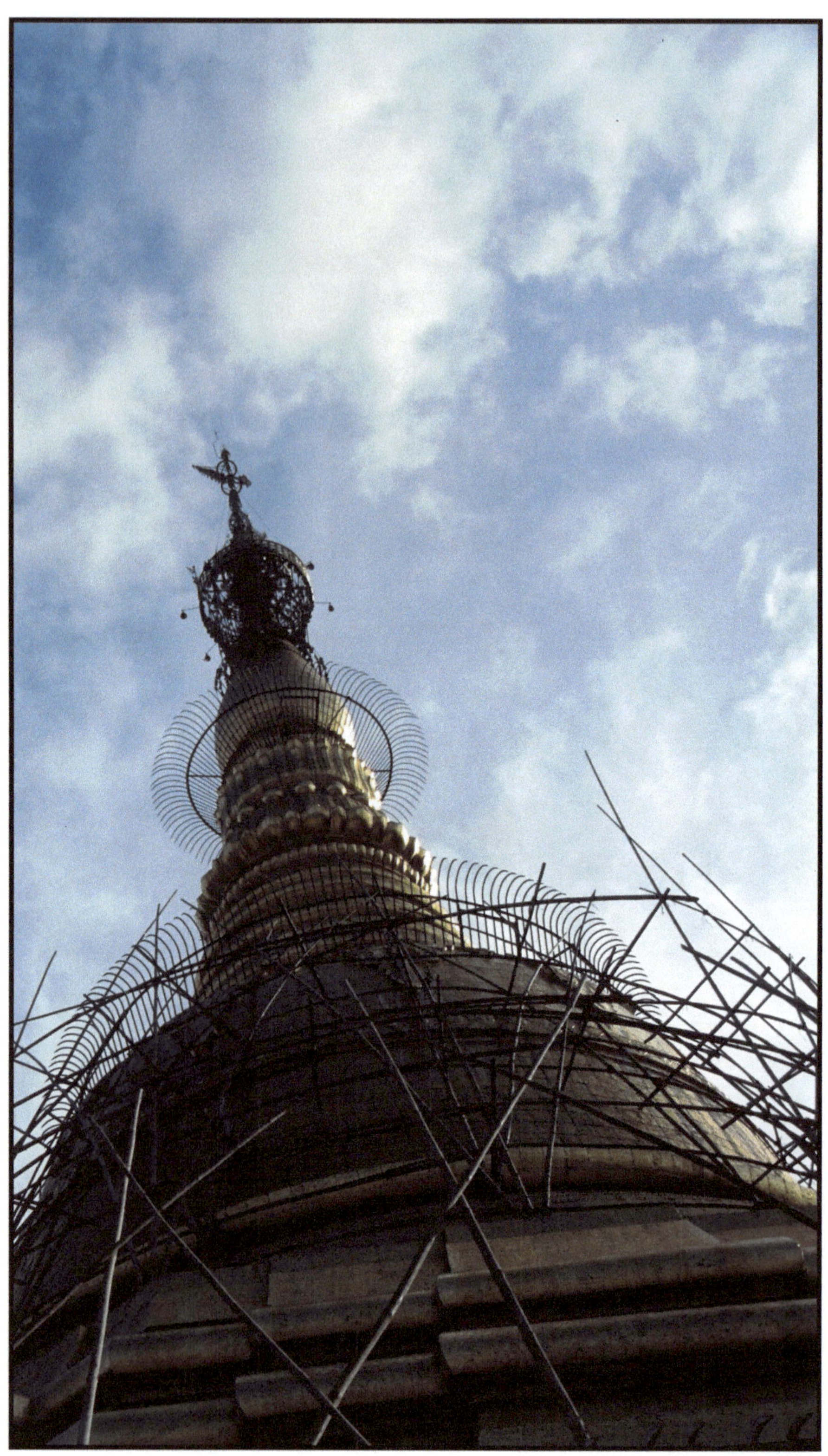

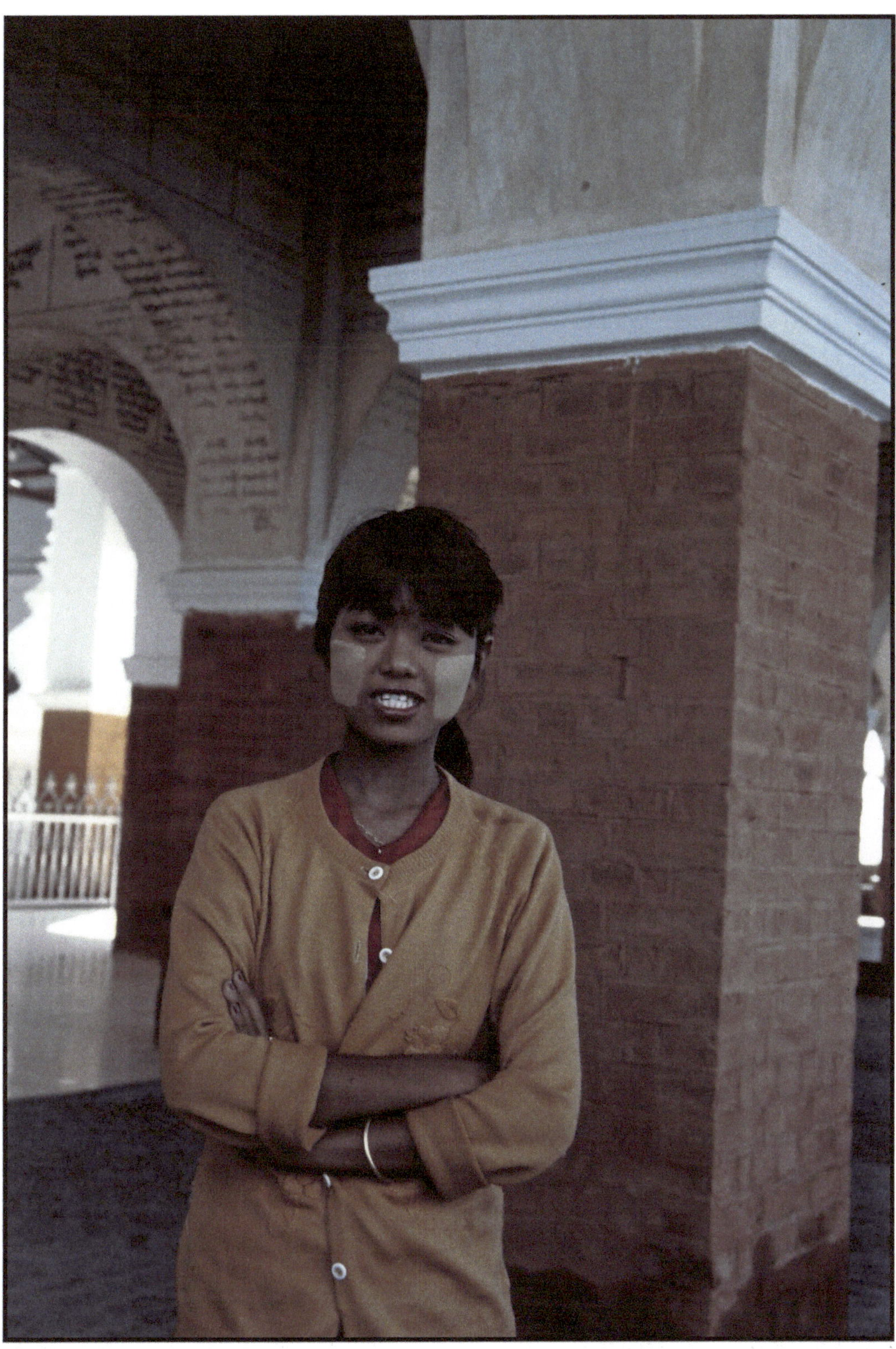

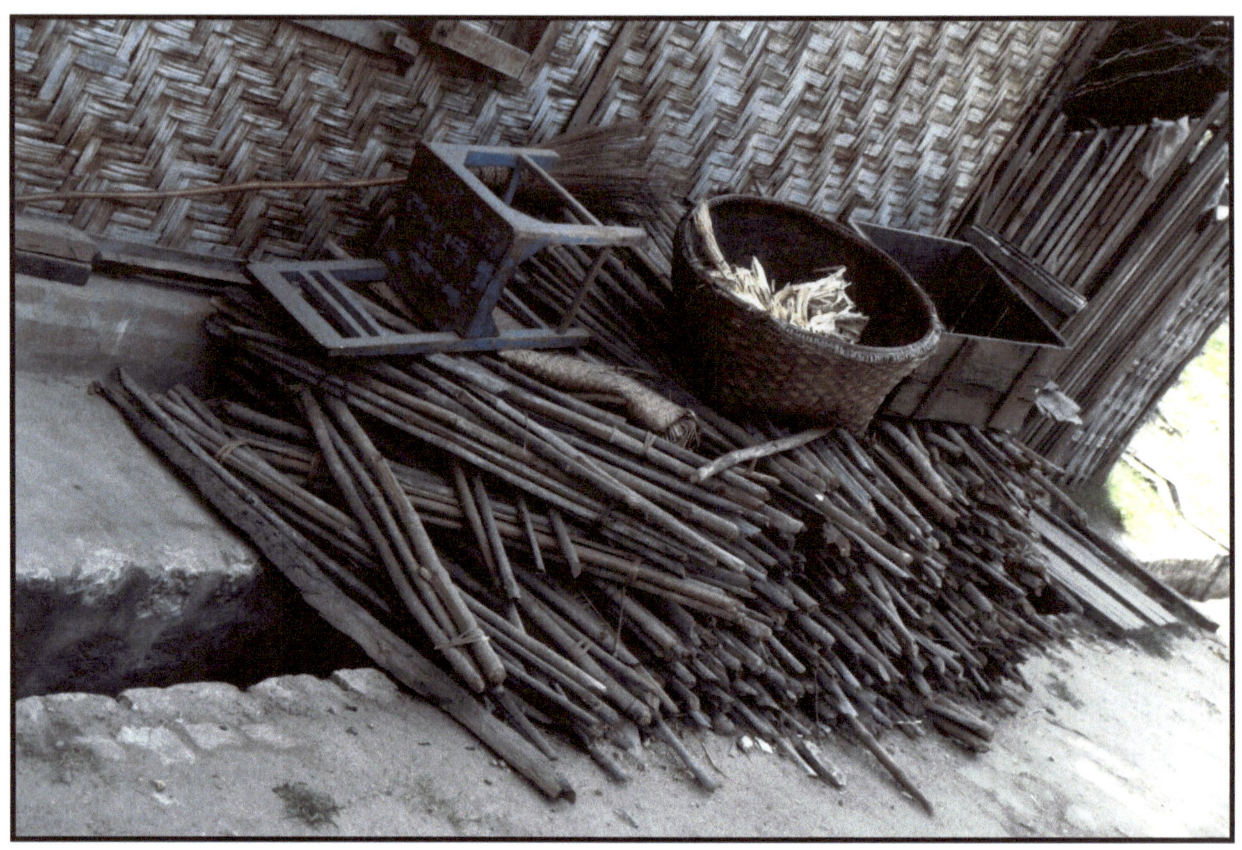

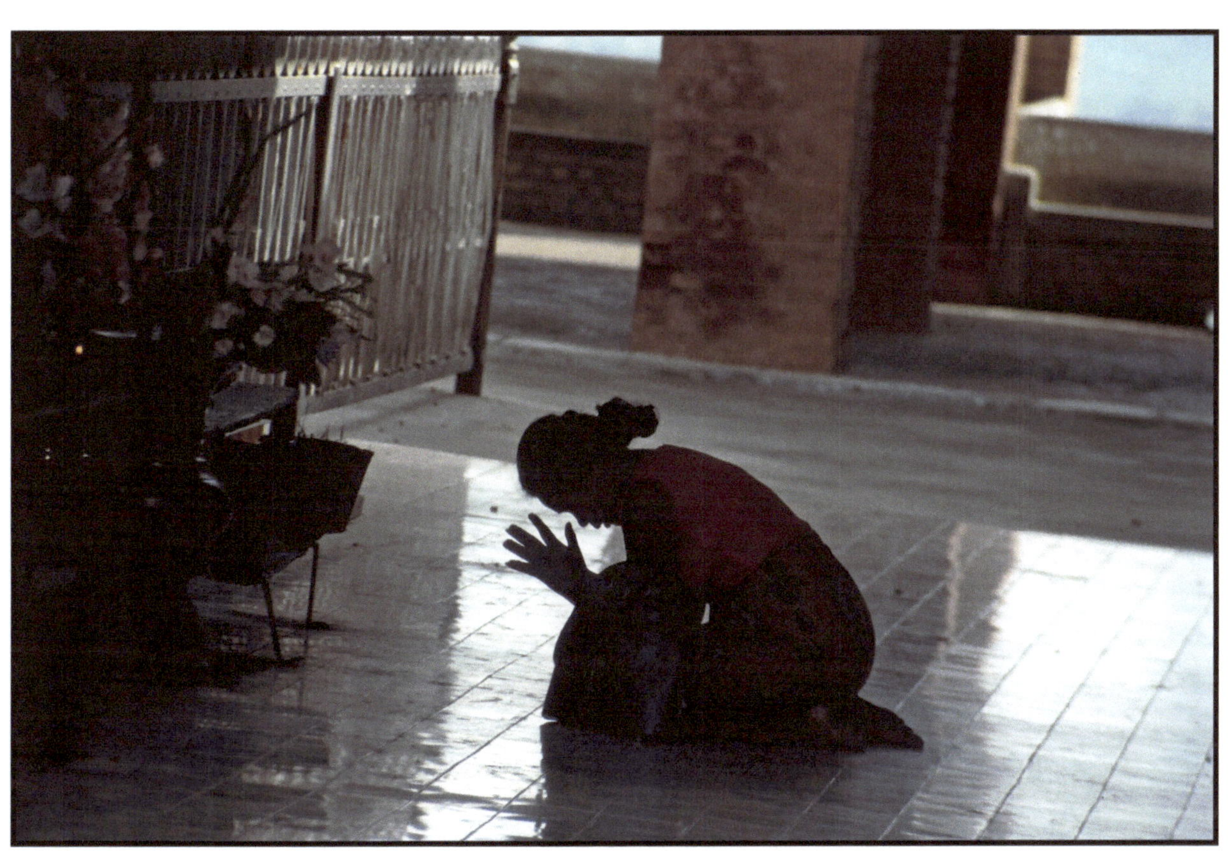

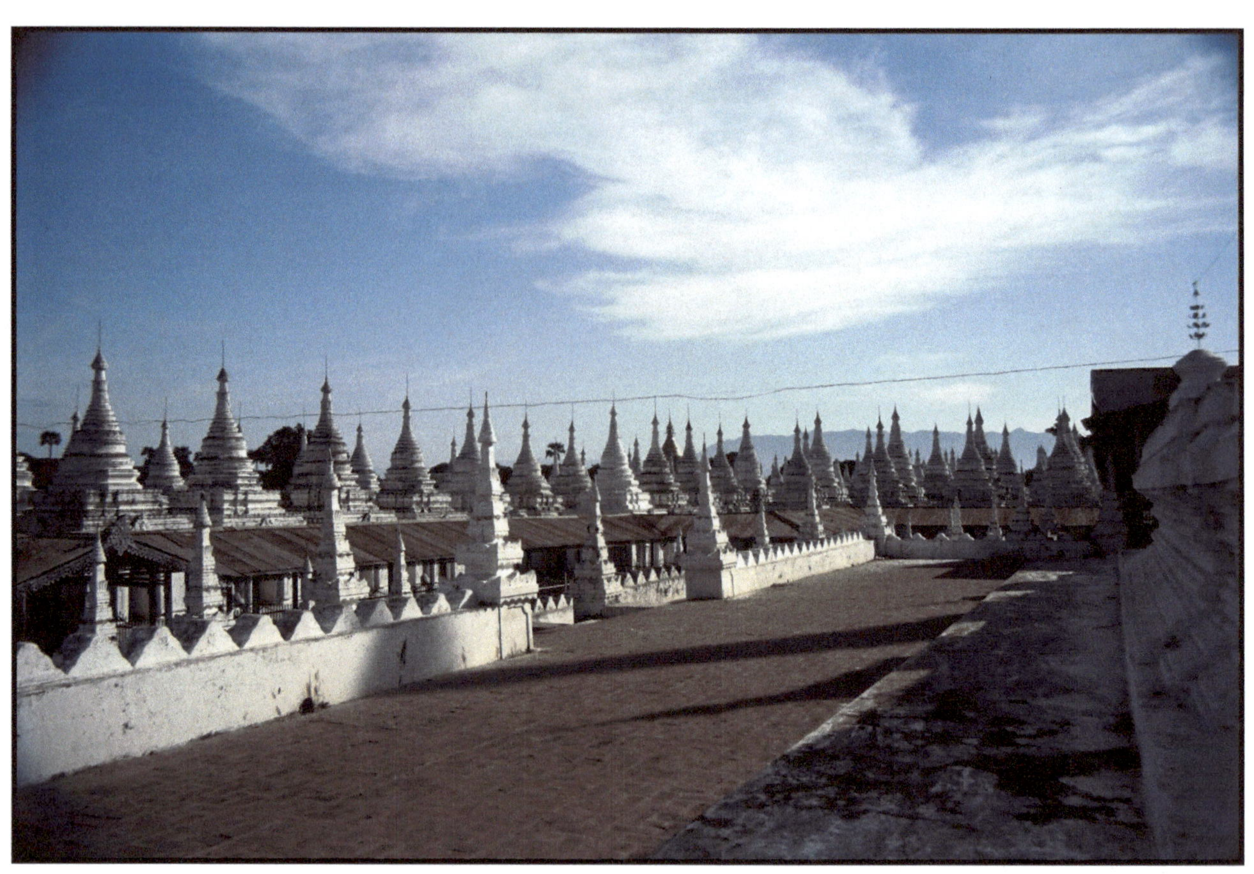

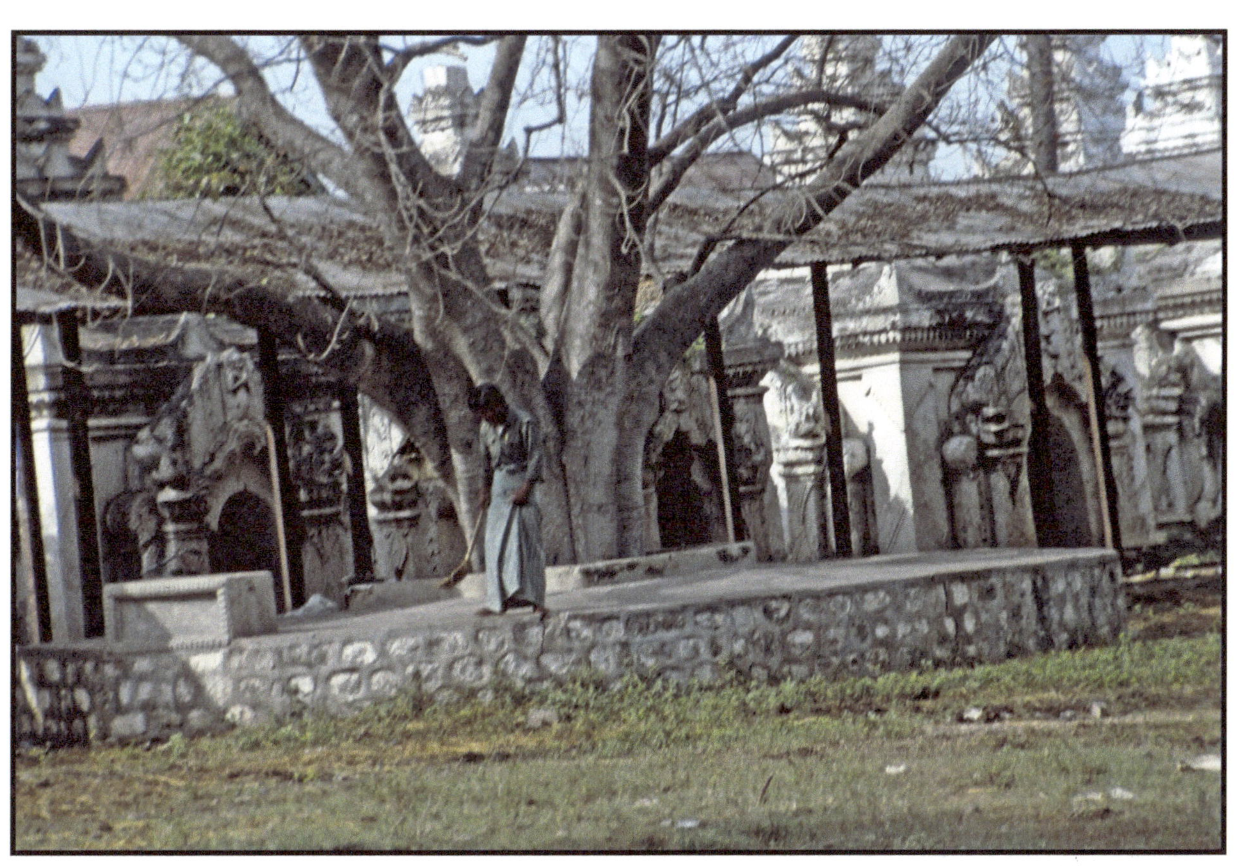

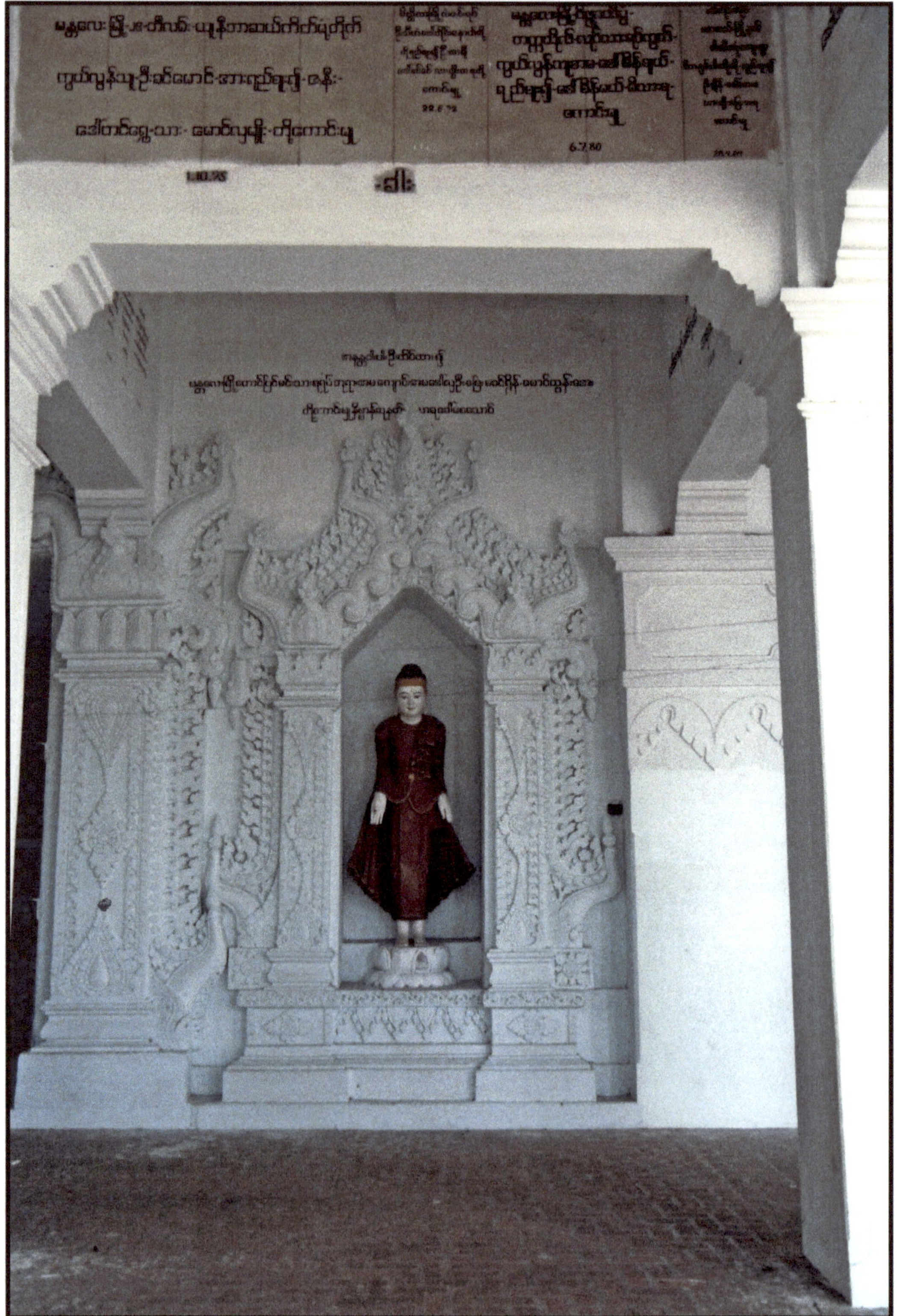

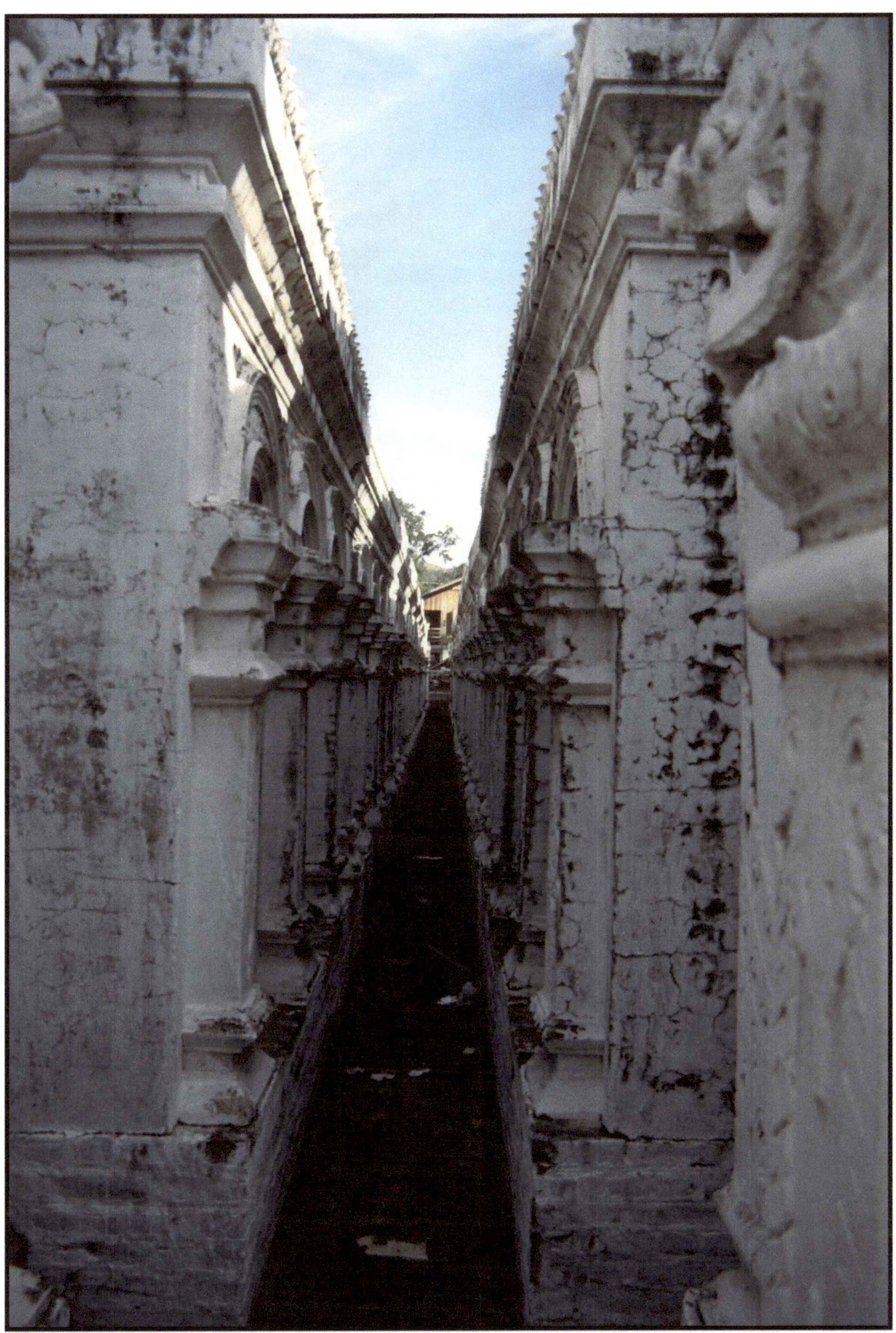

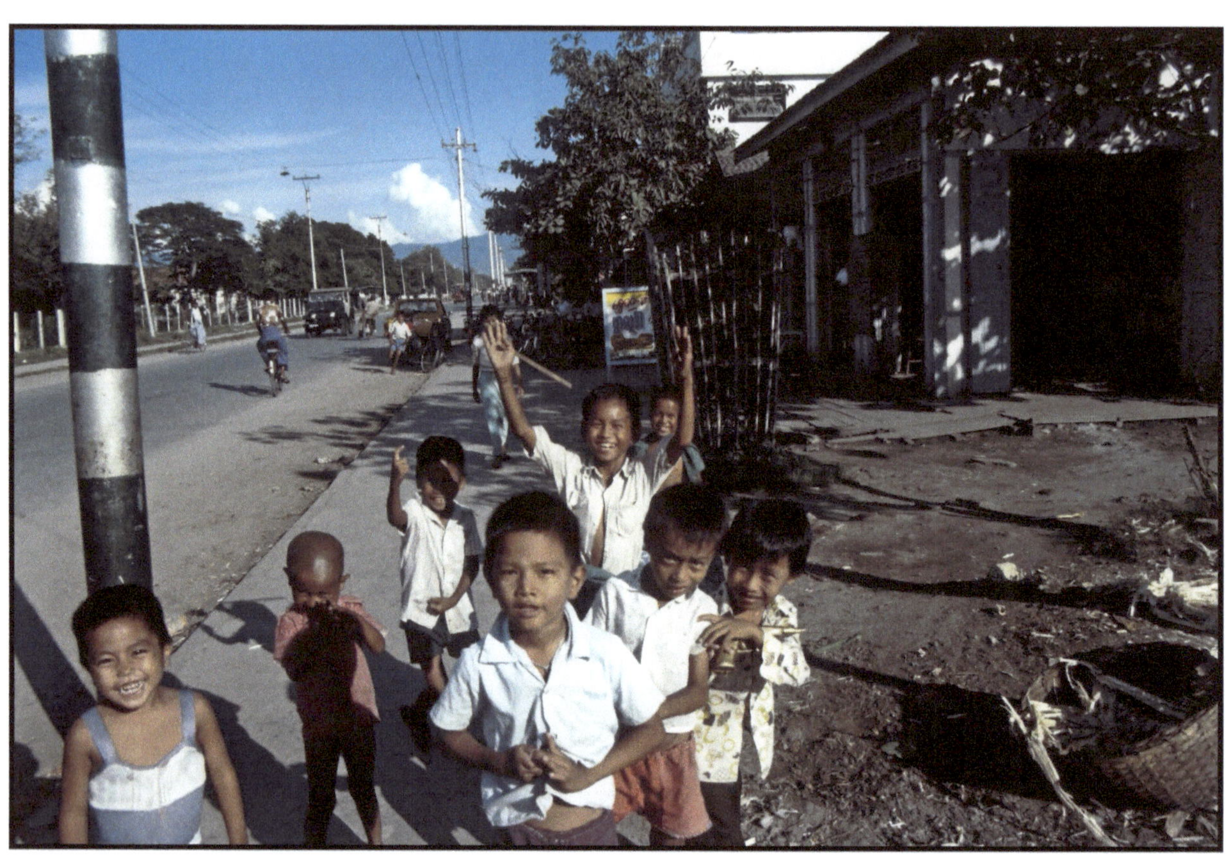

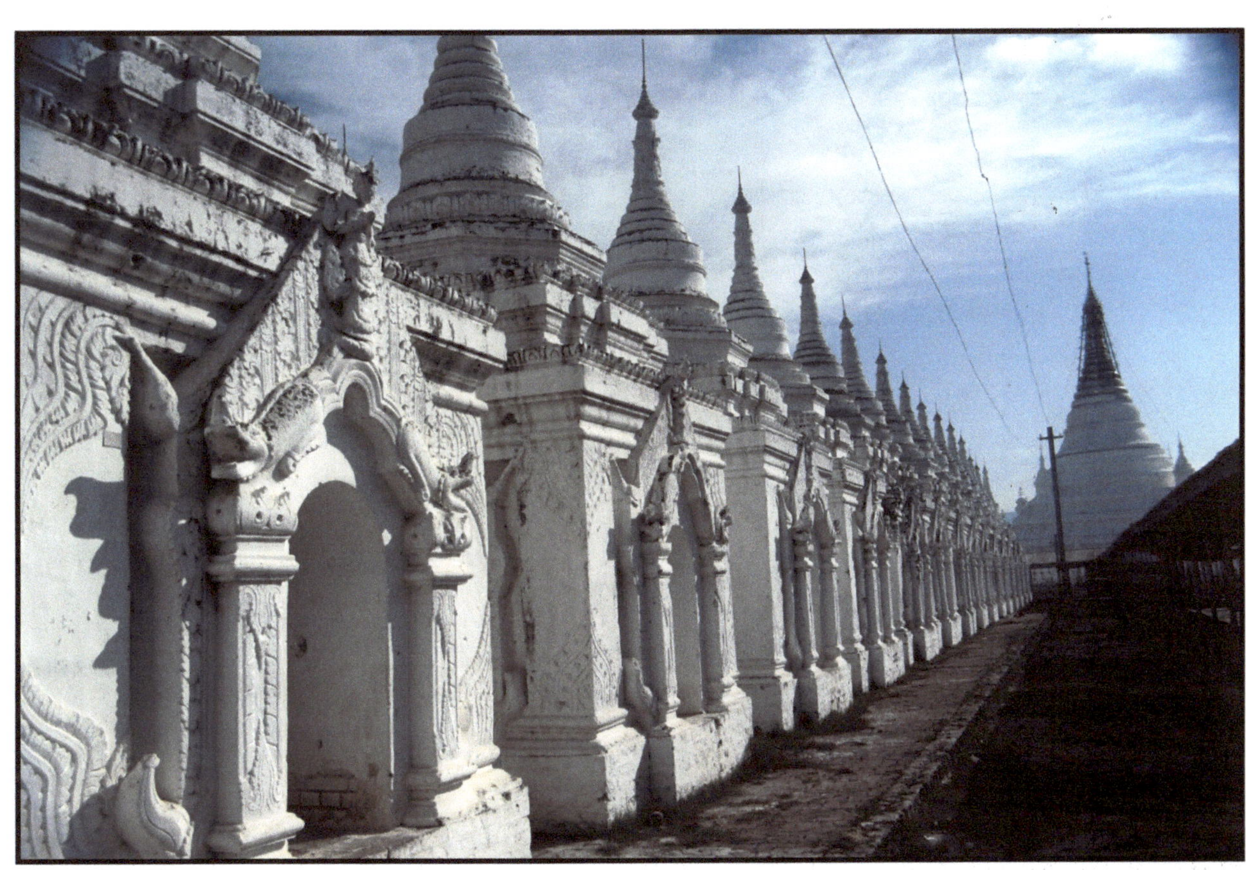

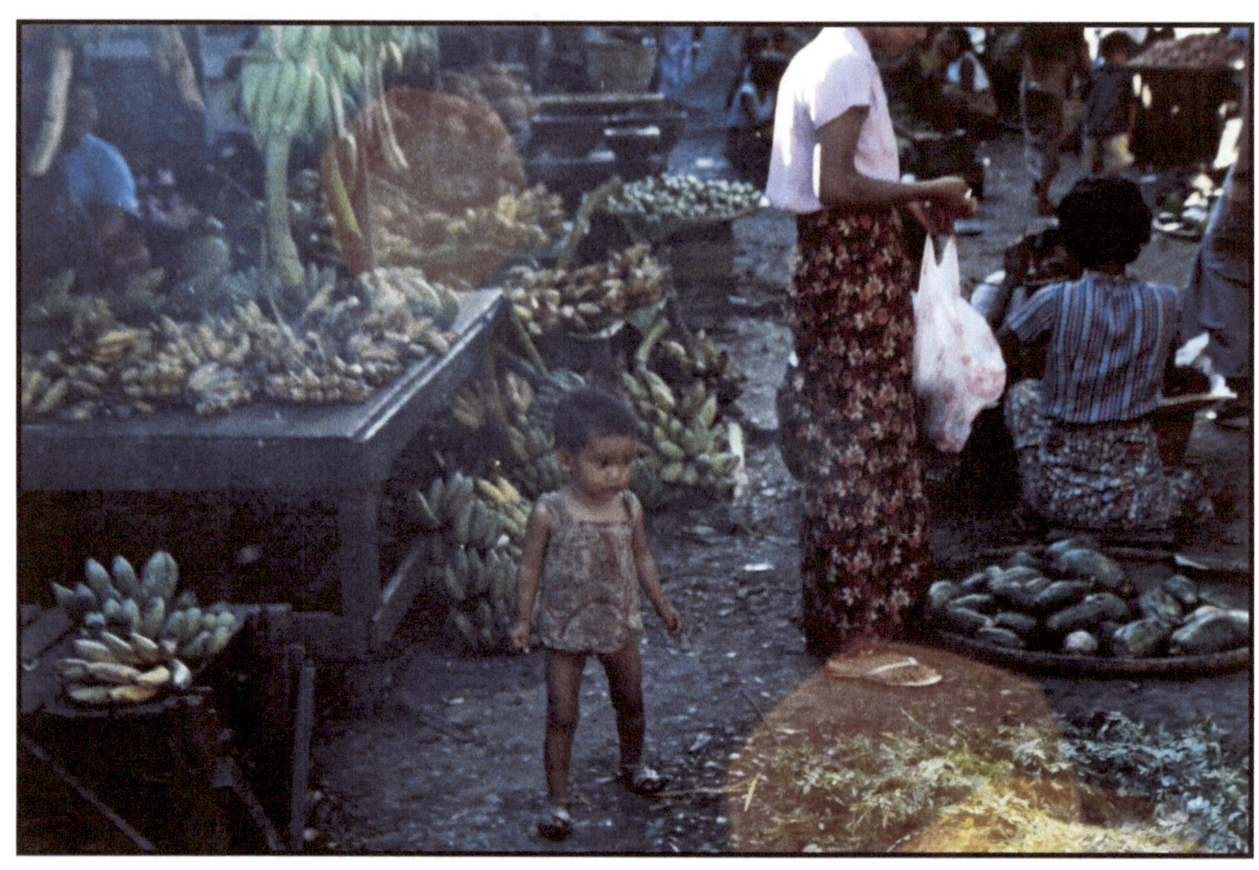

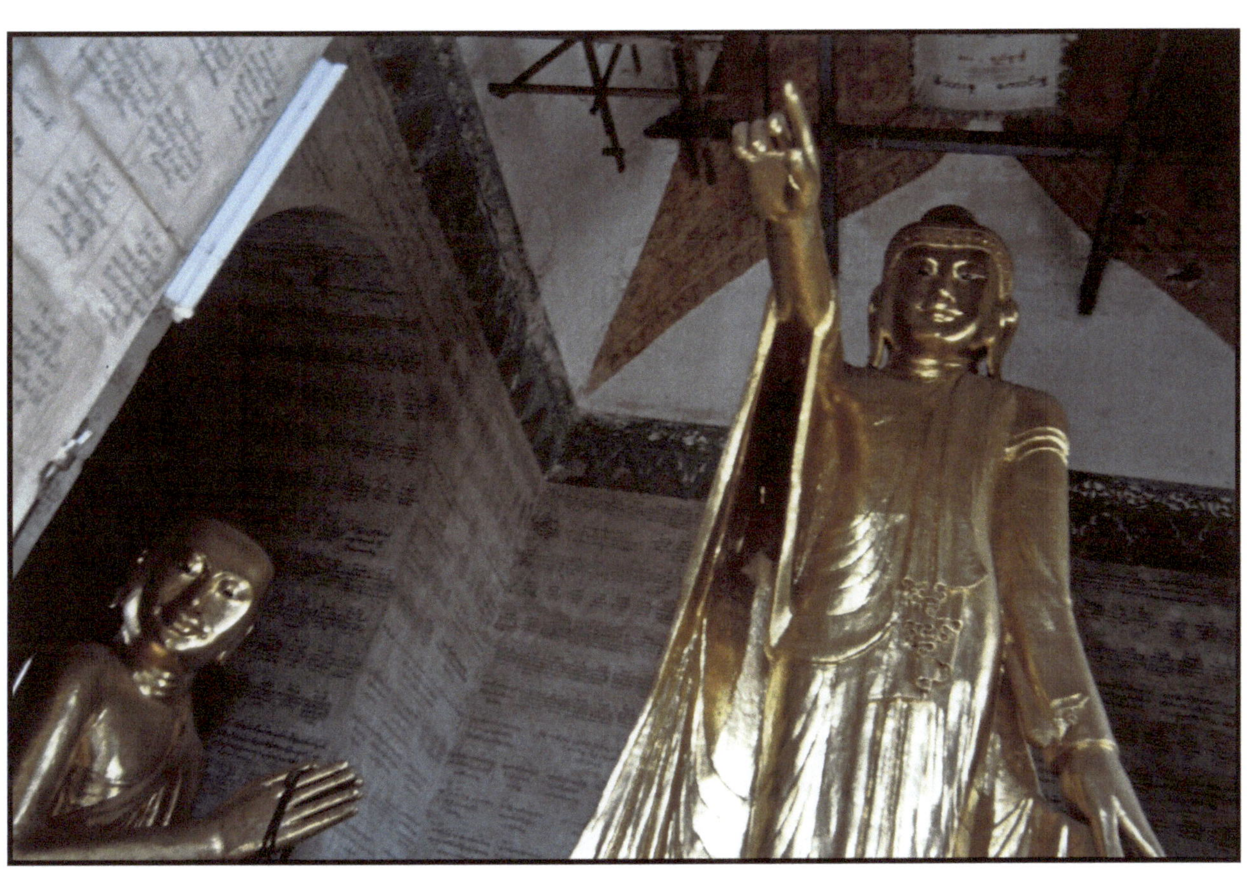

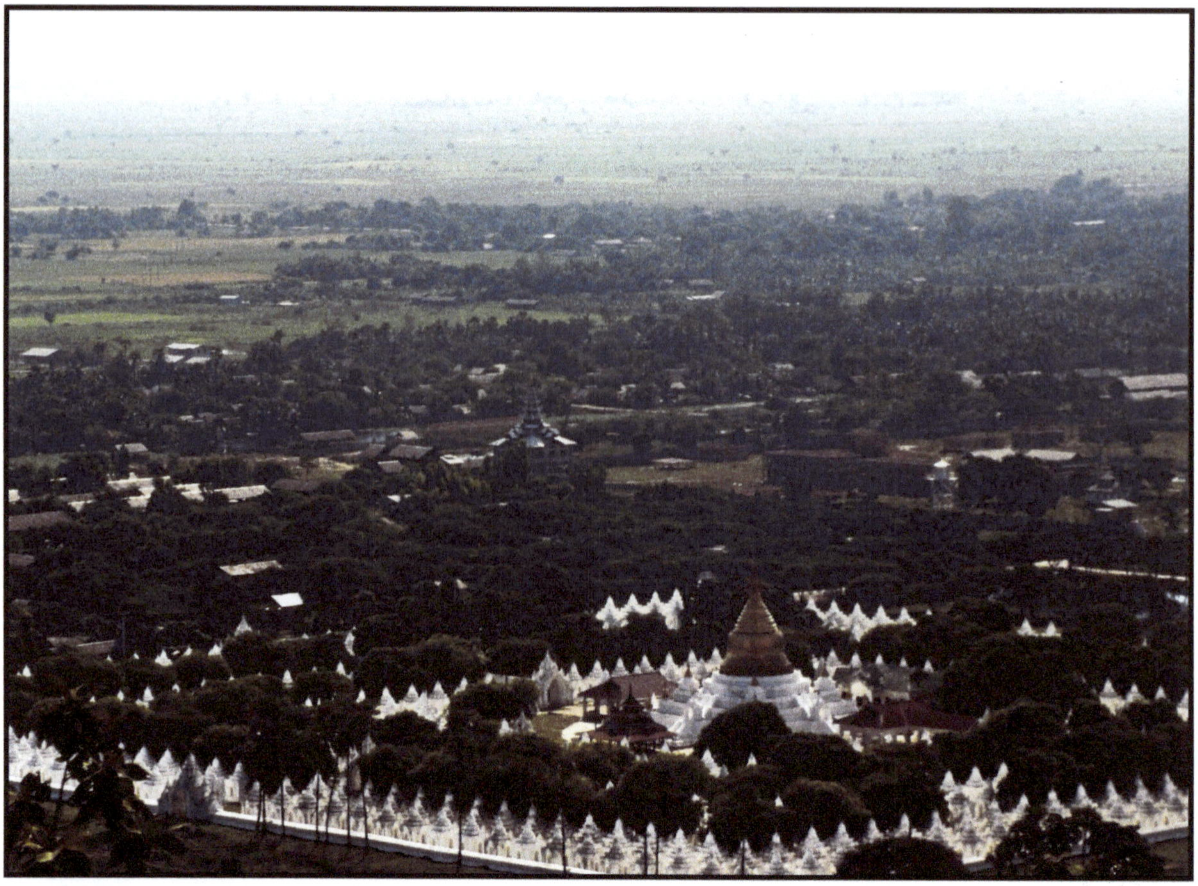

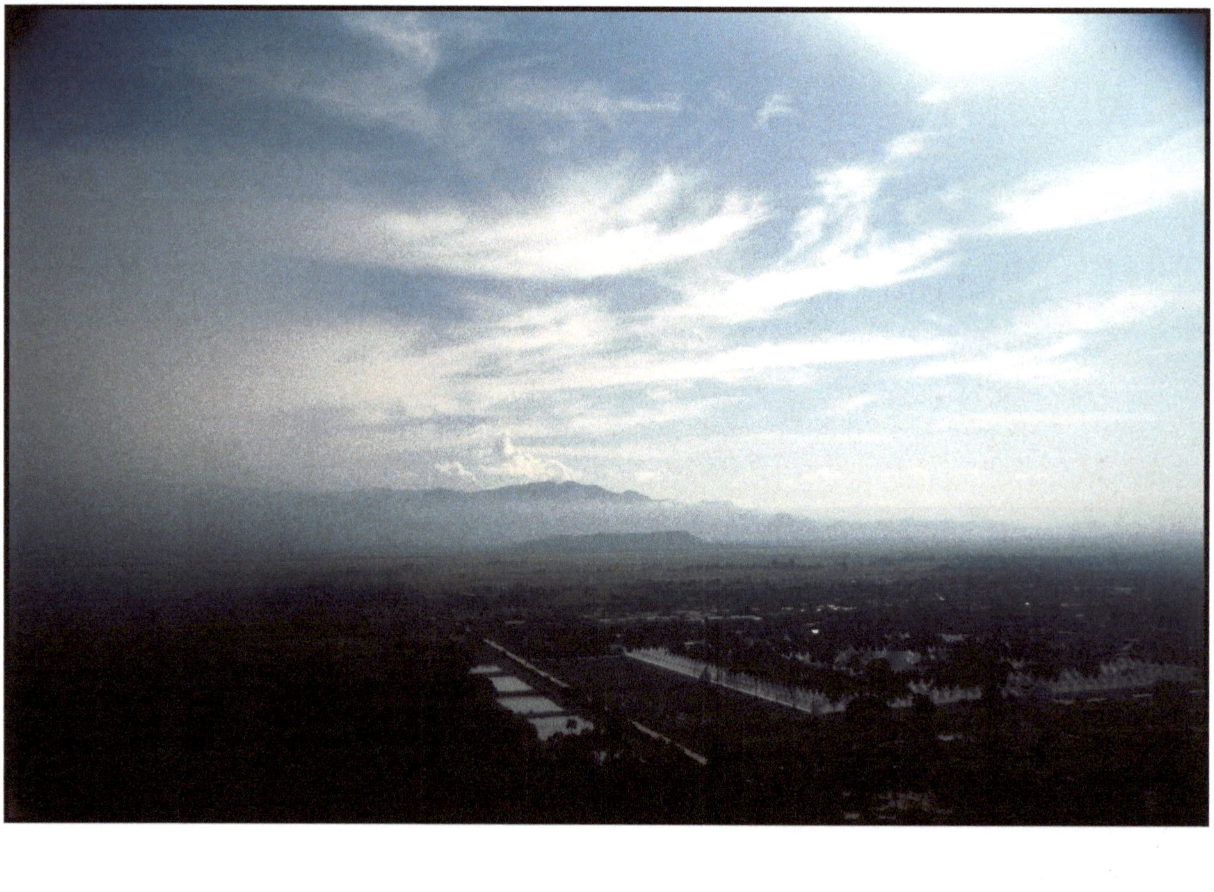

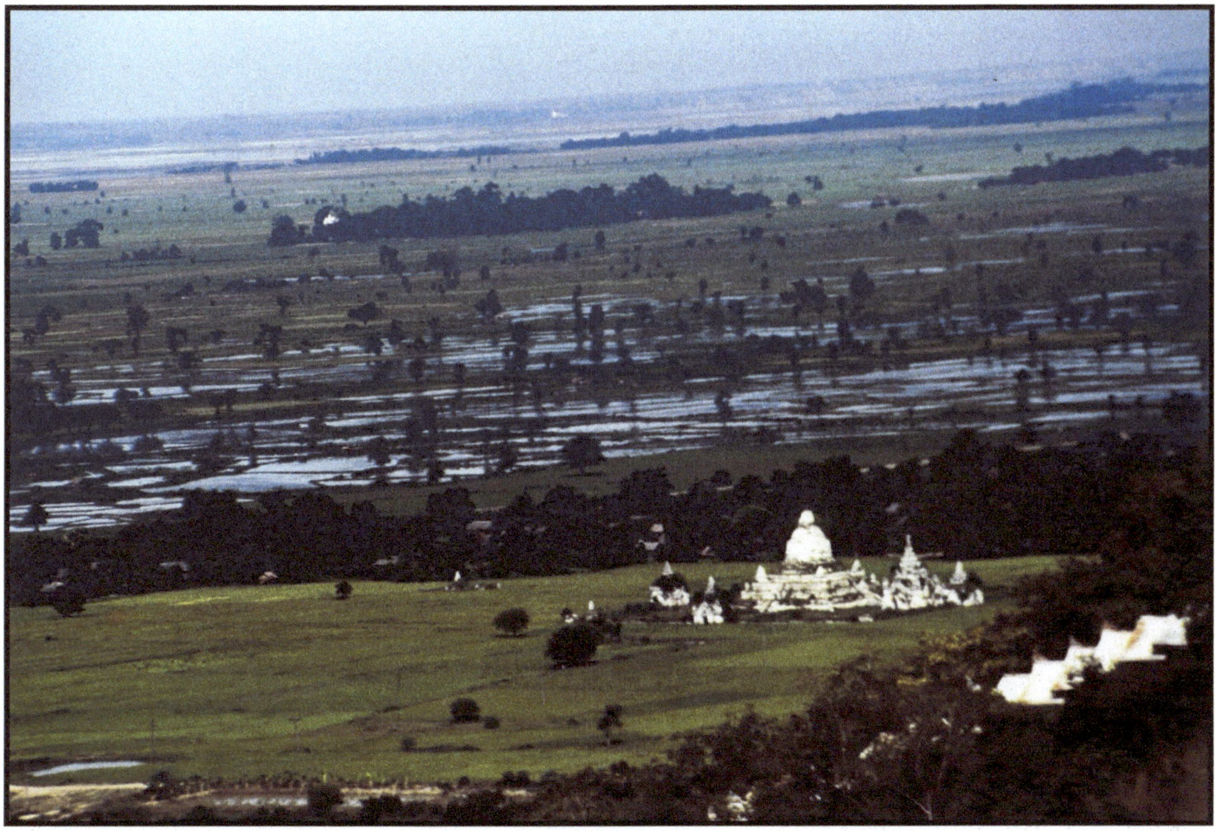

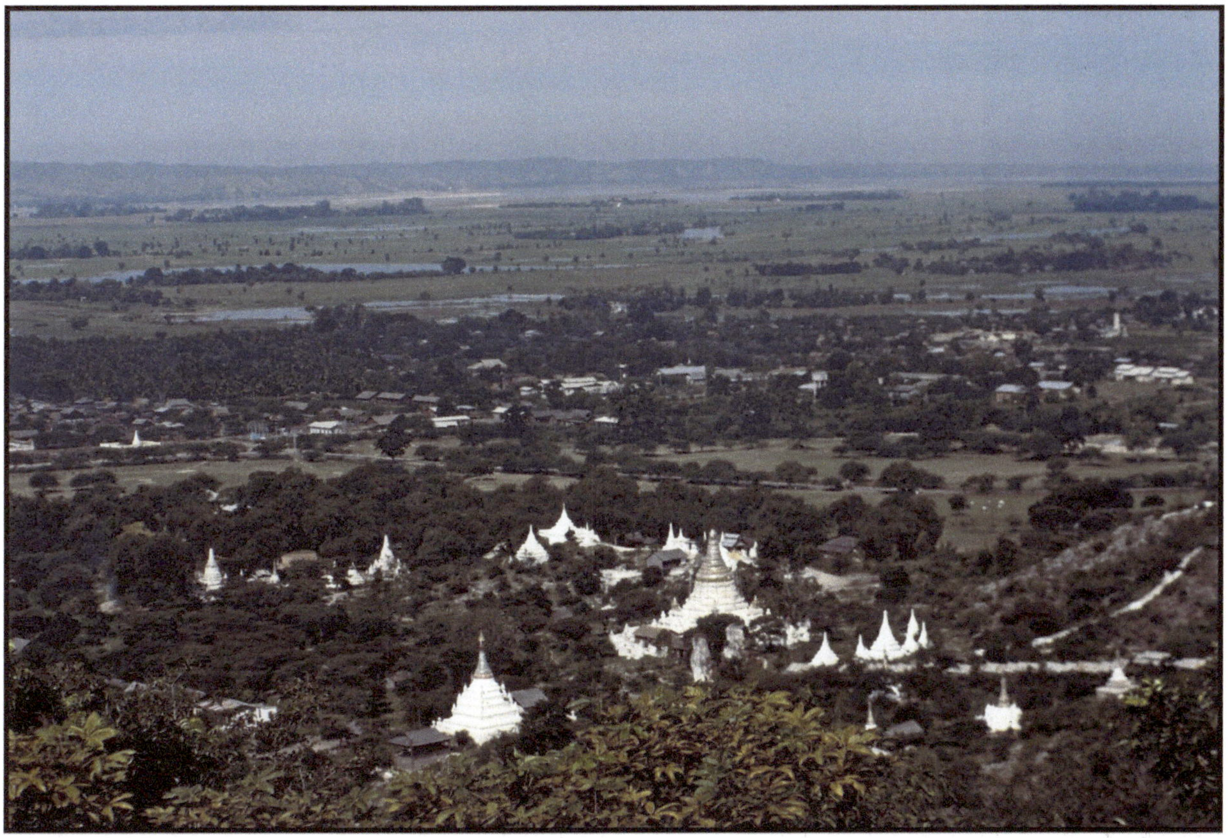

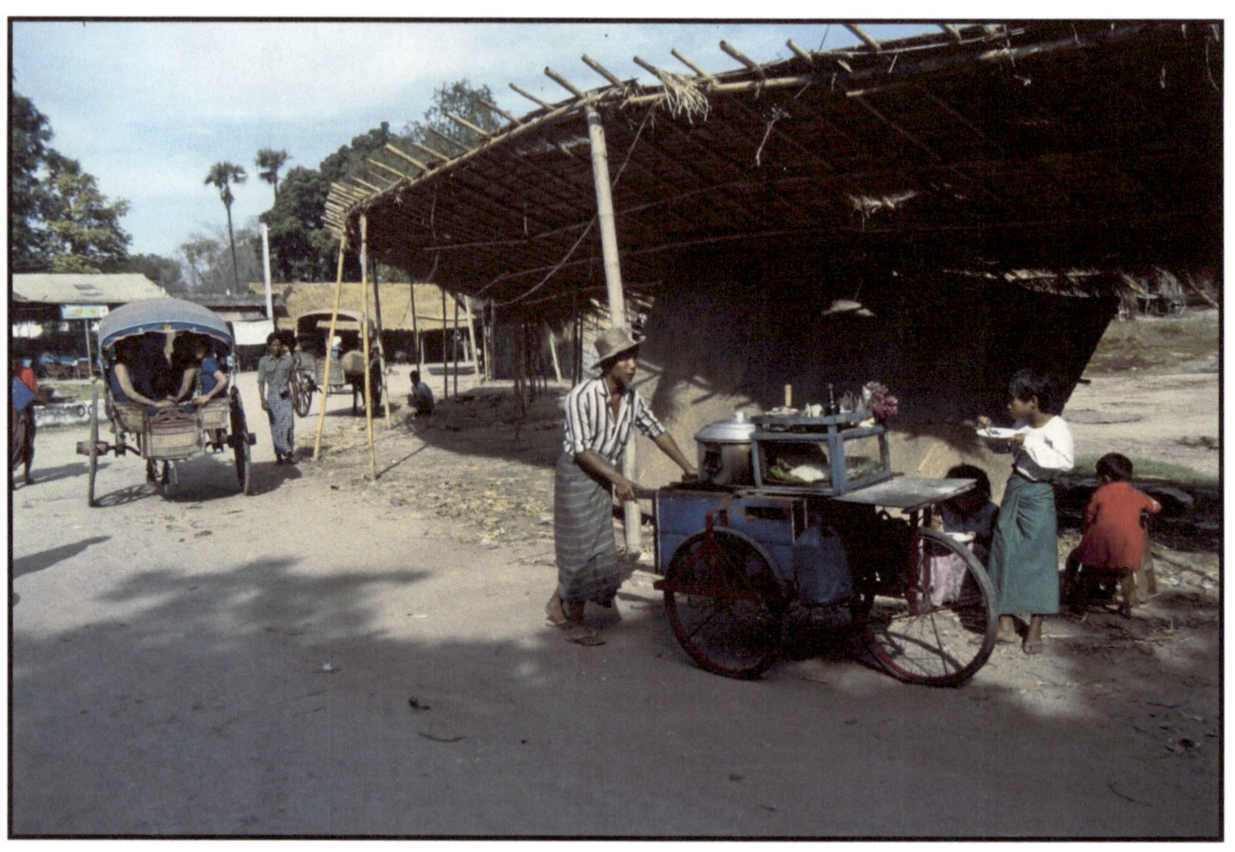

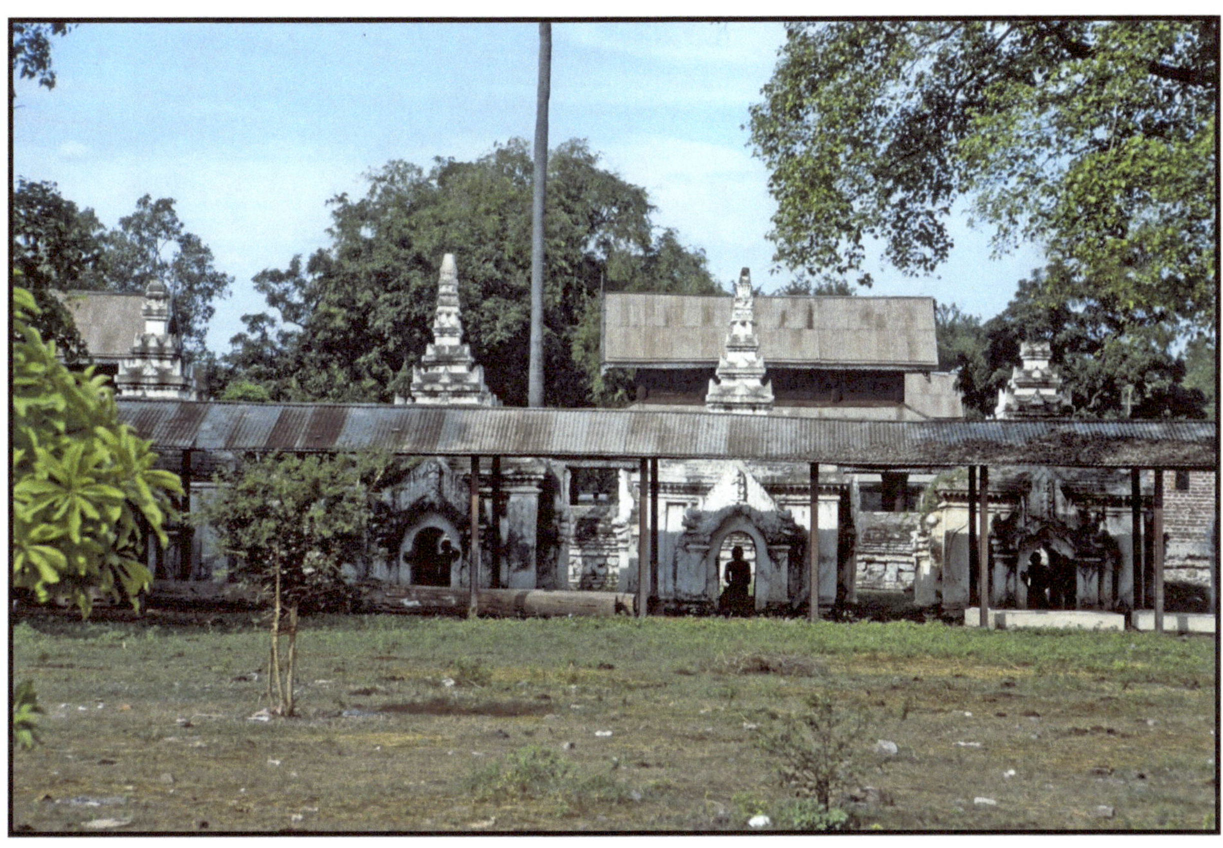

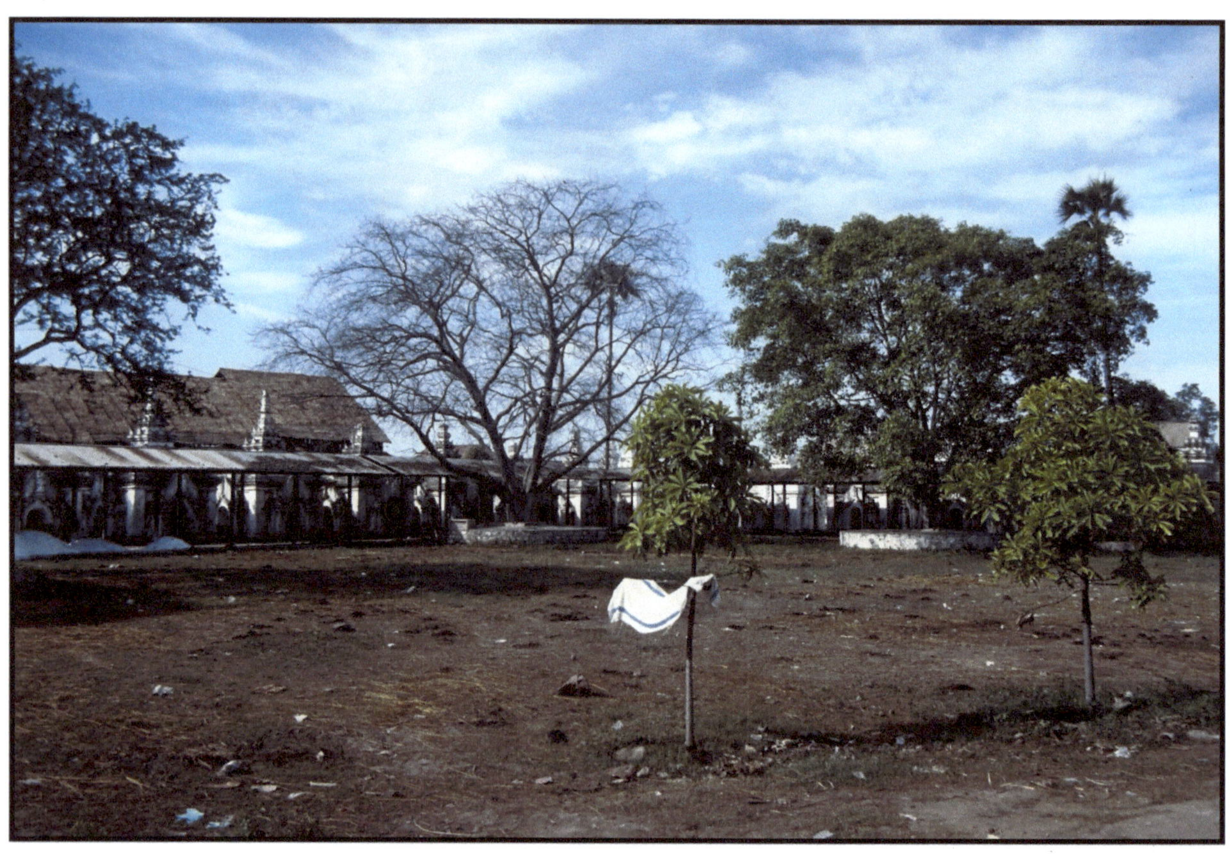

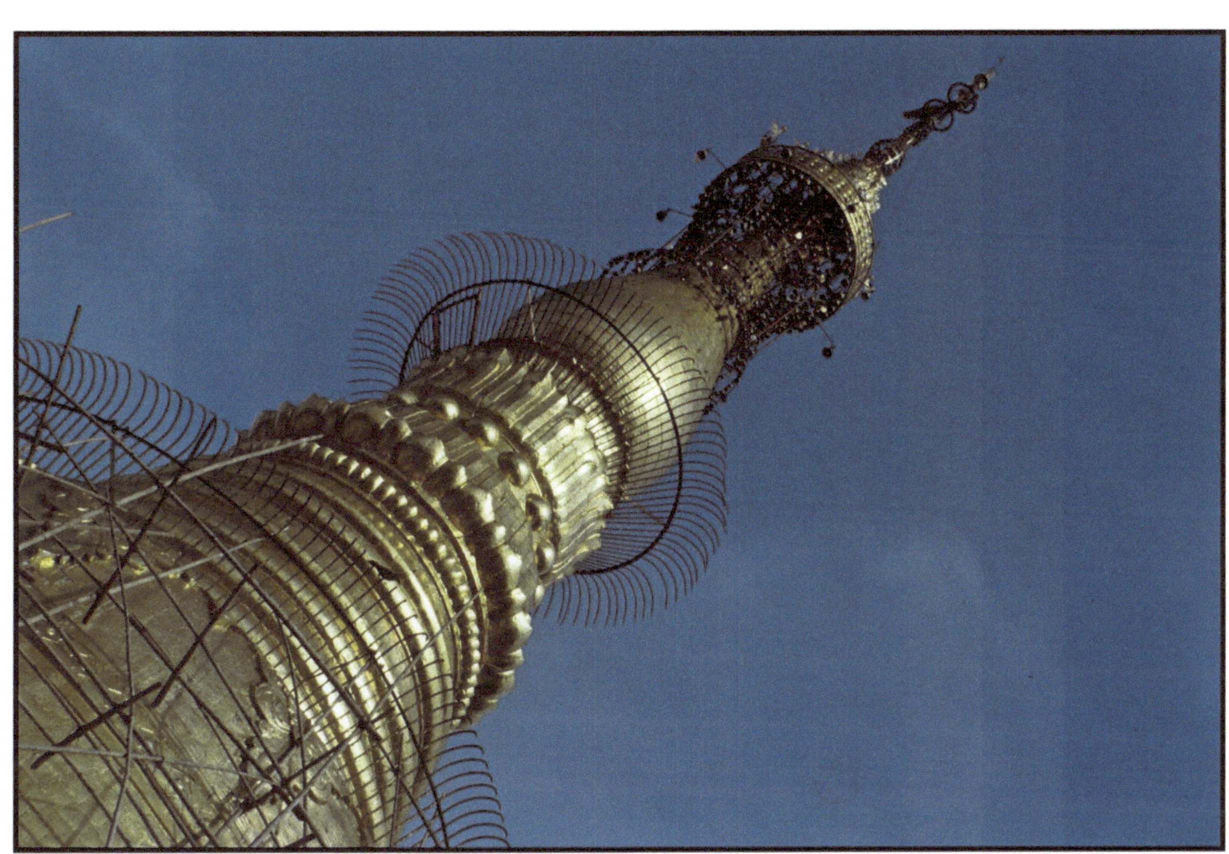

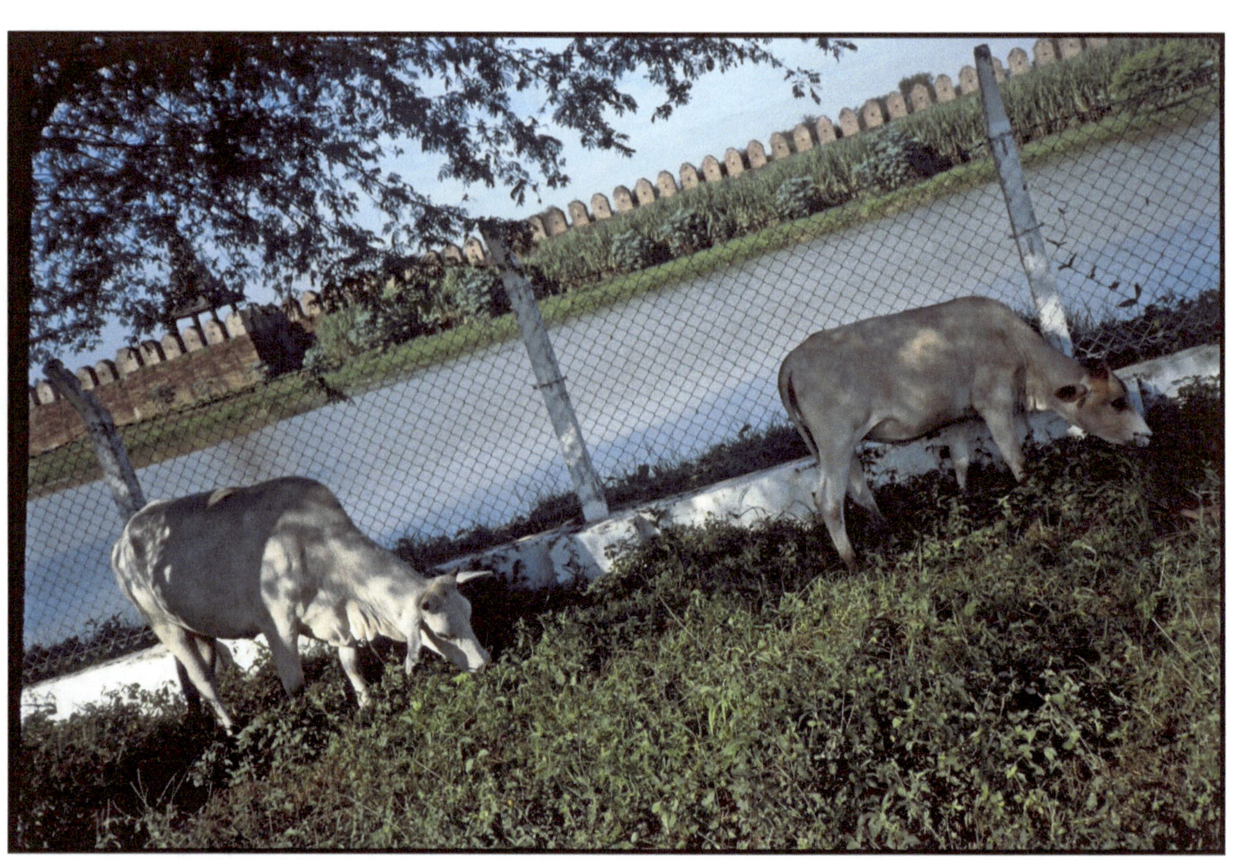

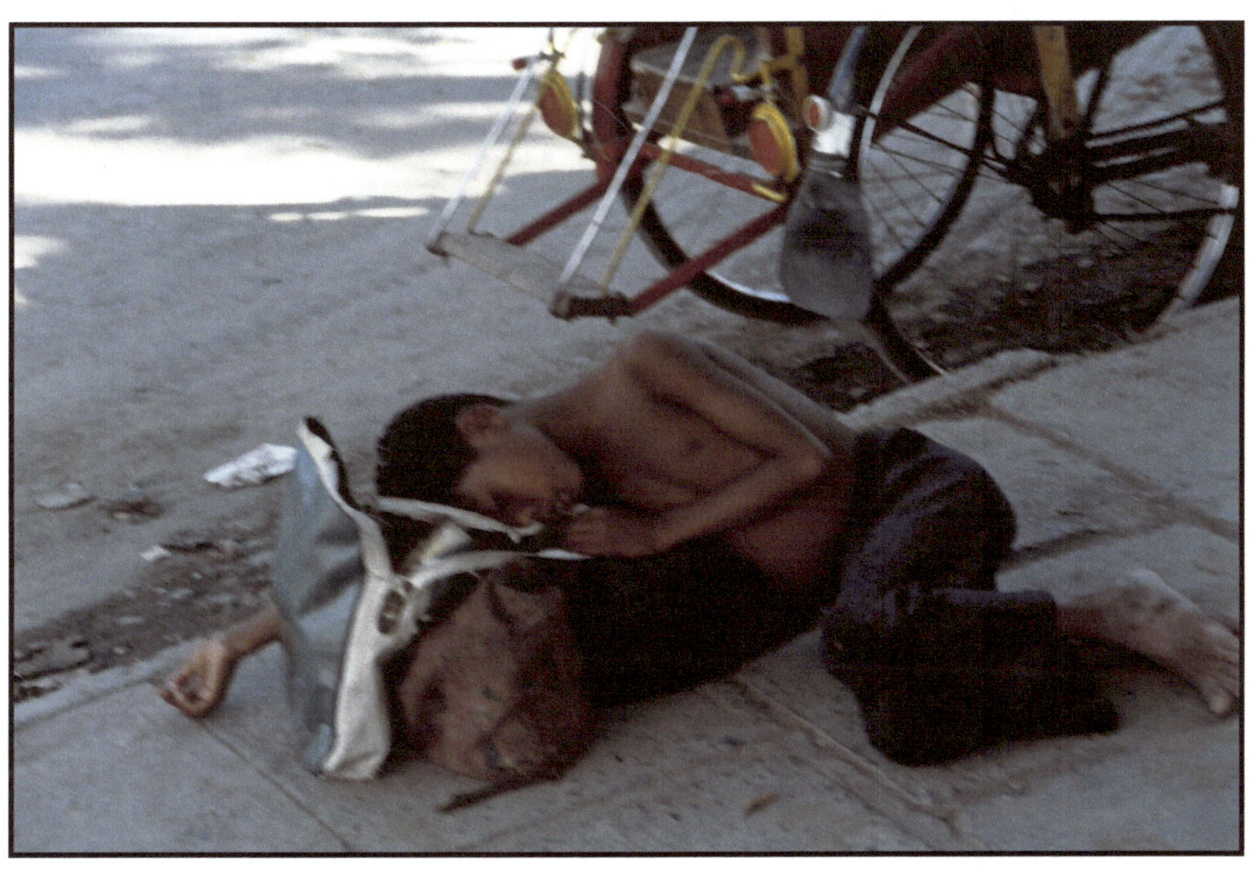

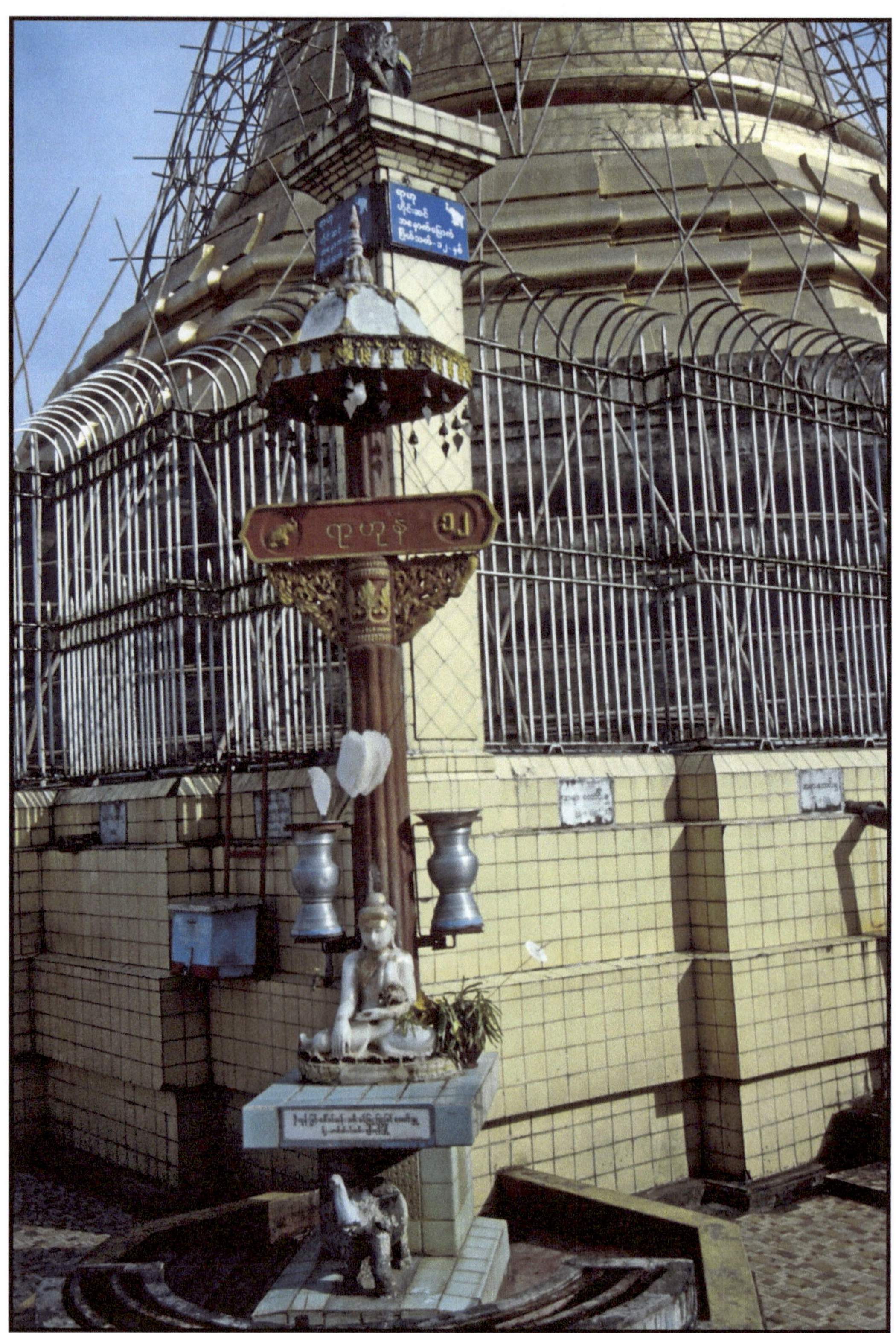

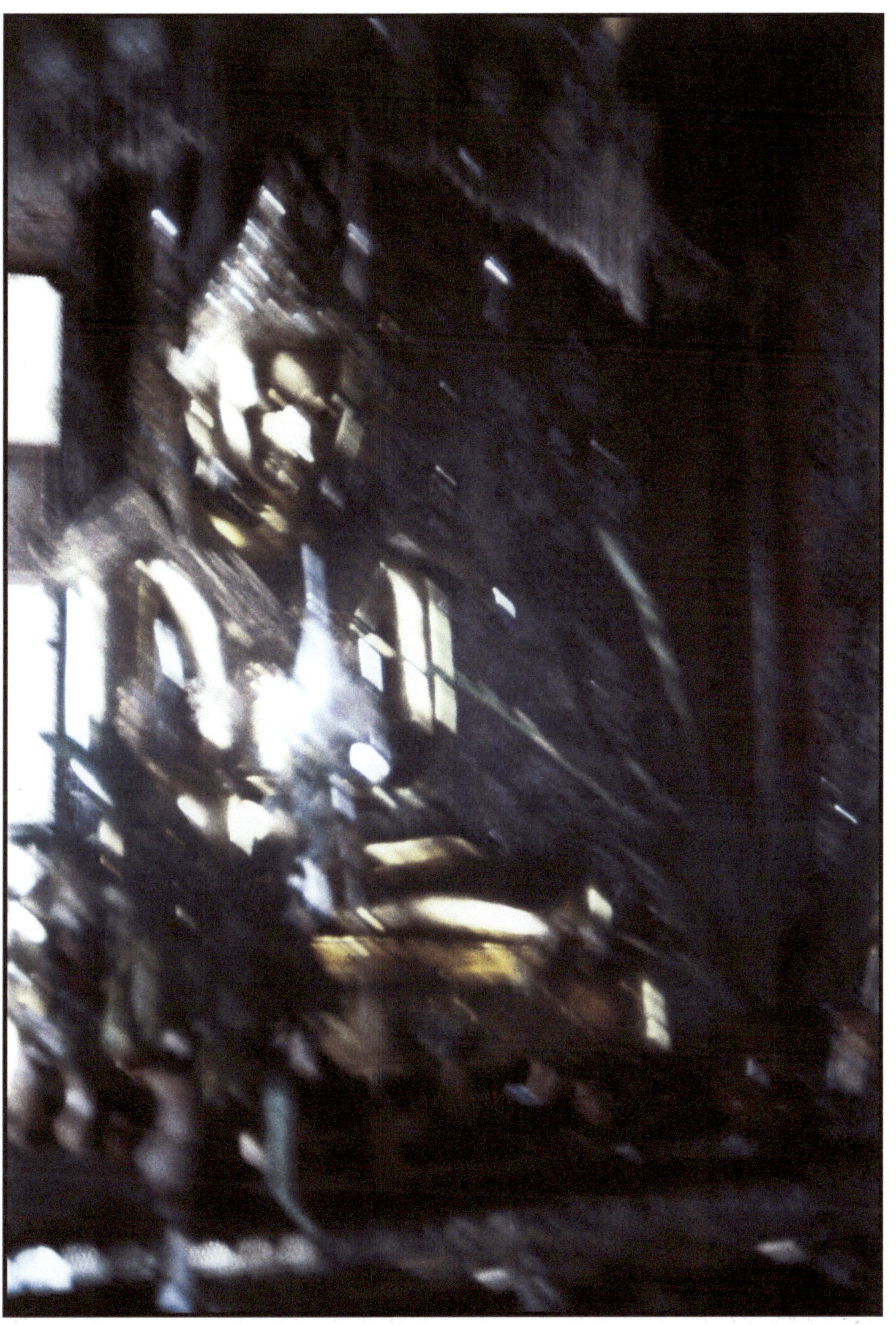

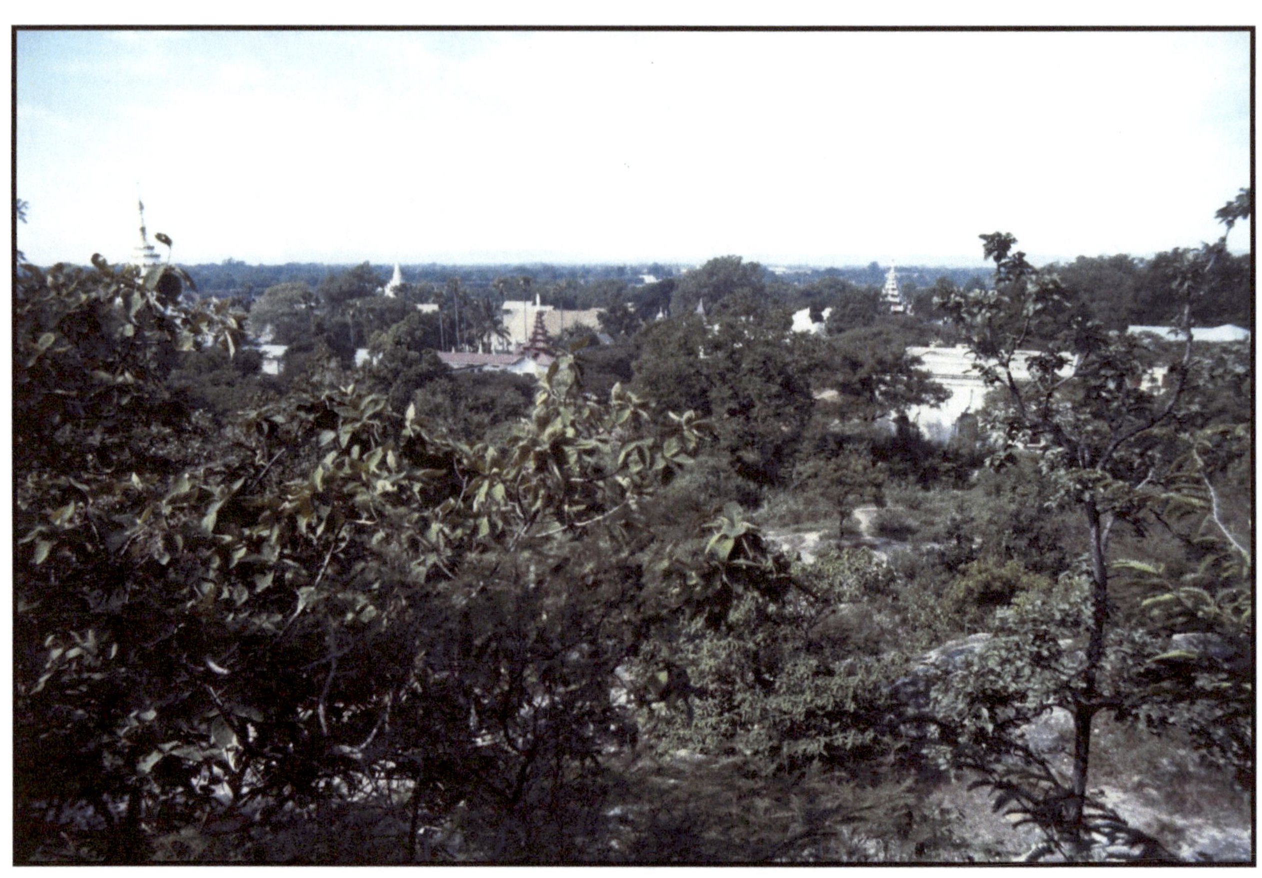

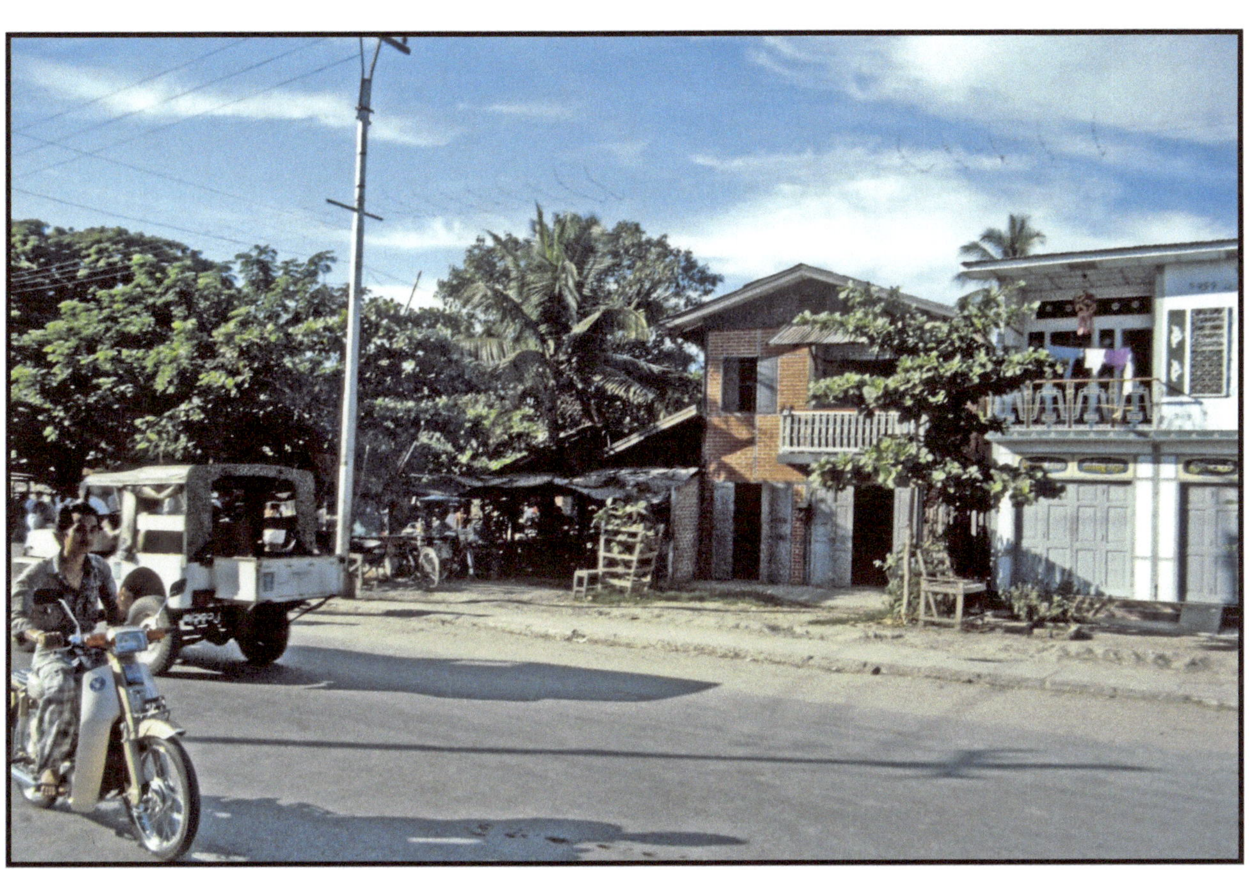

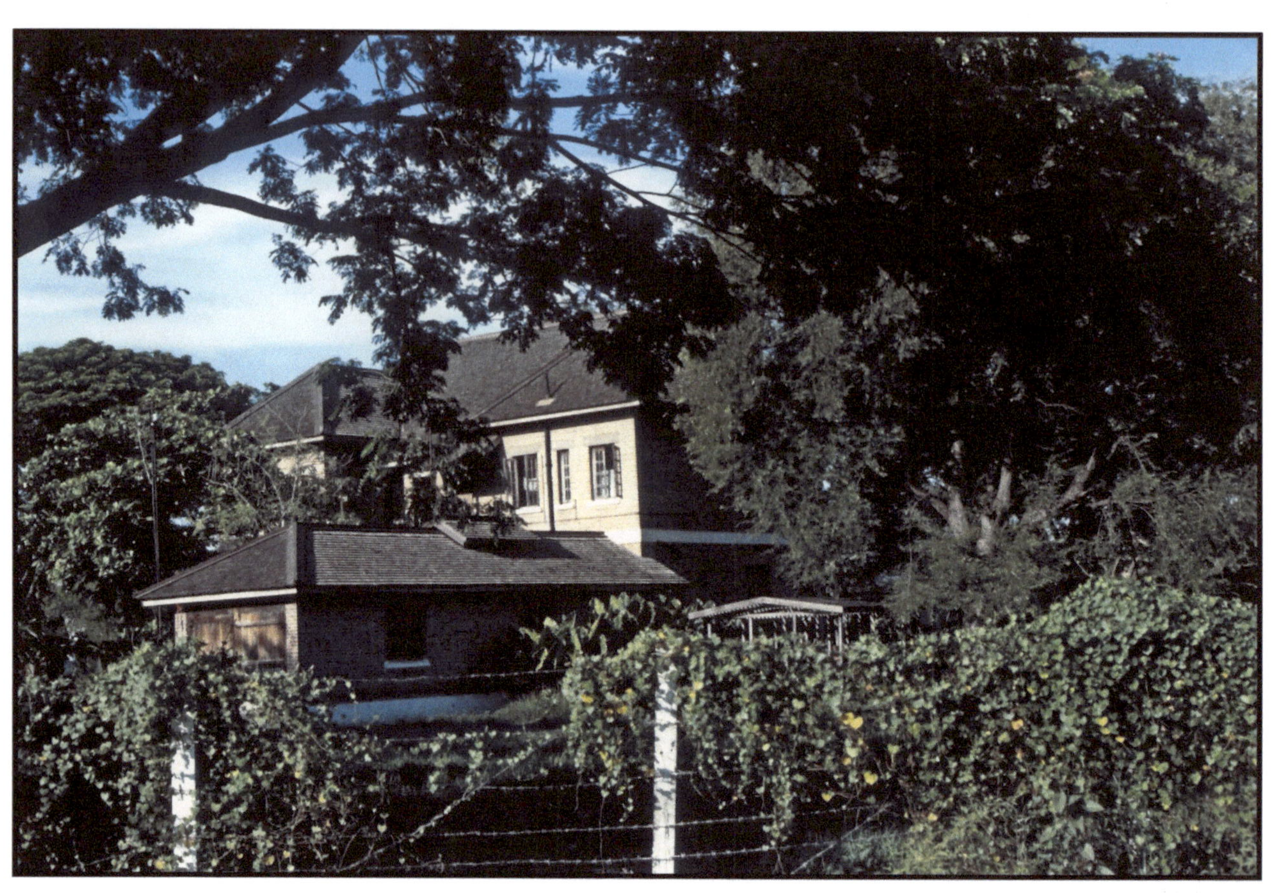

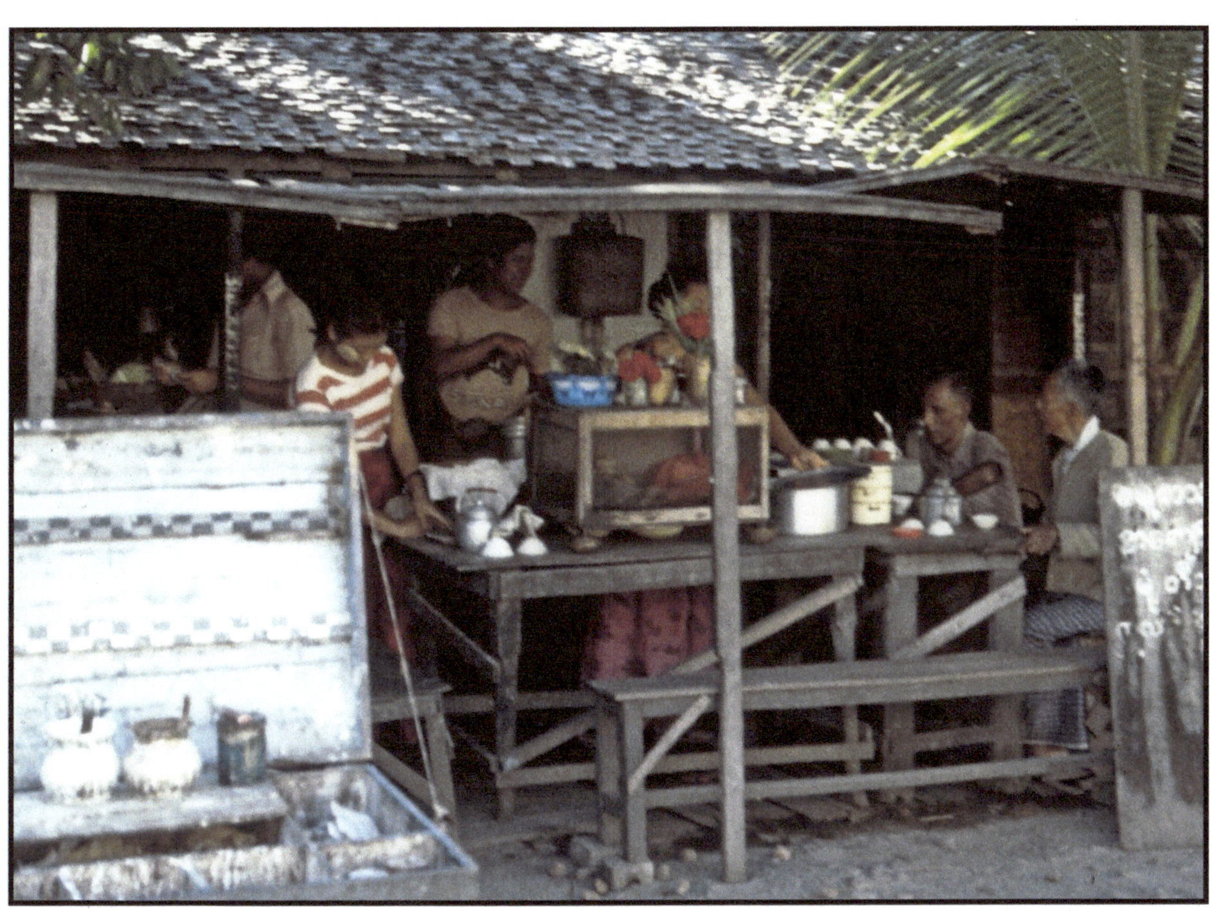

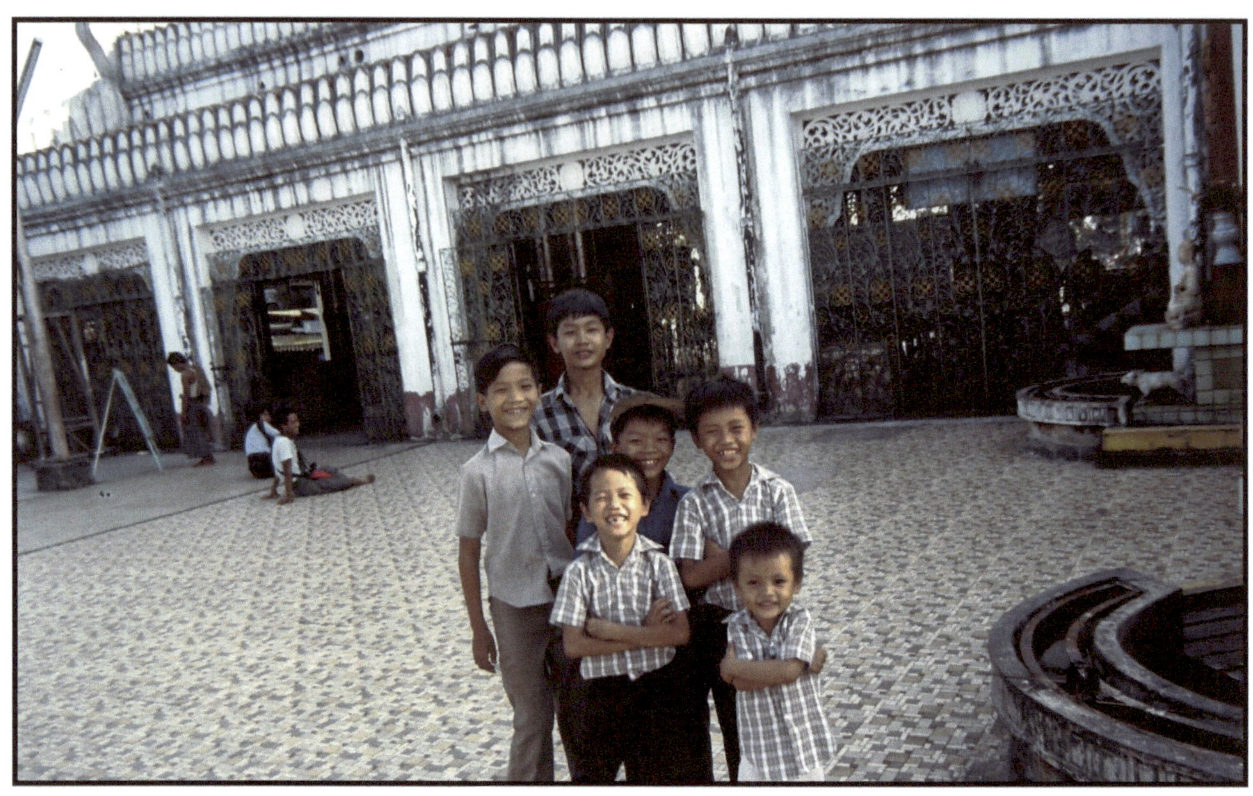

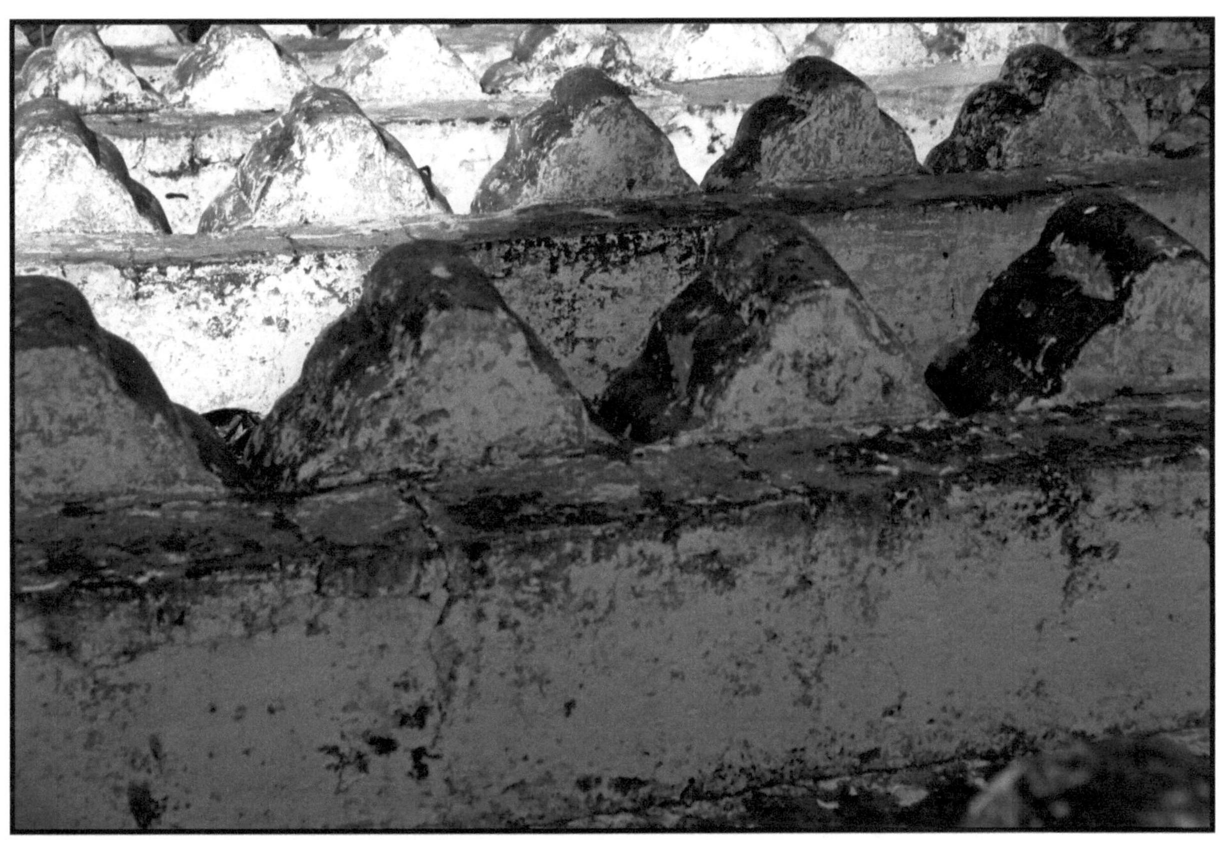

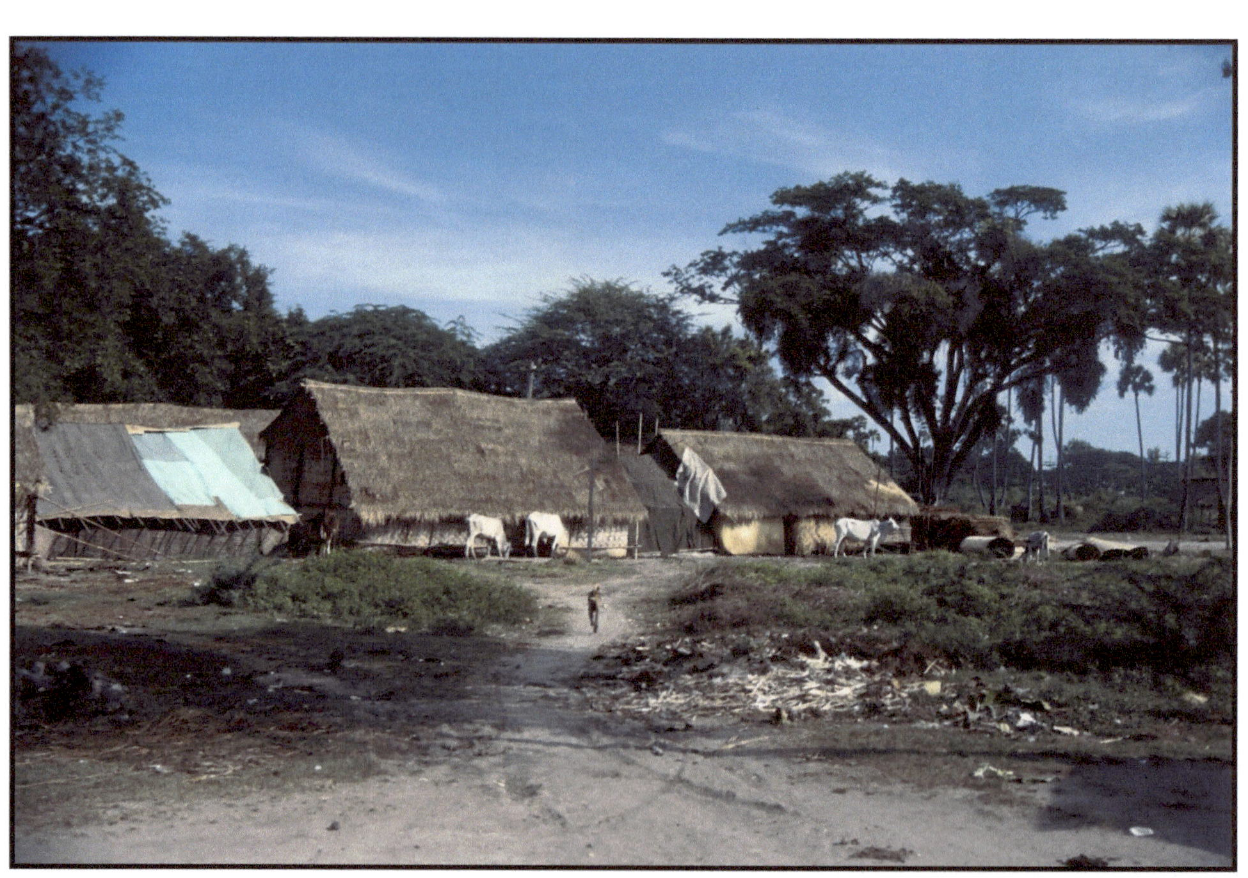

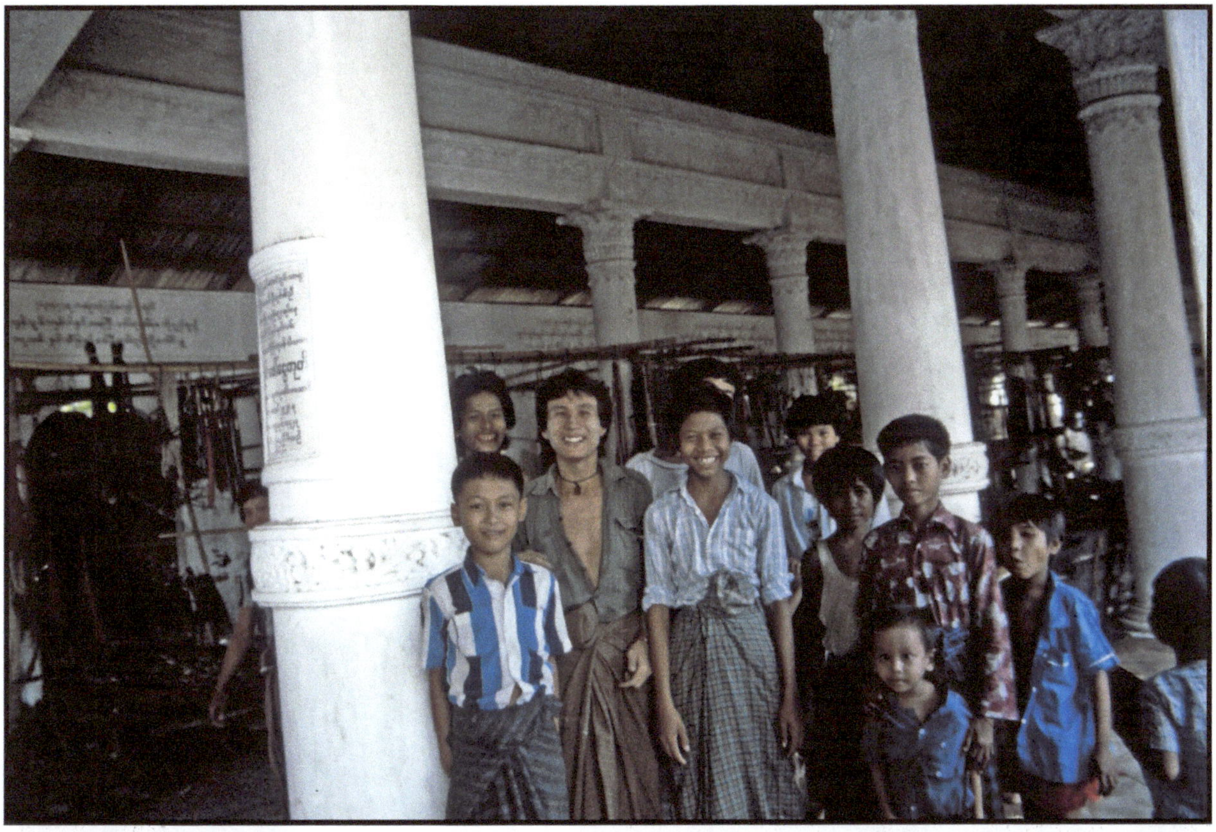

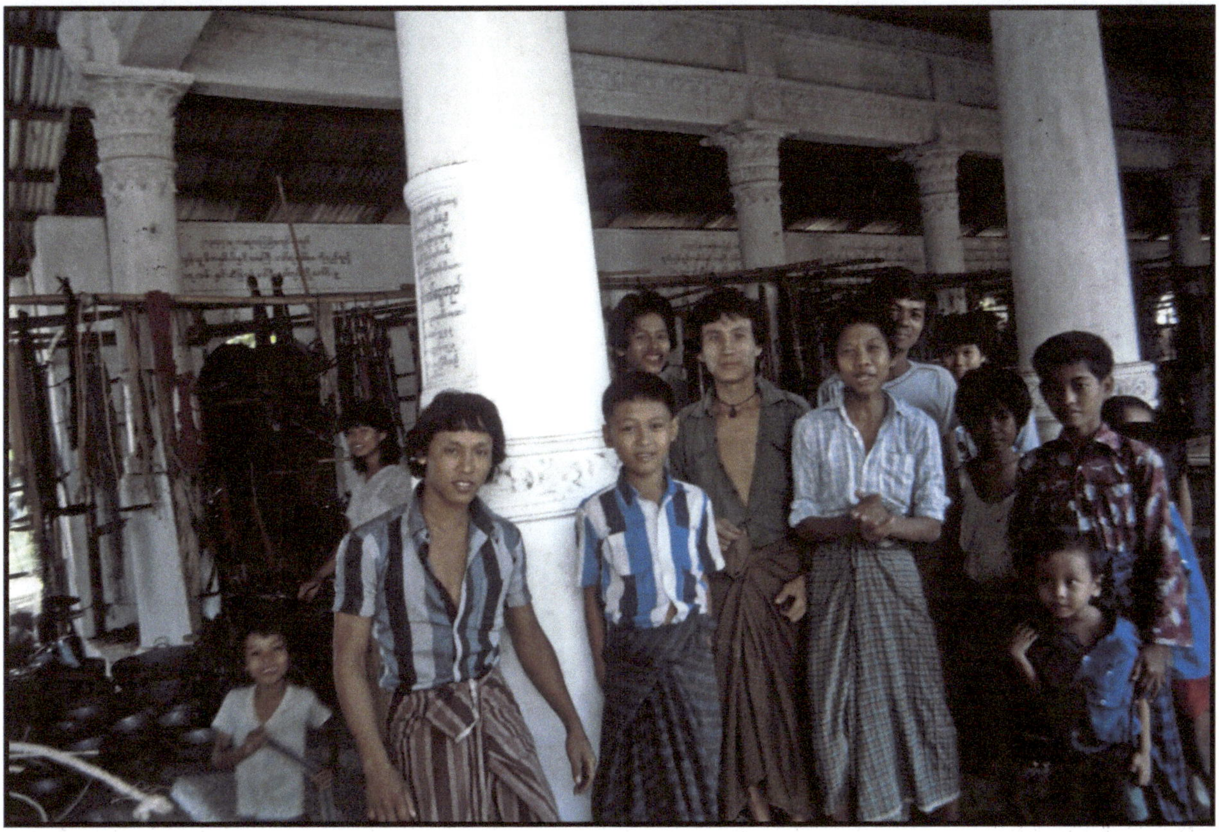

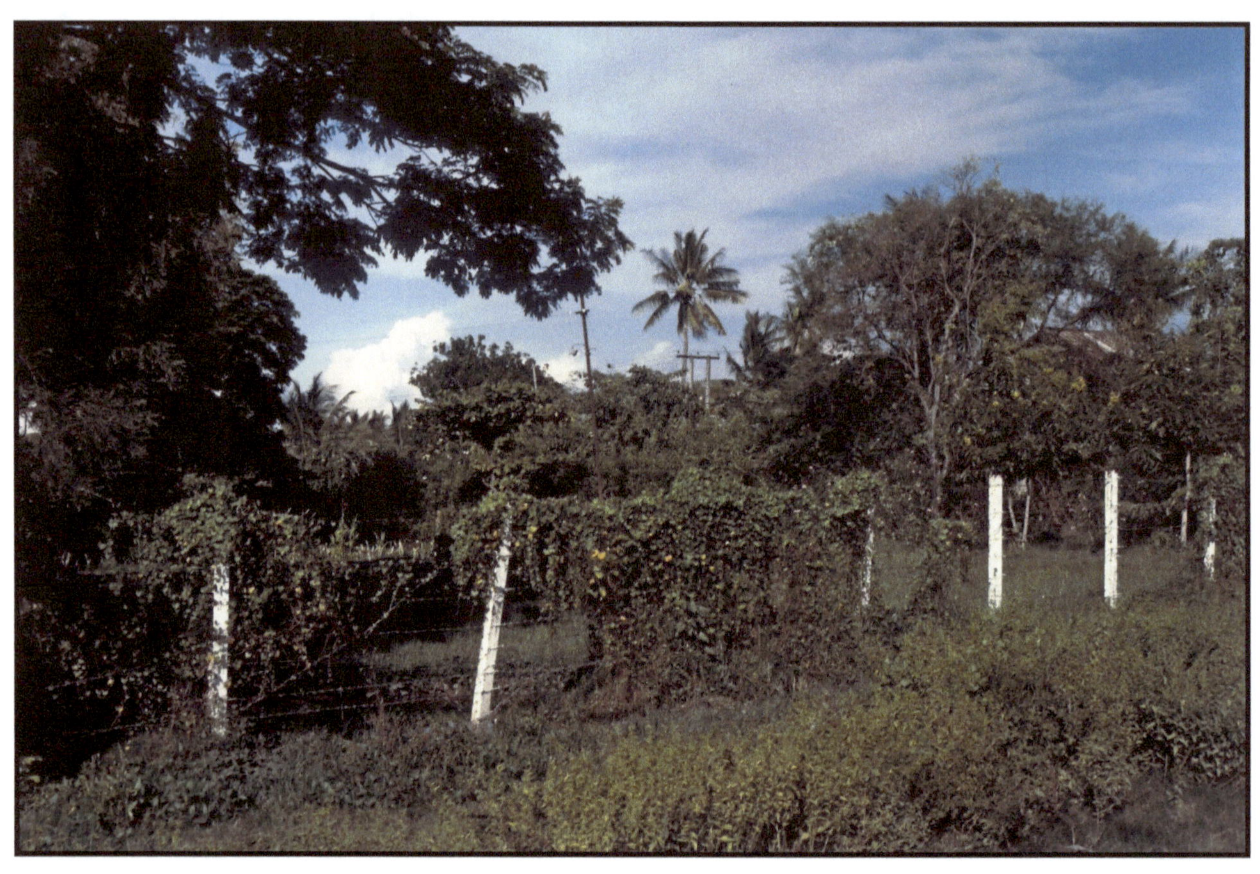

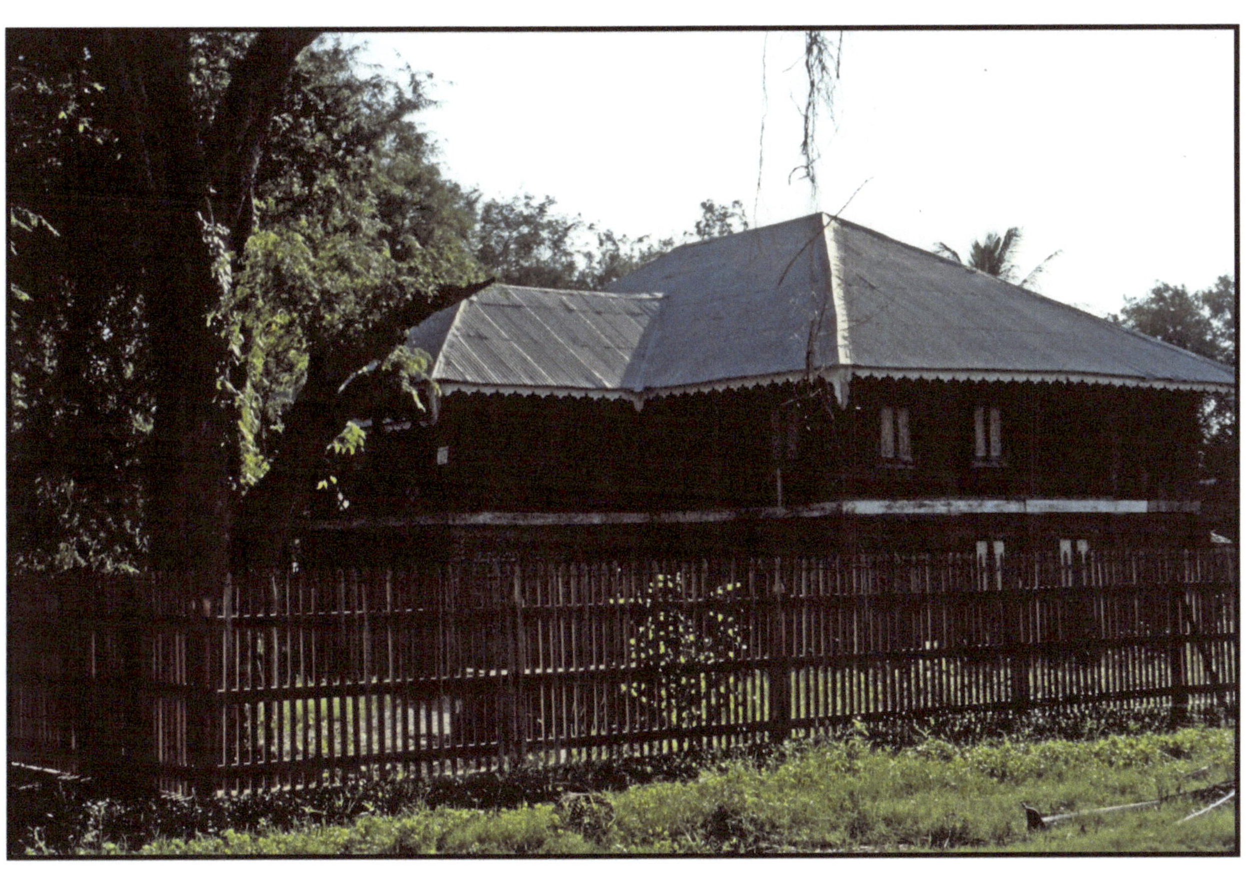

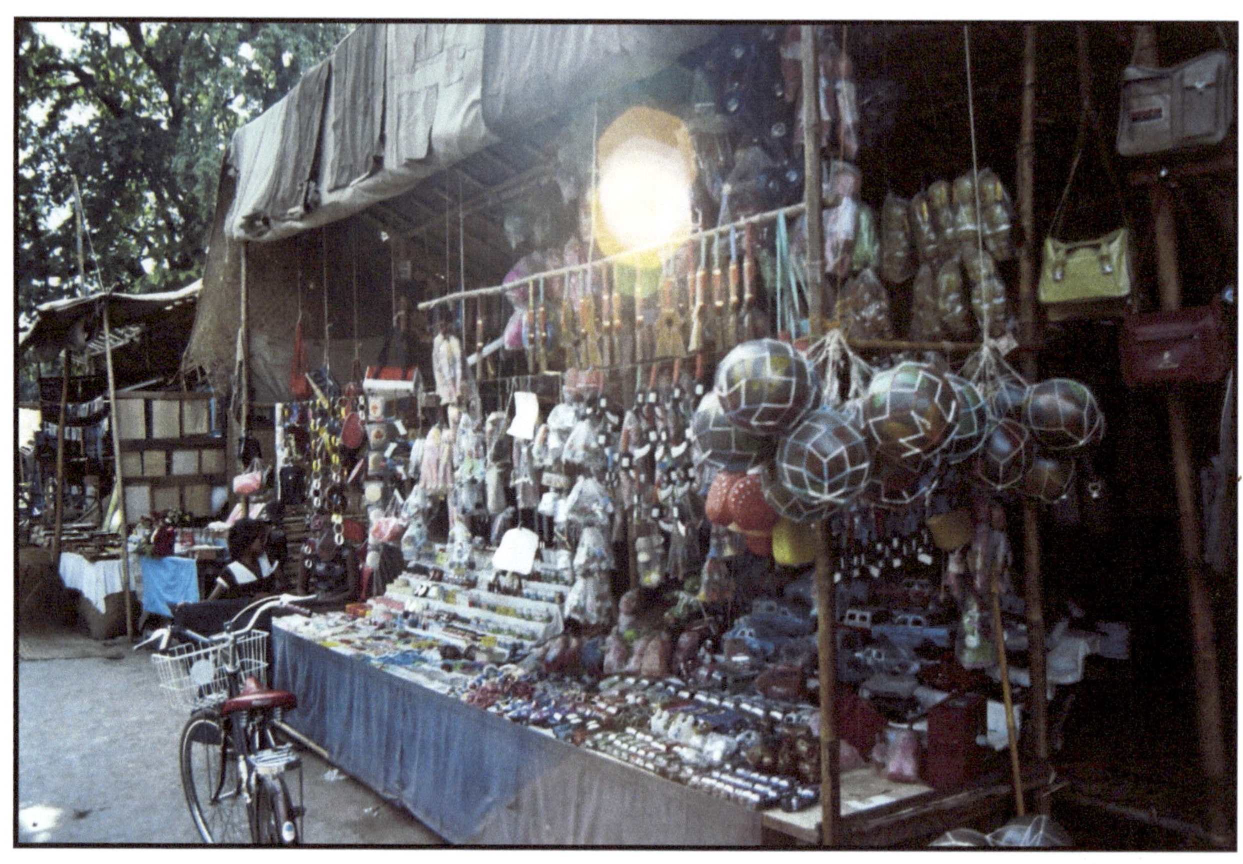

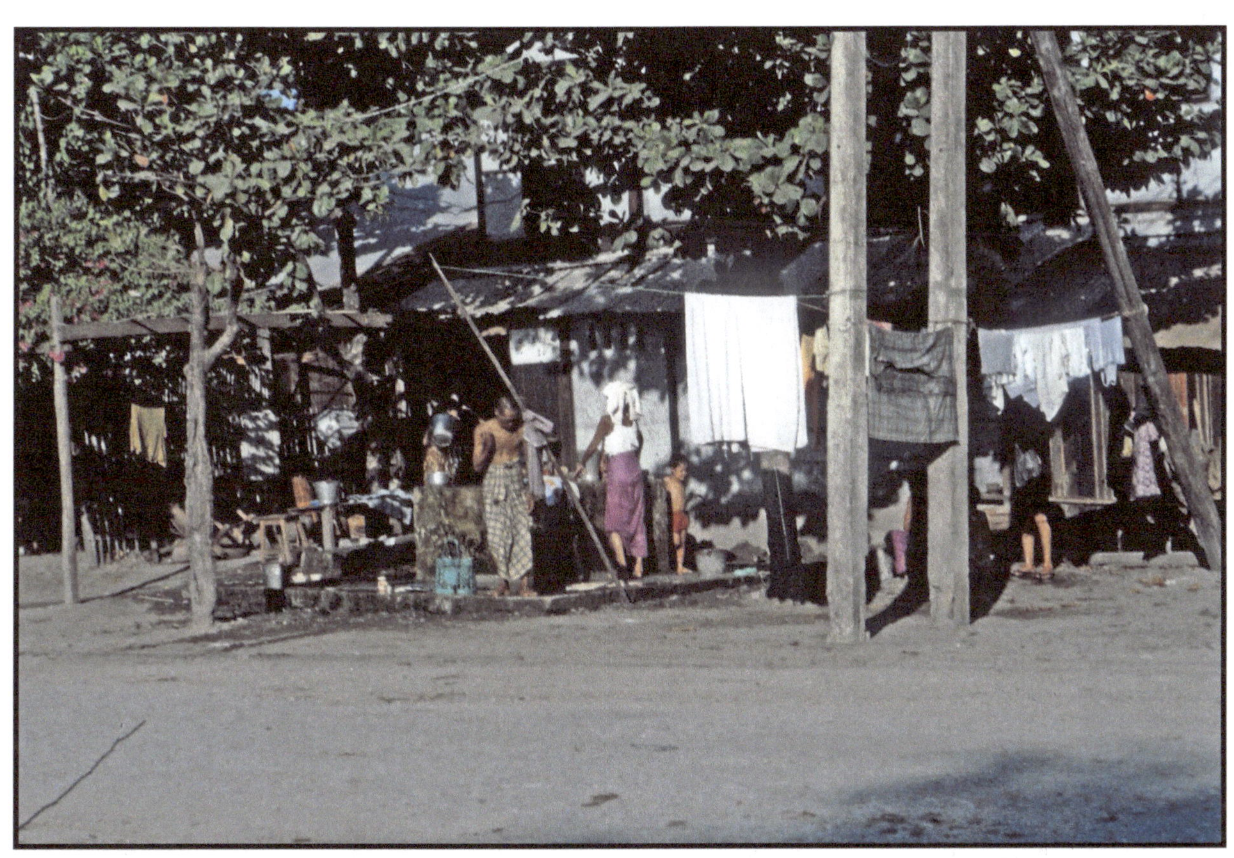

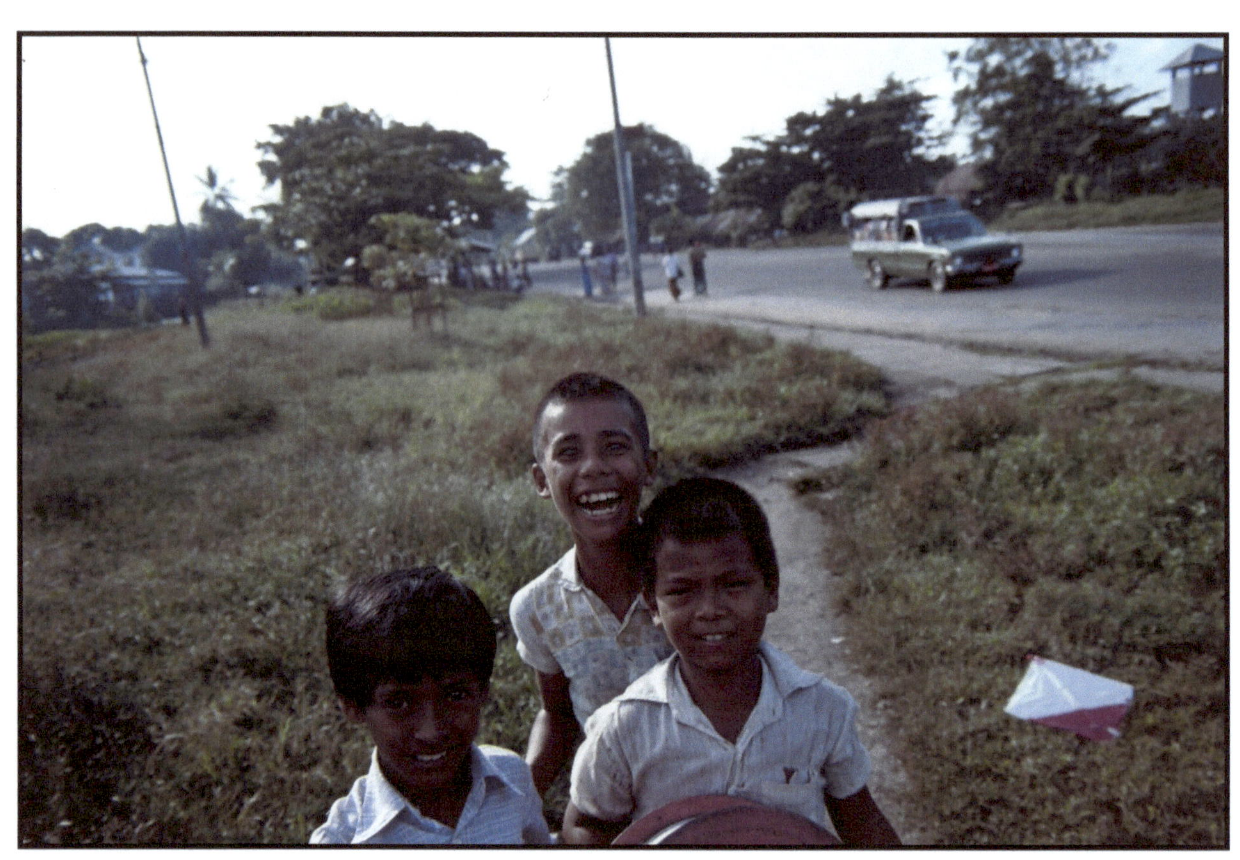

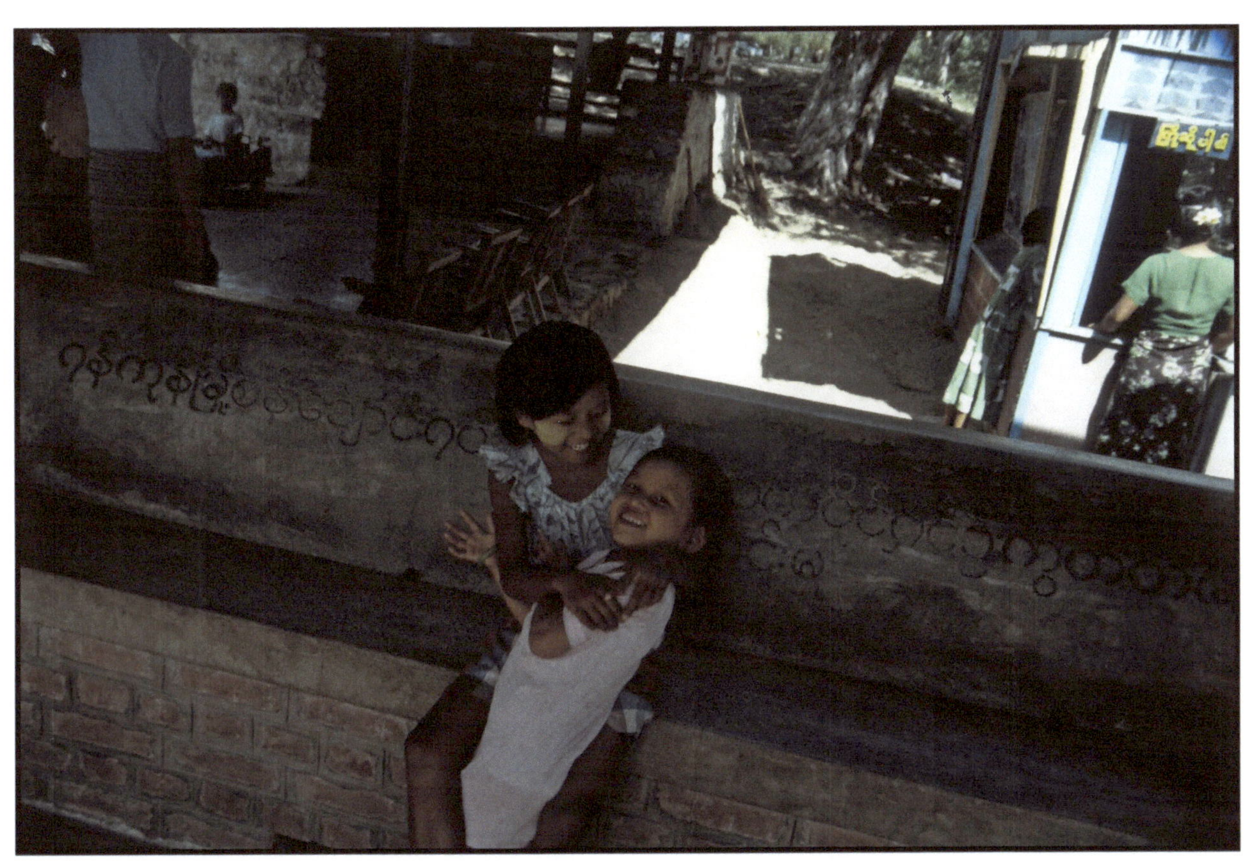

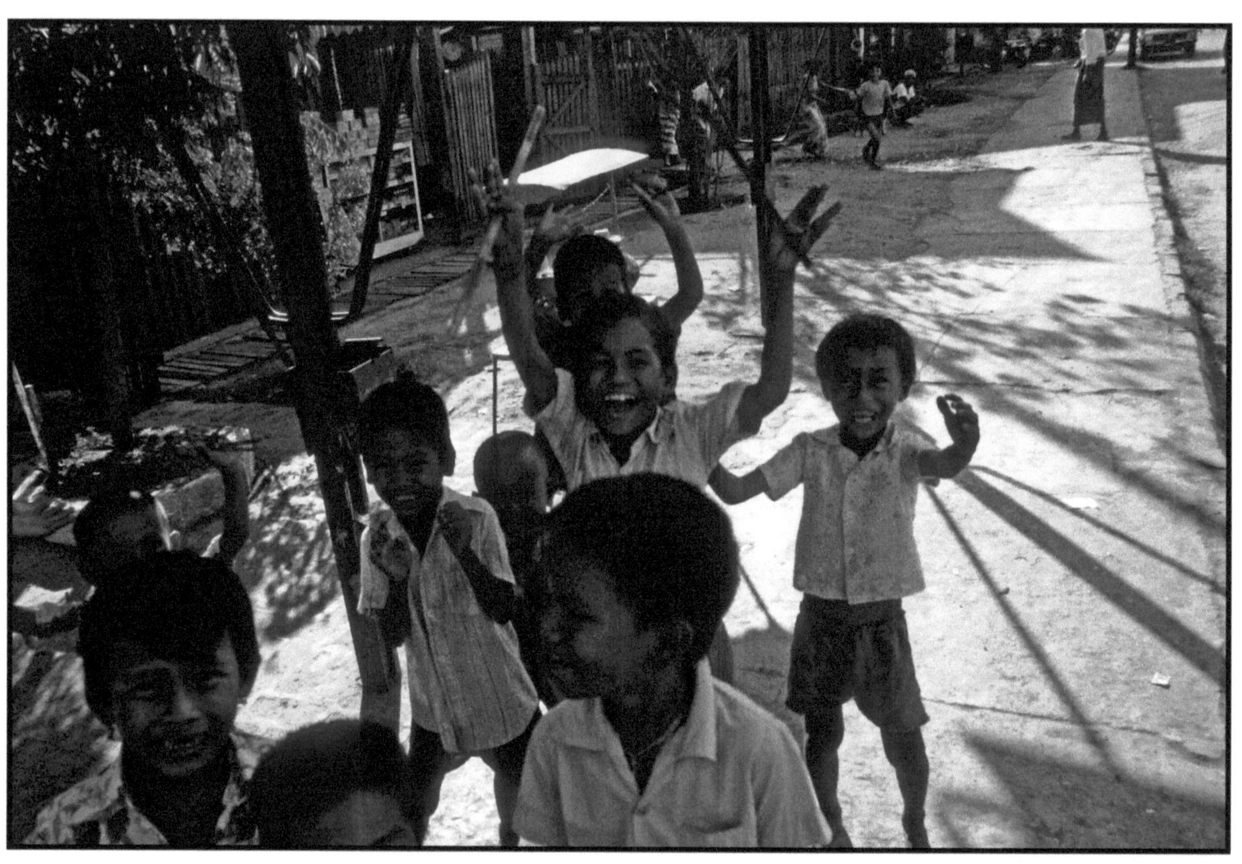

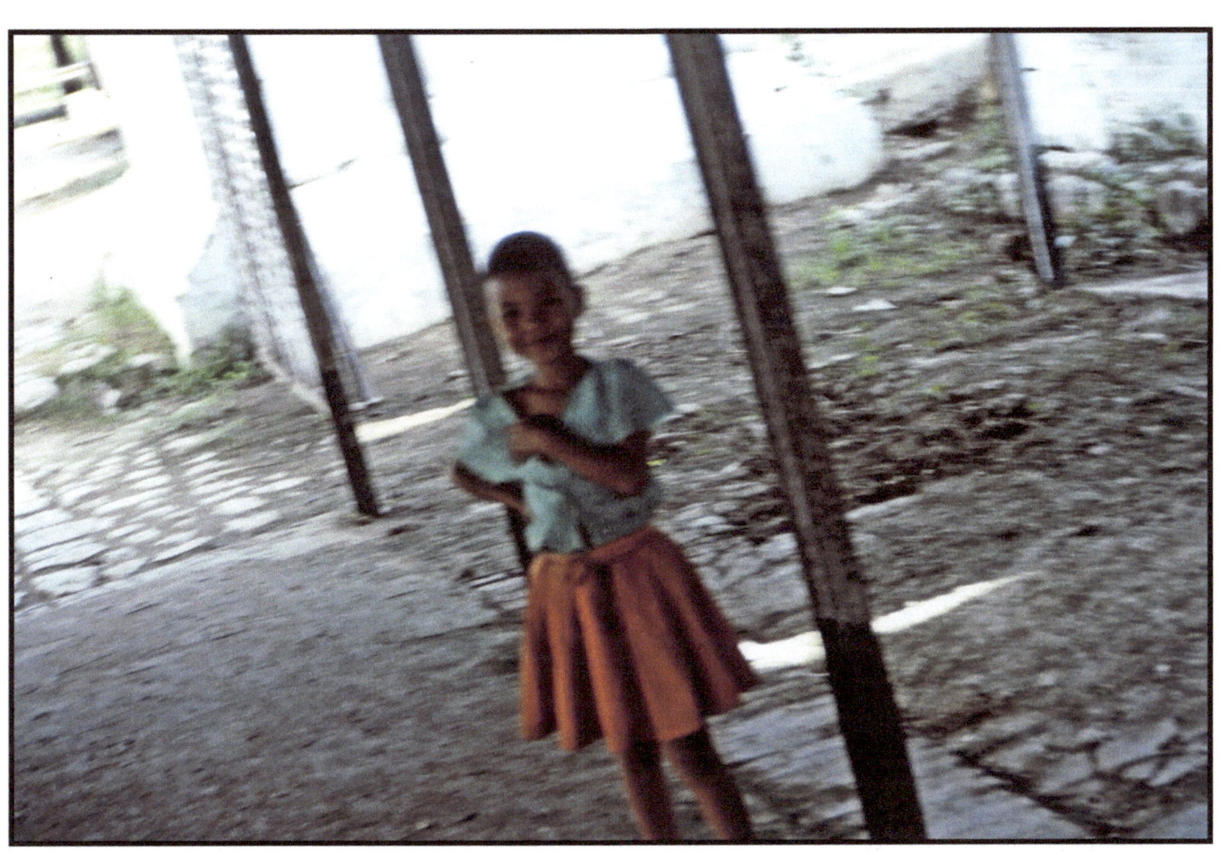

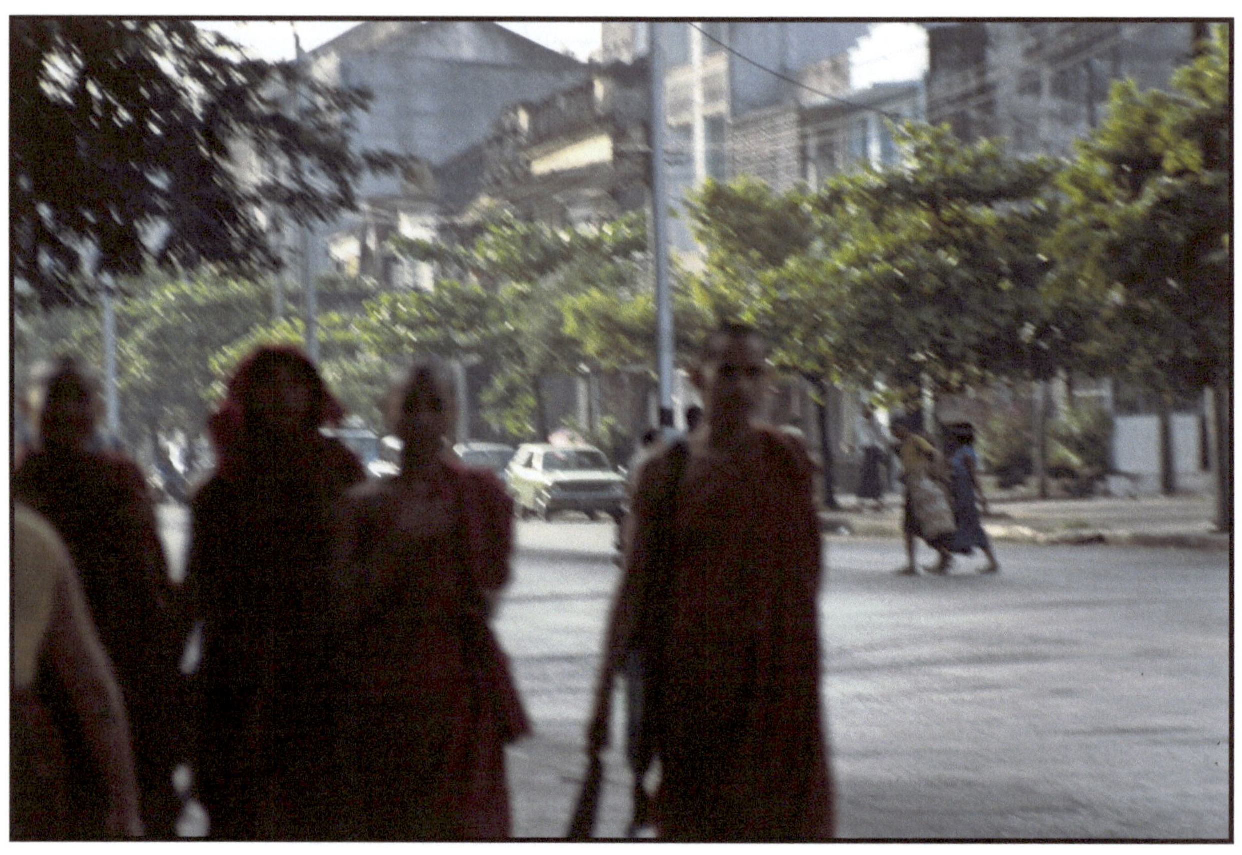

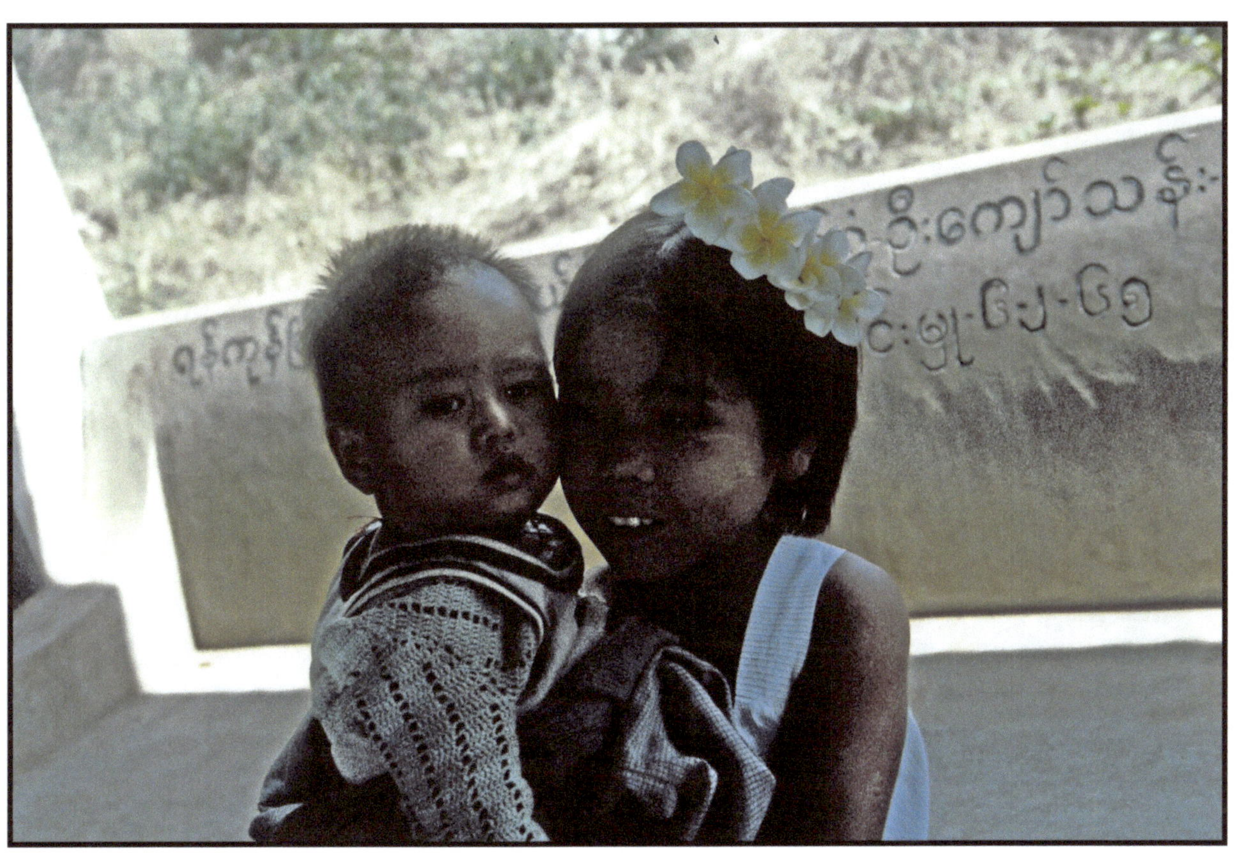
ရန်ကုန်
ဦးကျော်သန်း
မှု-၆၂-၆၅

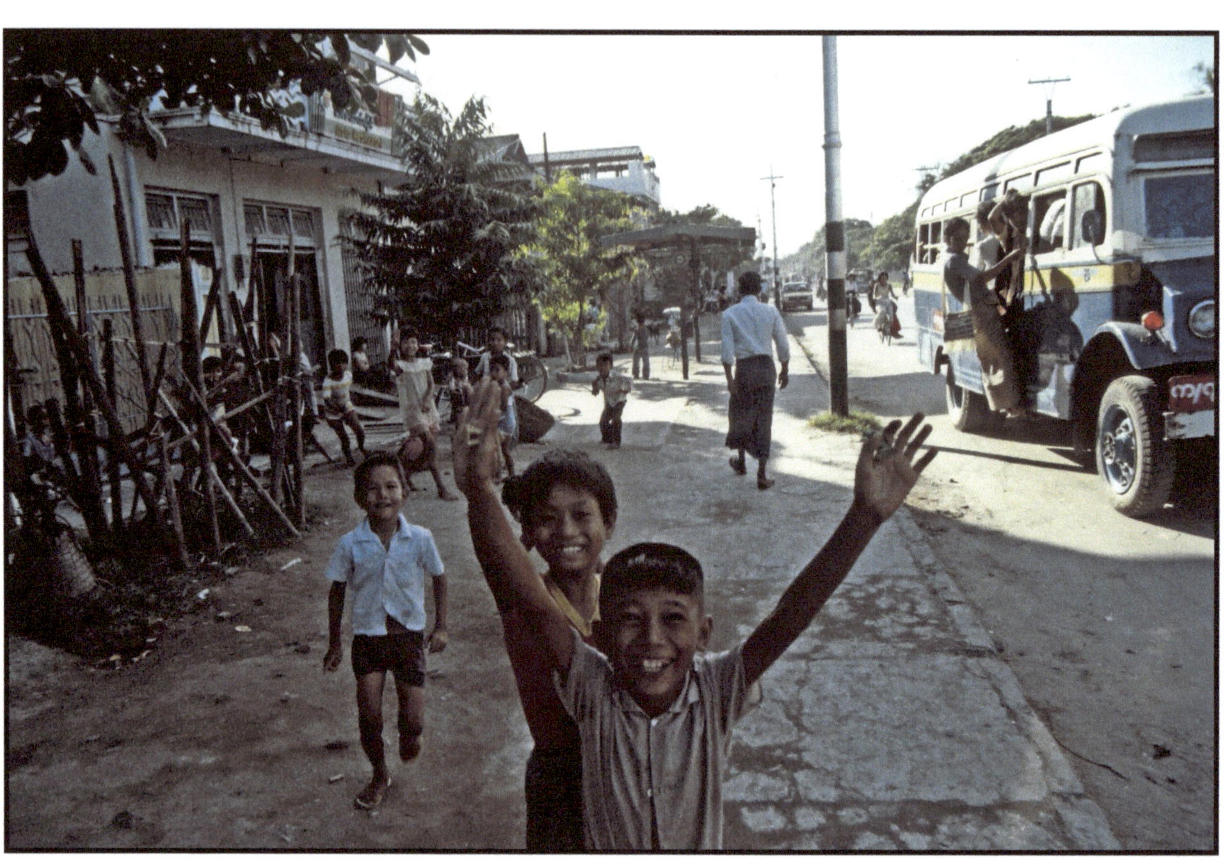

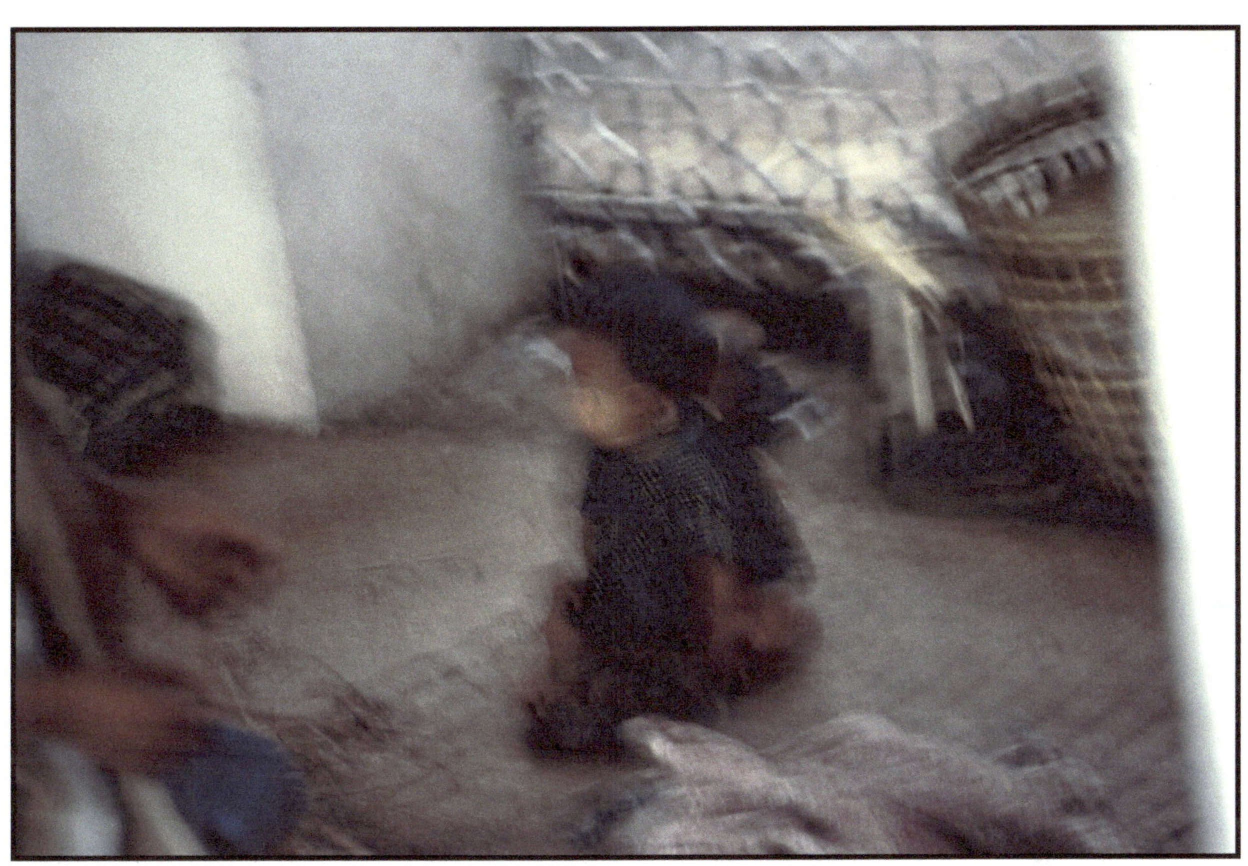

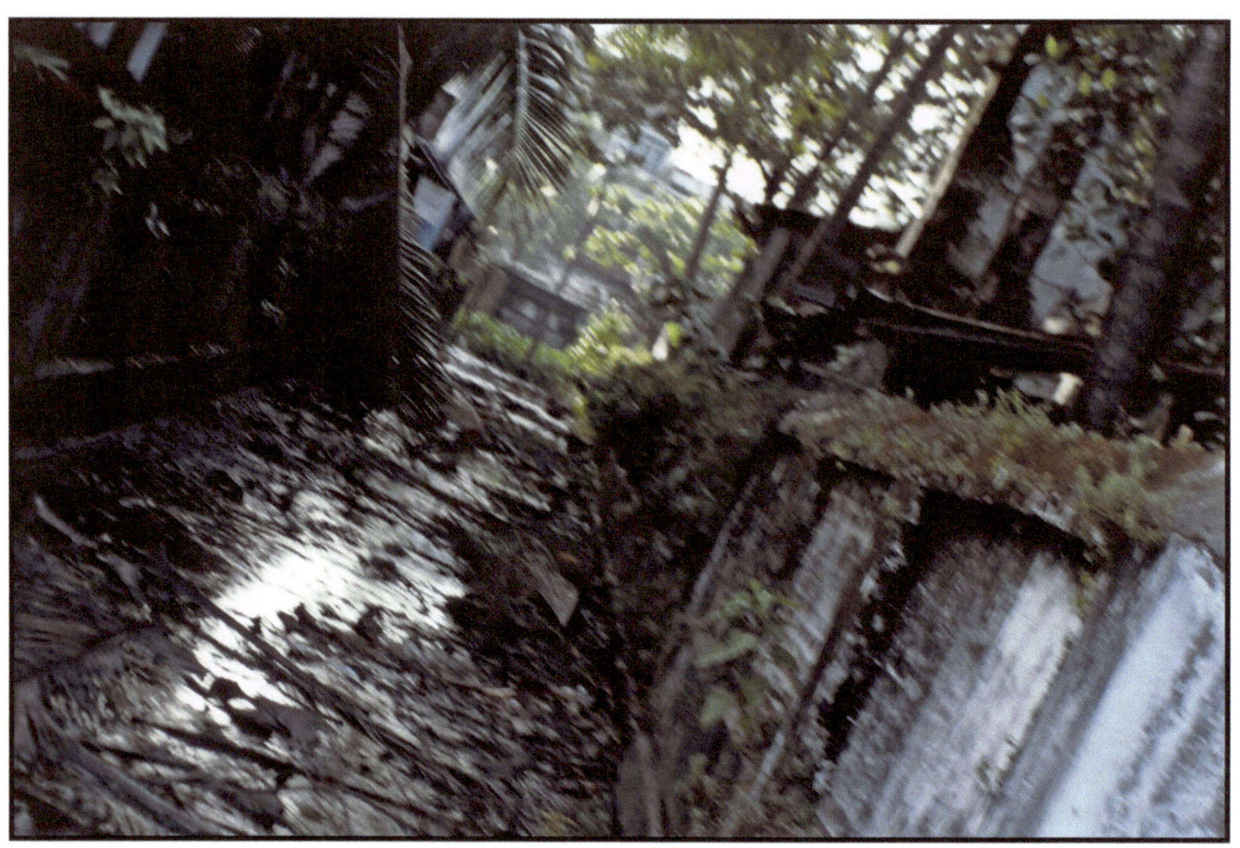

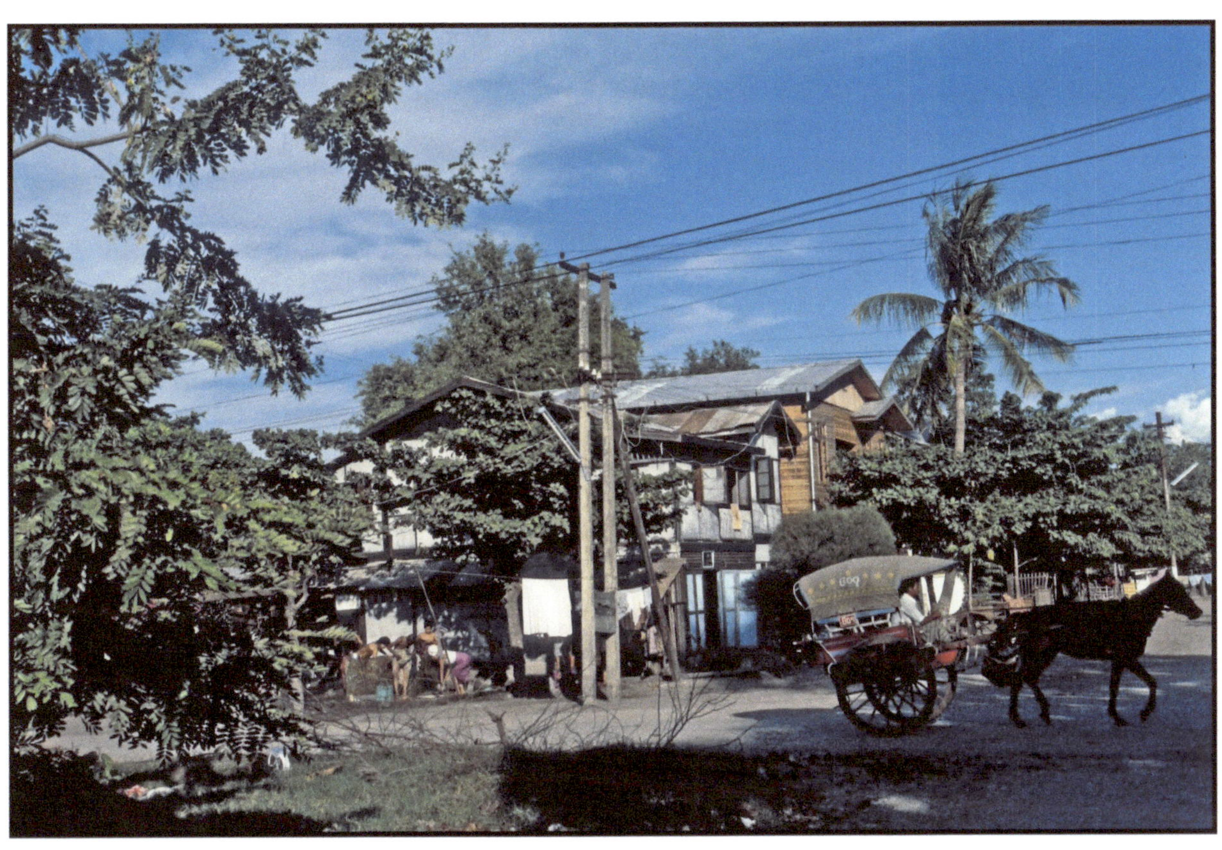

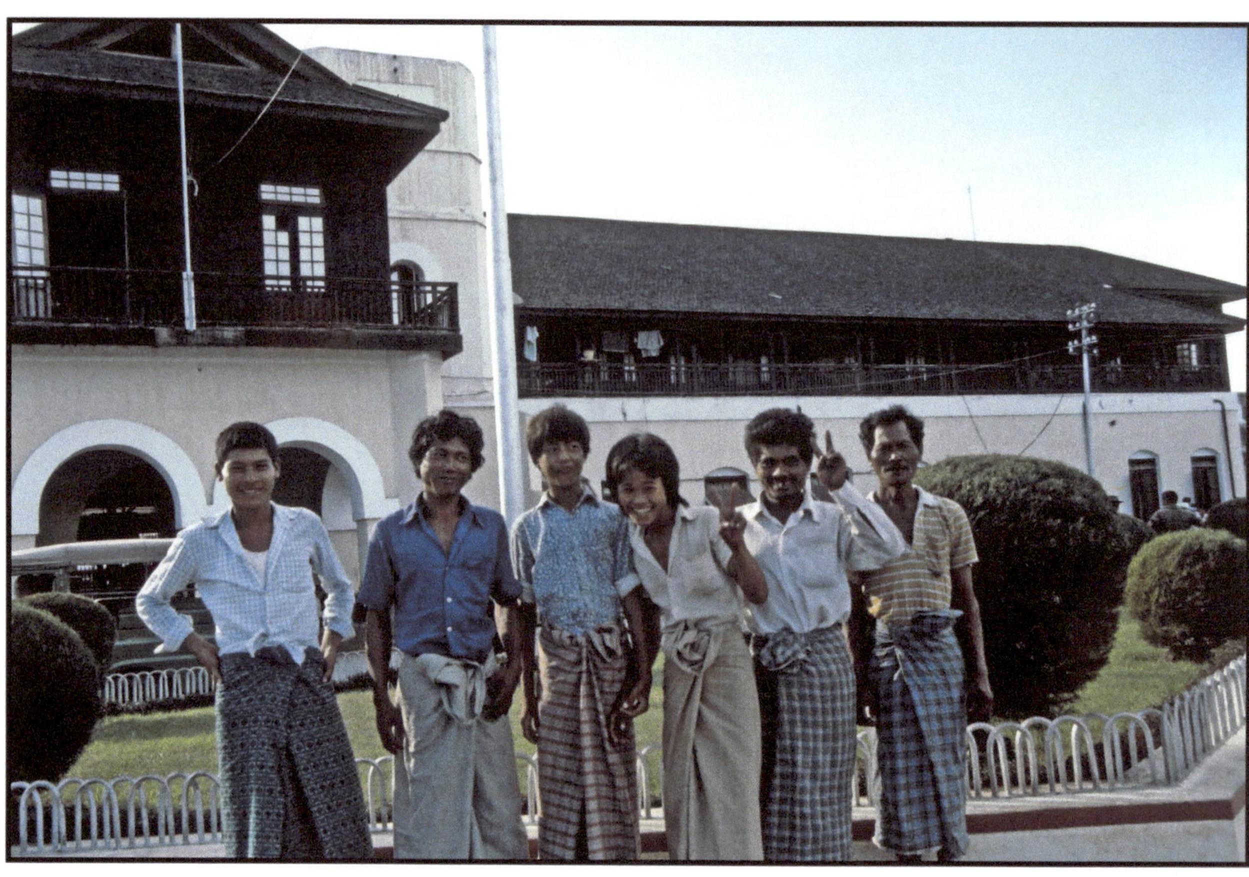

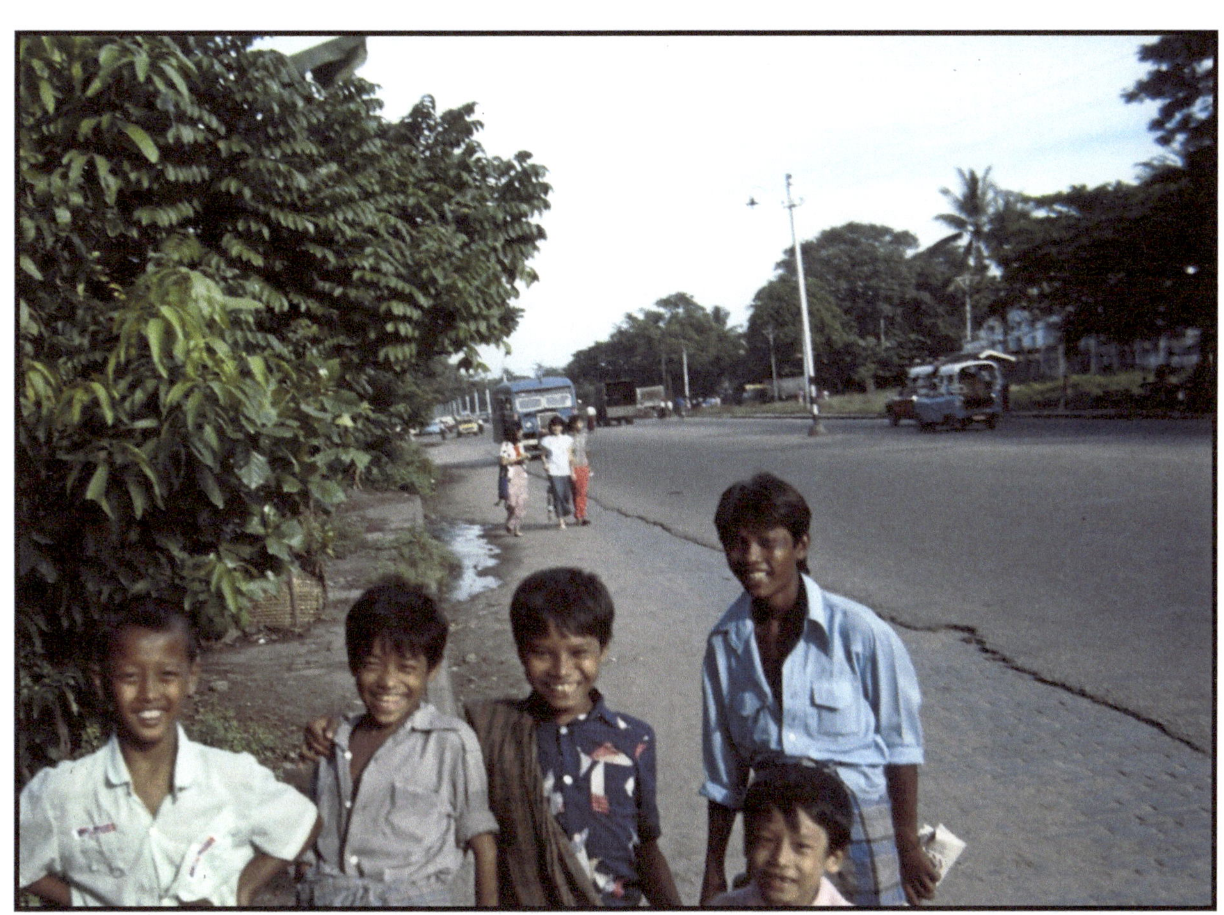

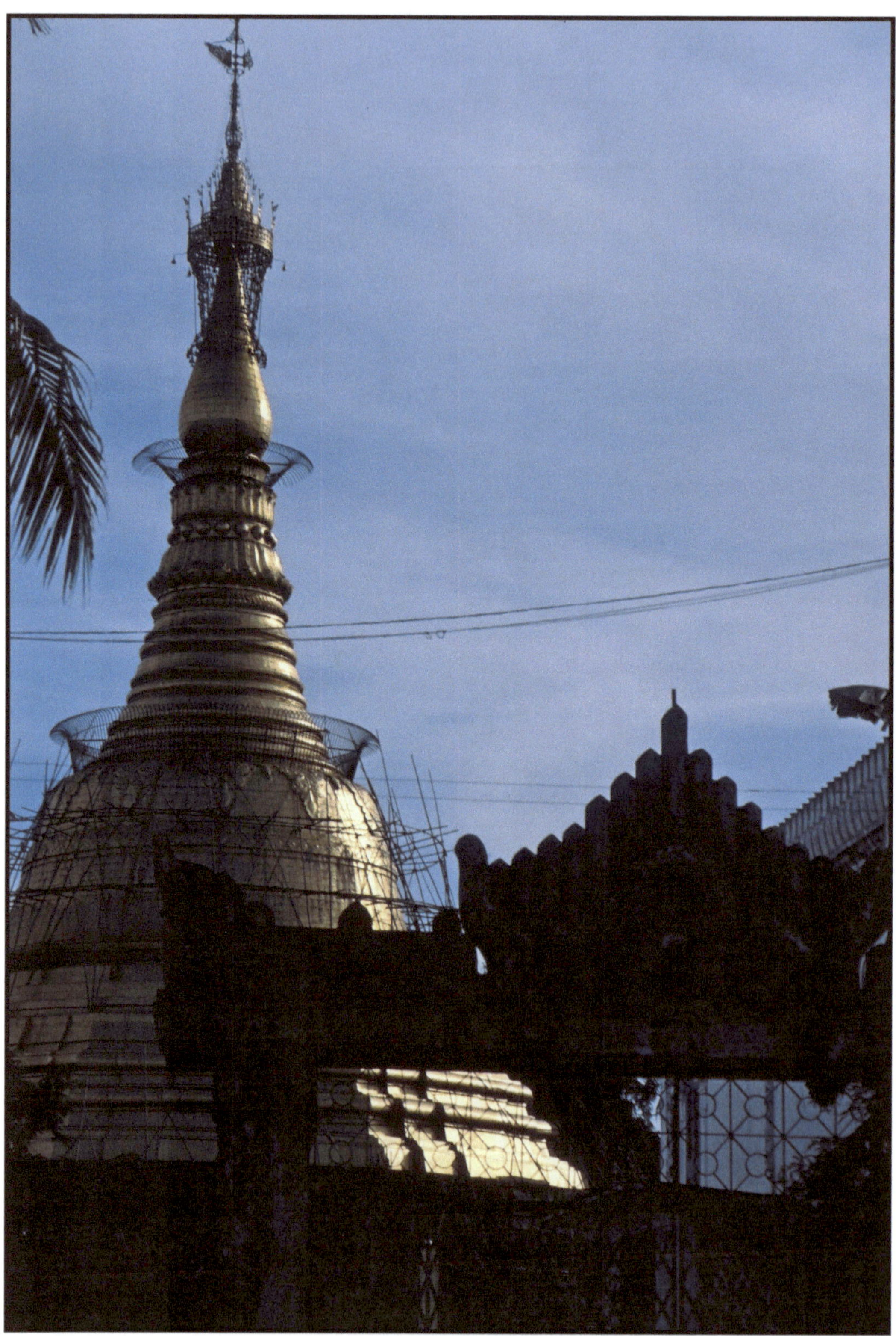

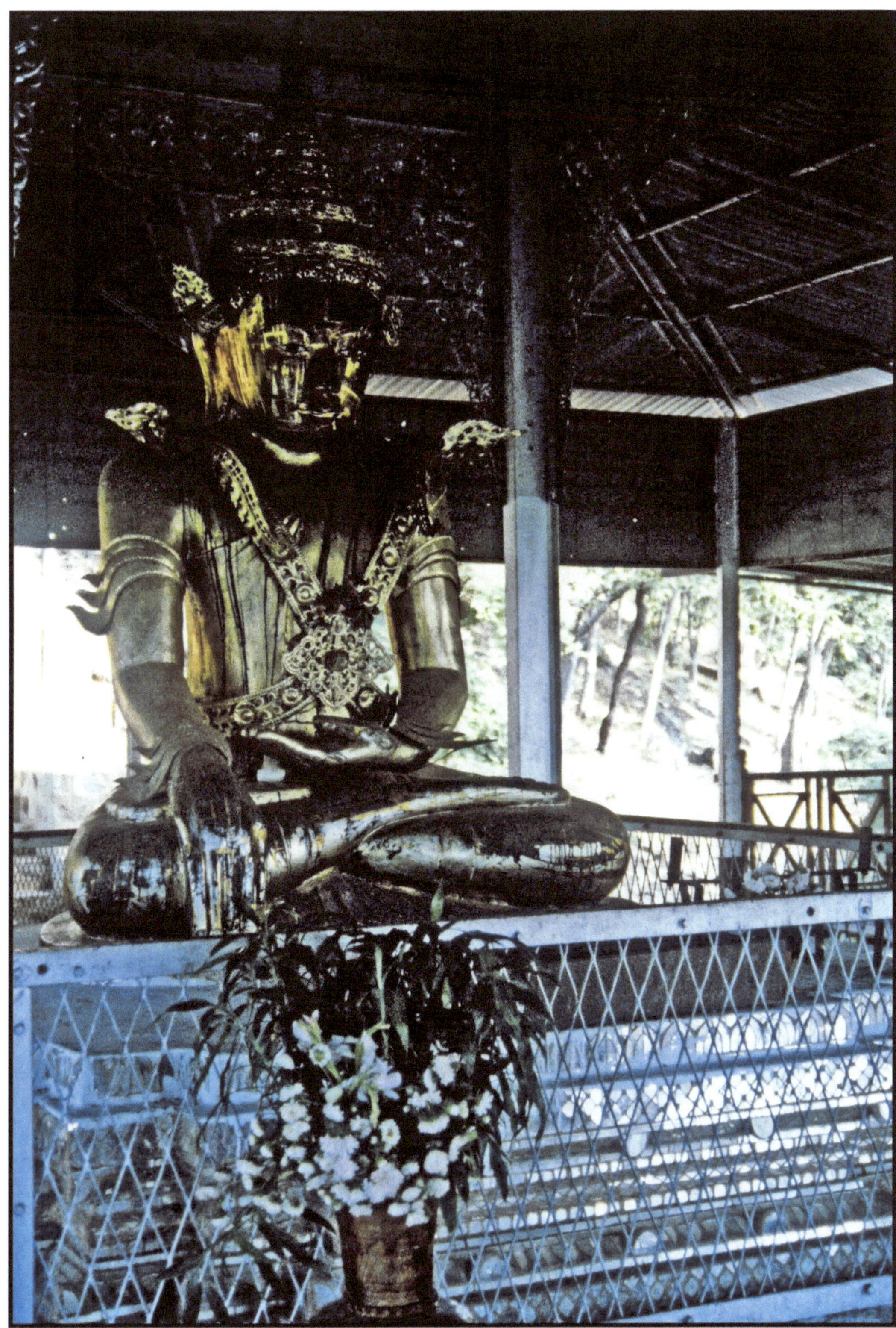

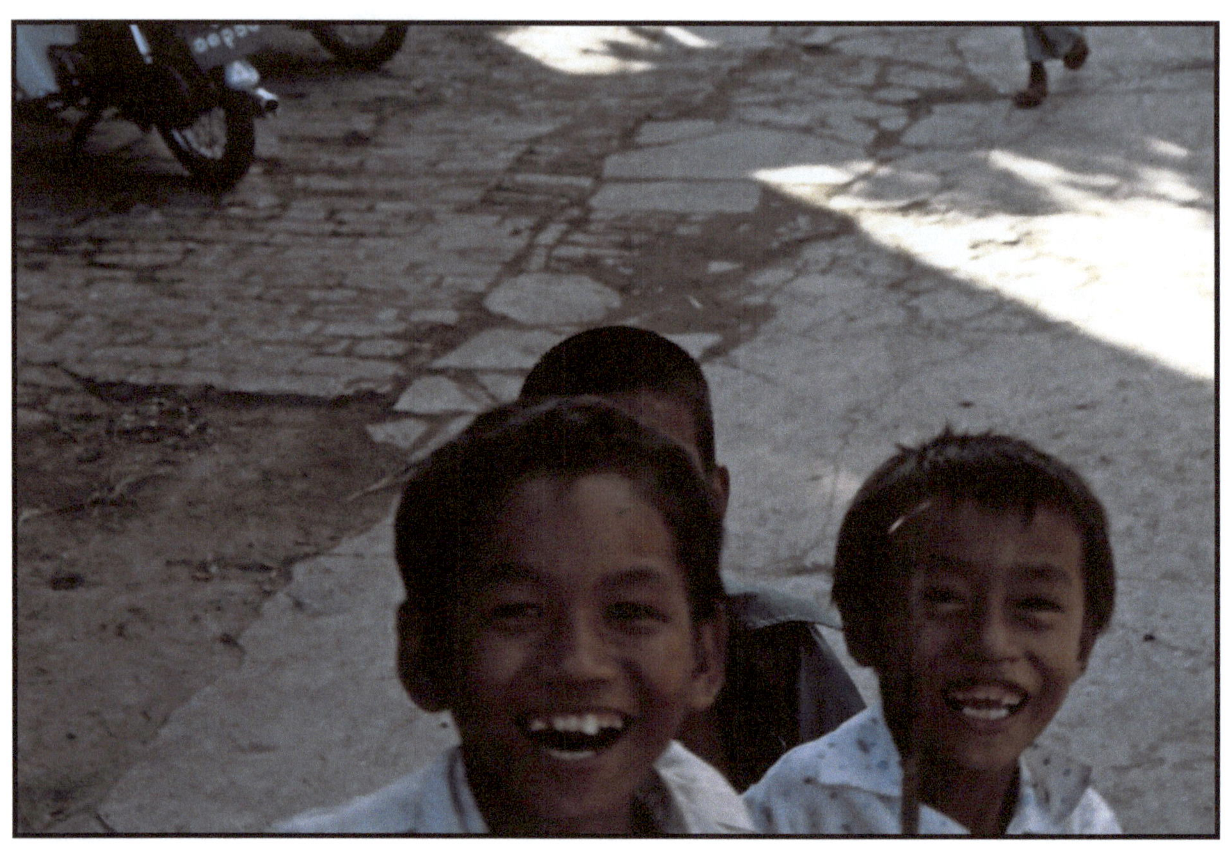

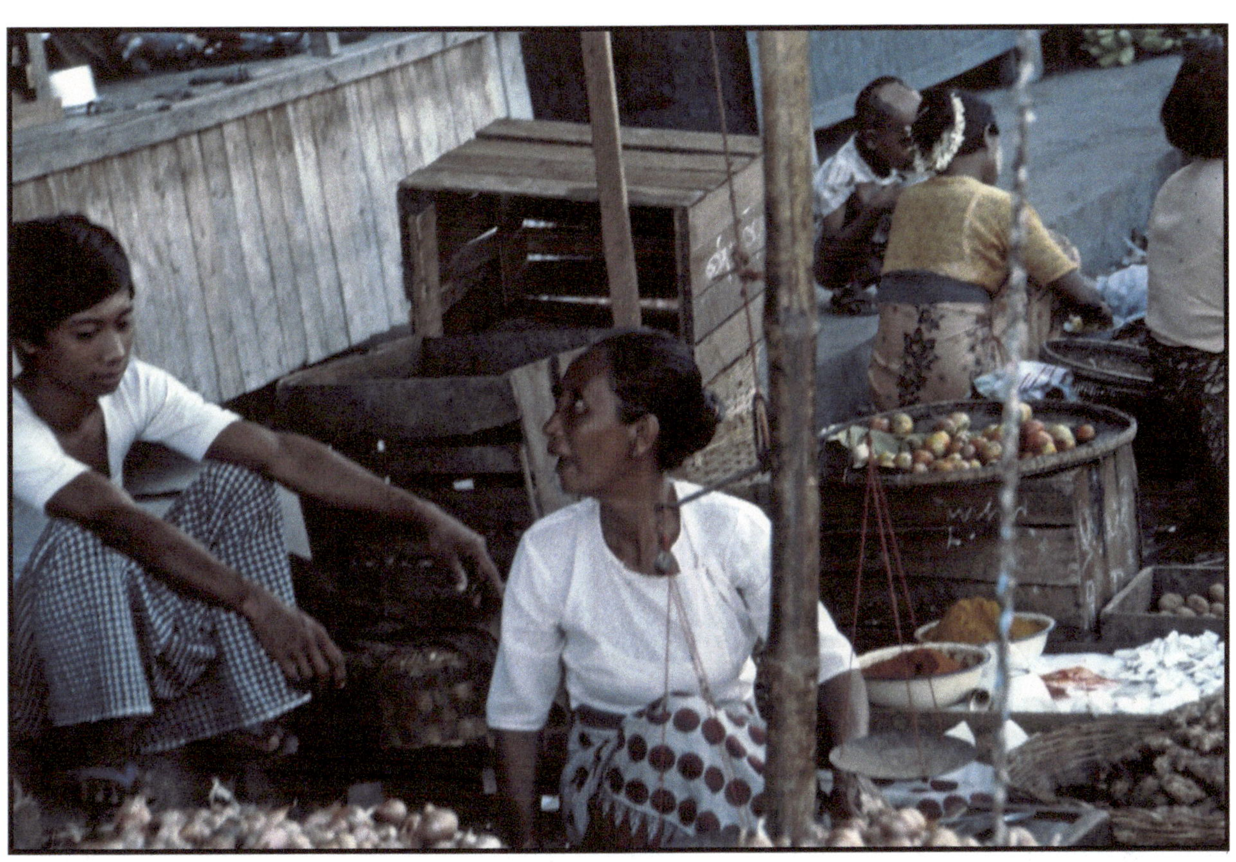

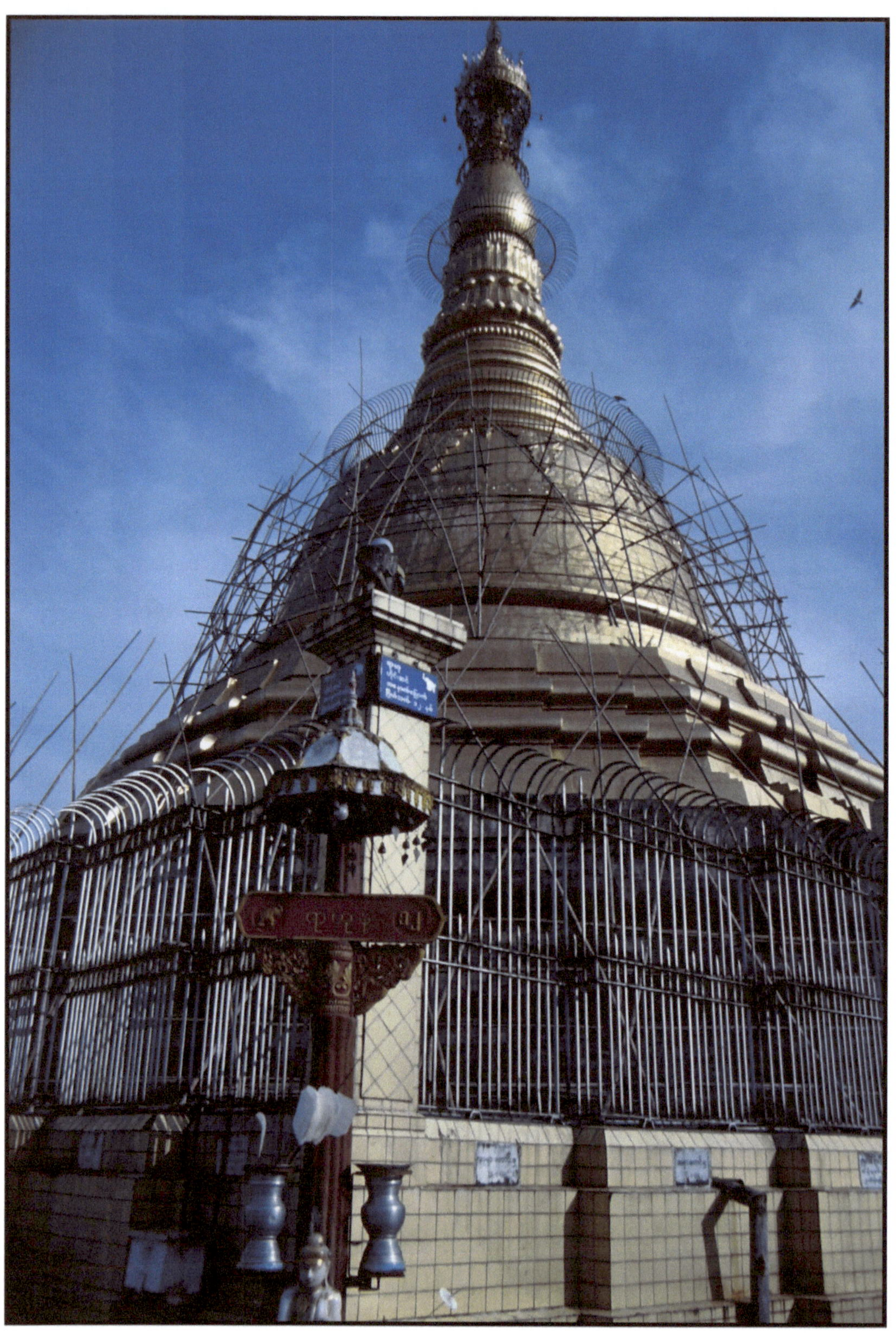

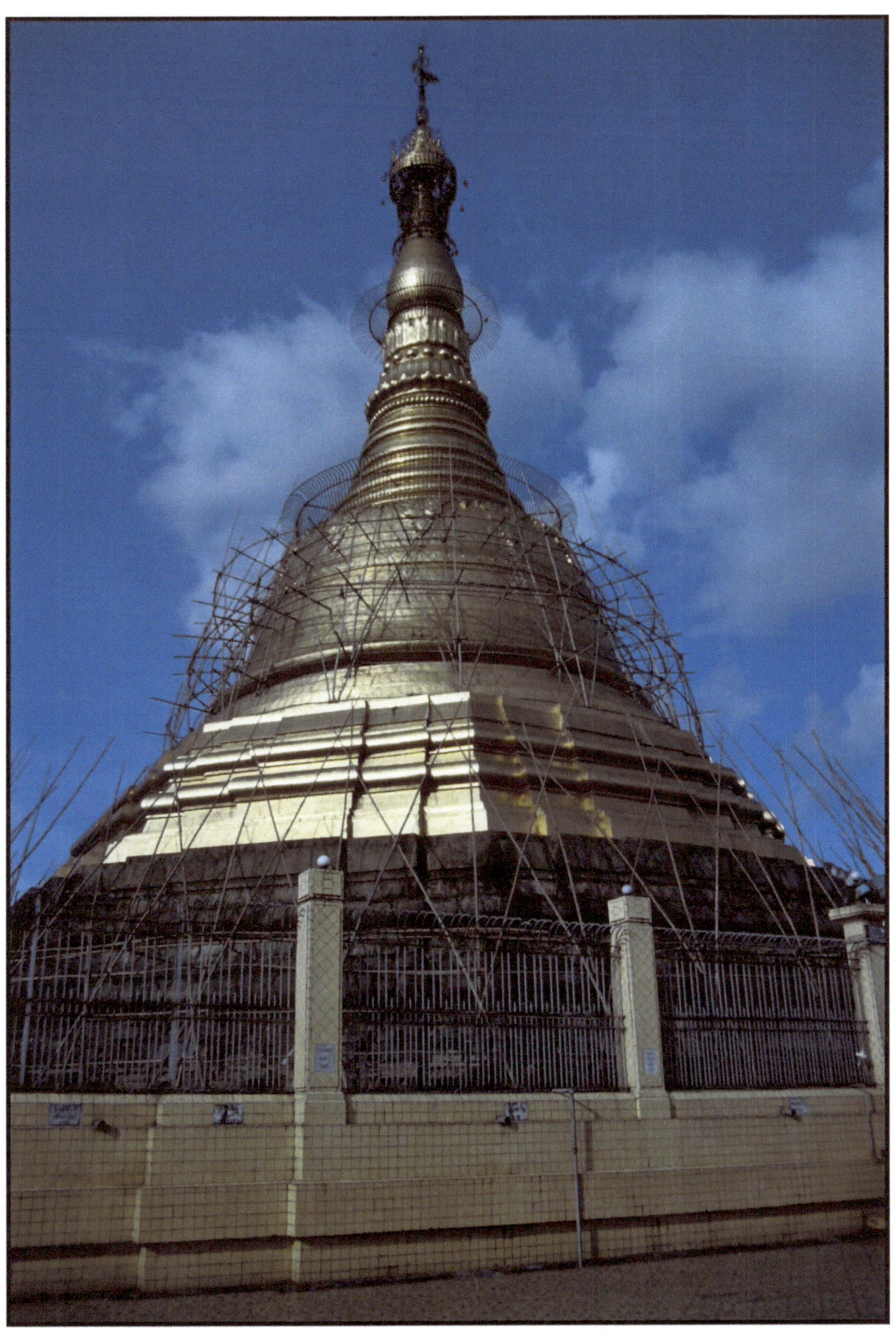

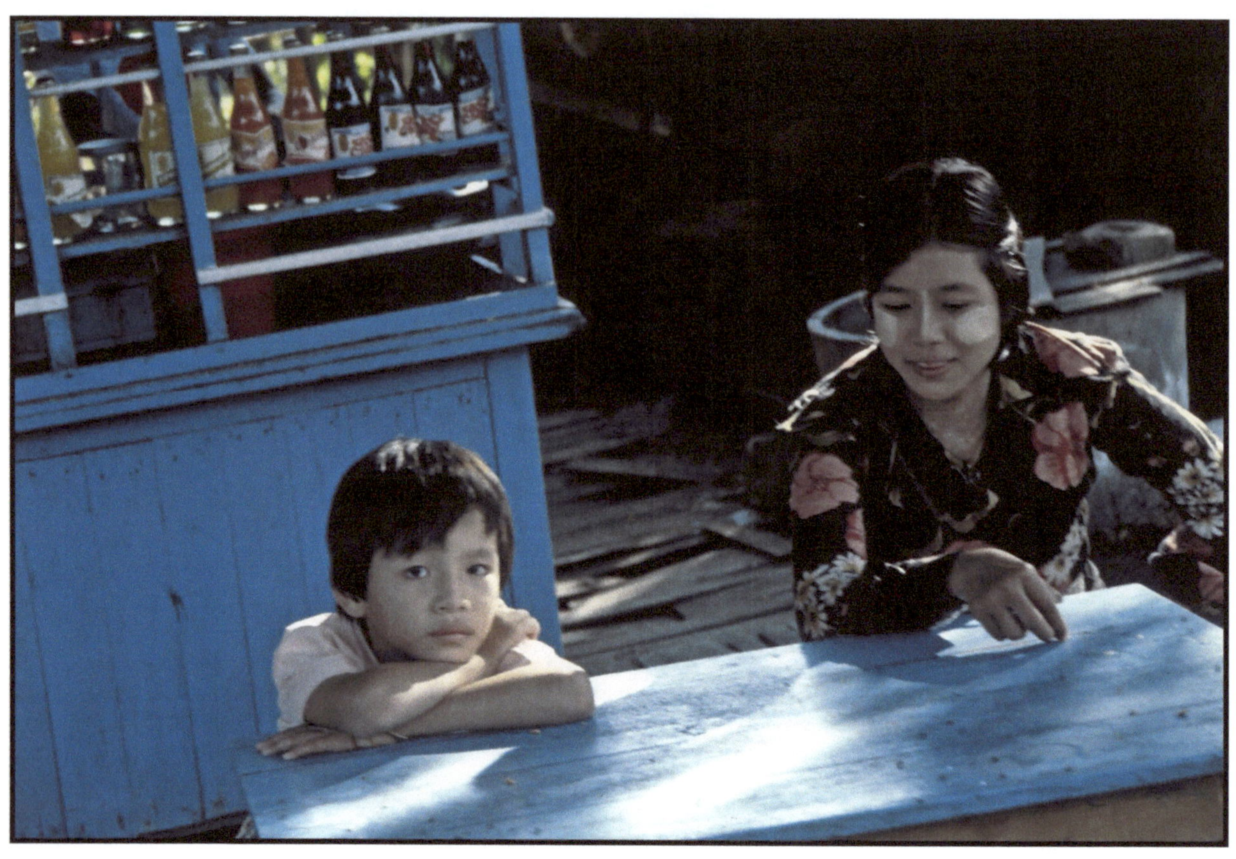

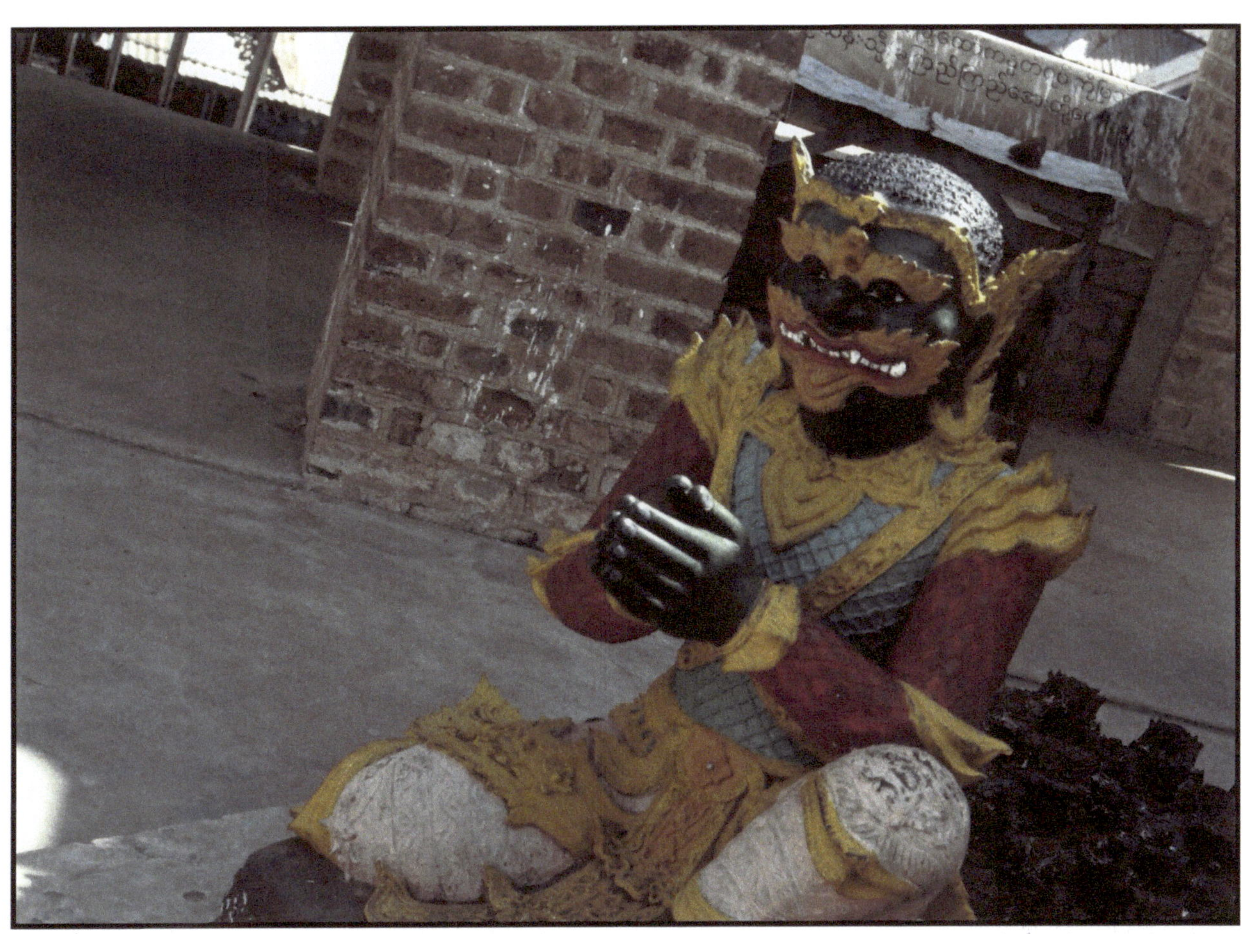

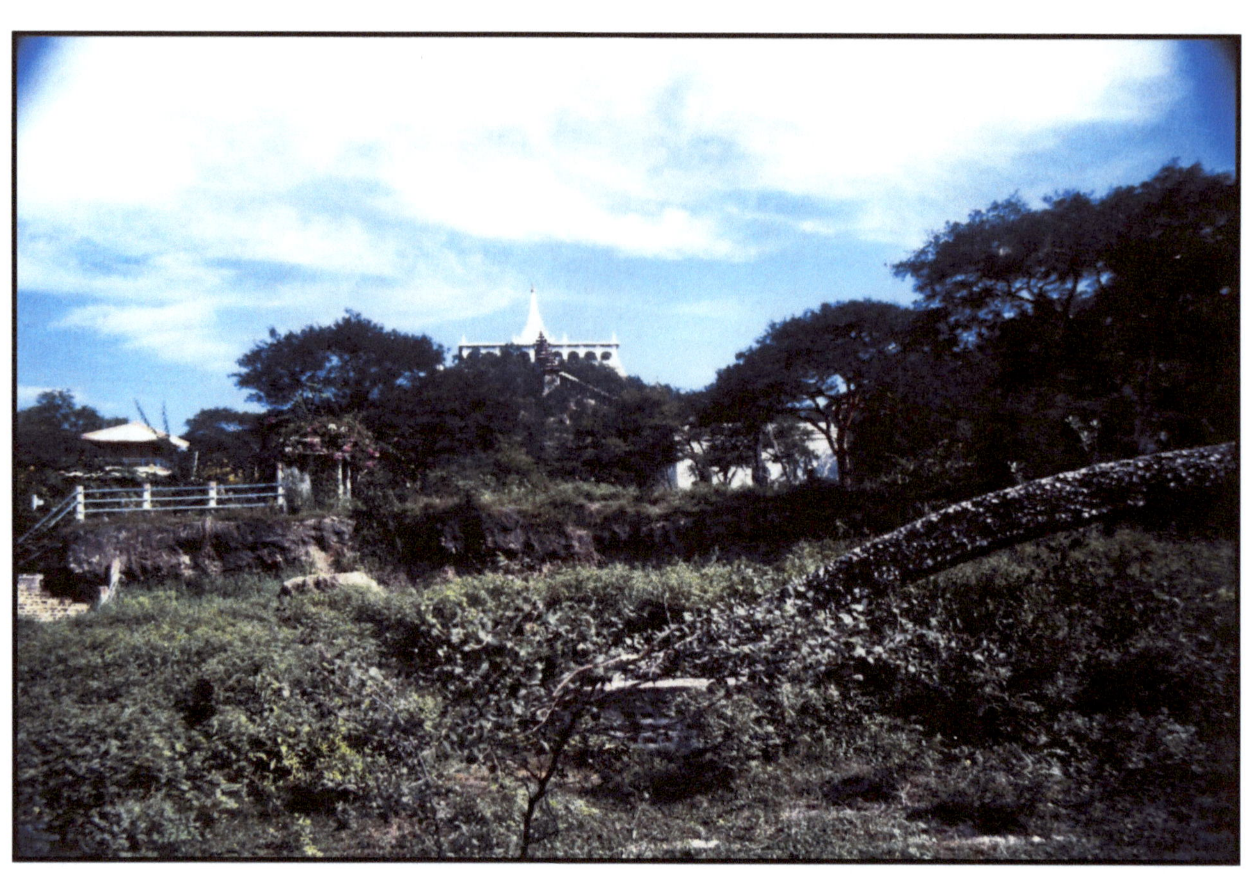

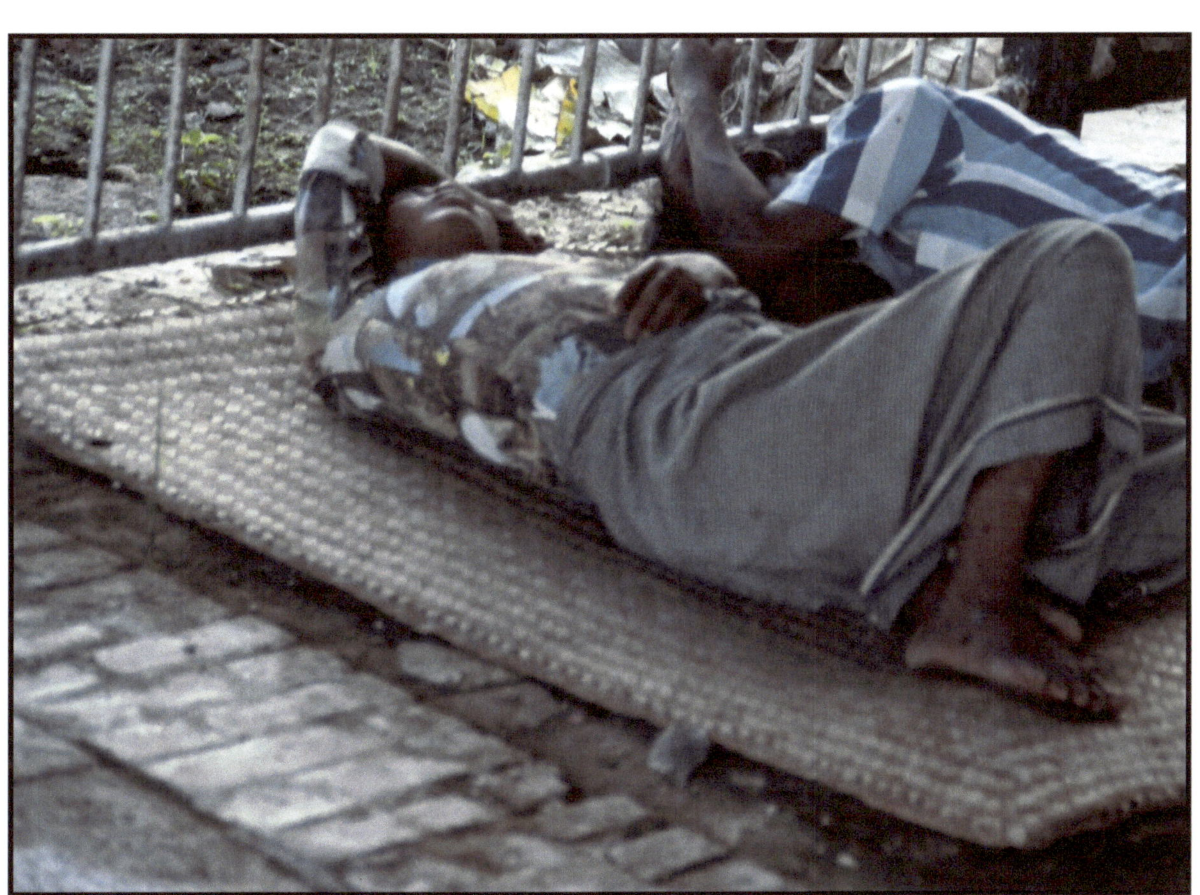

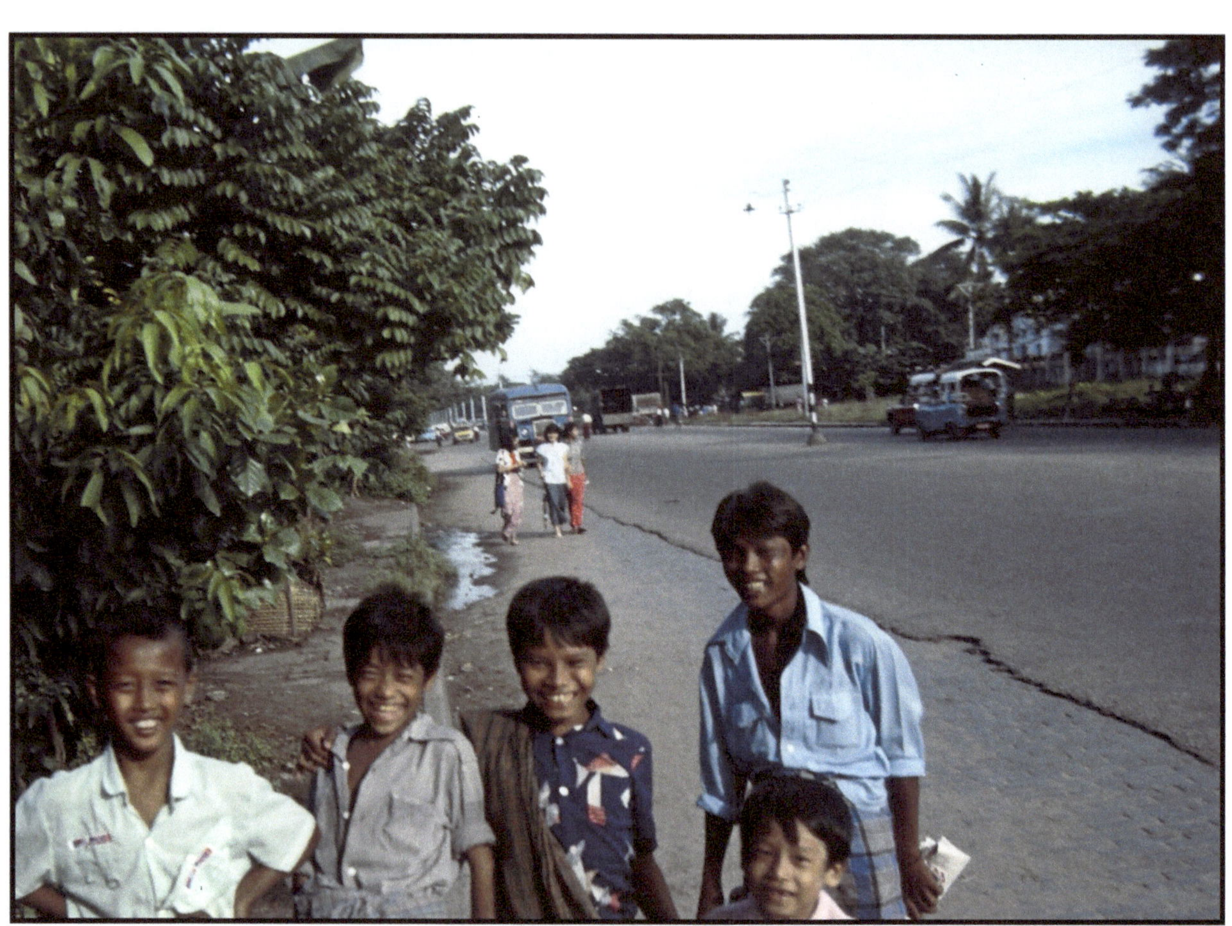

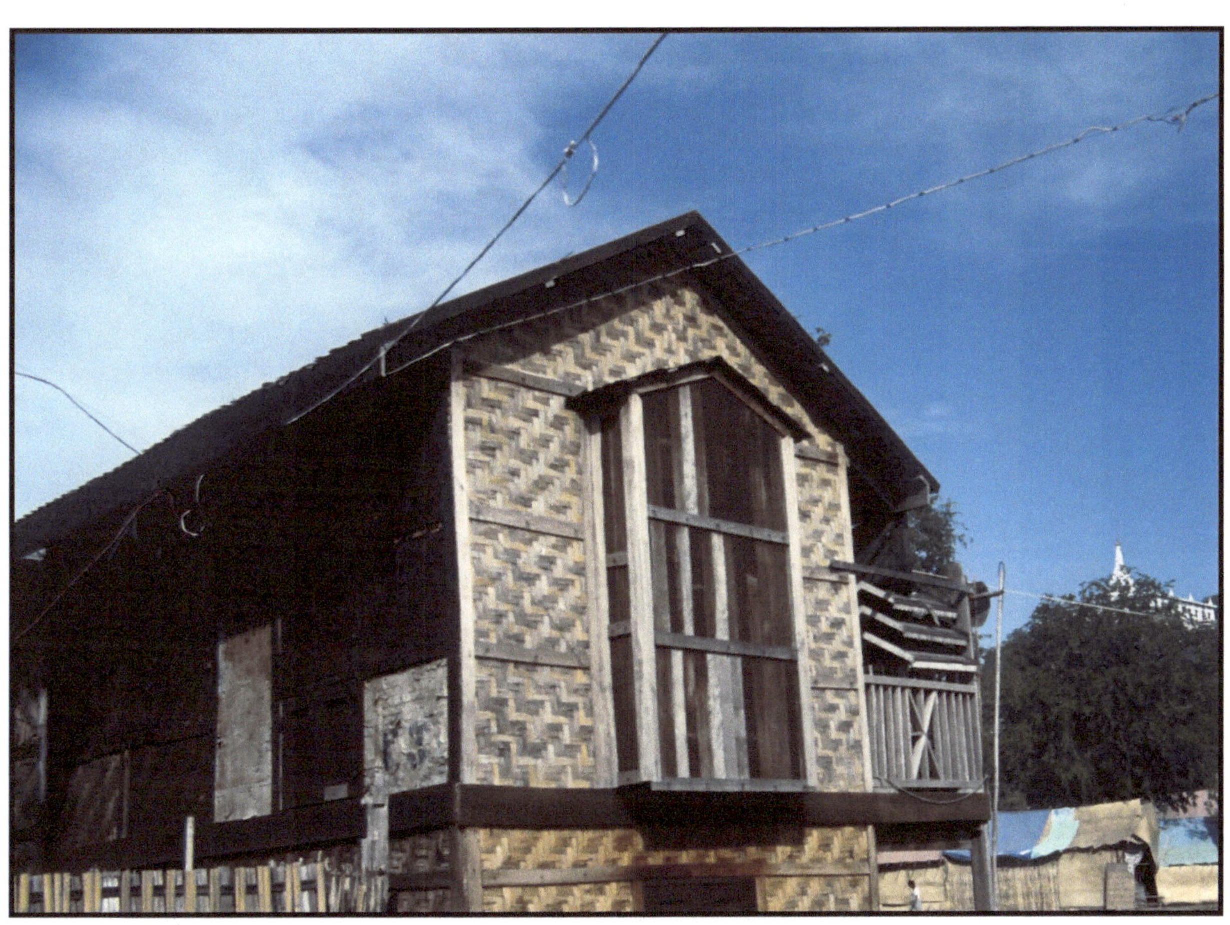

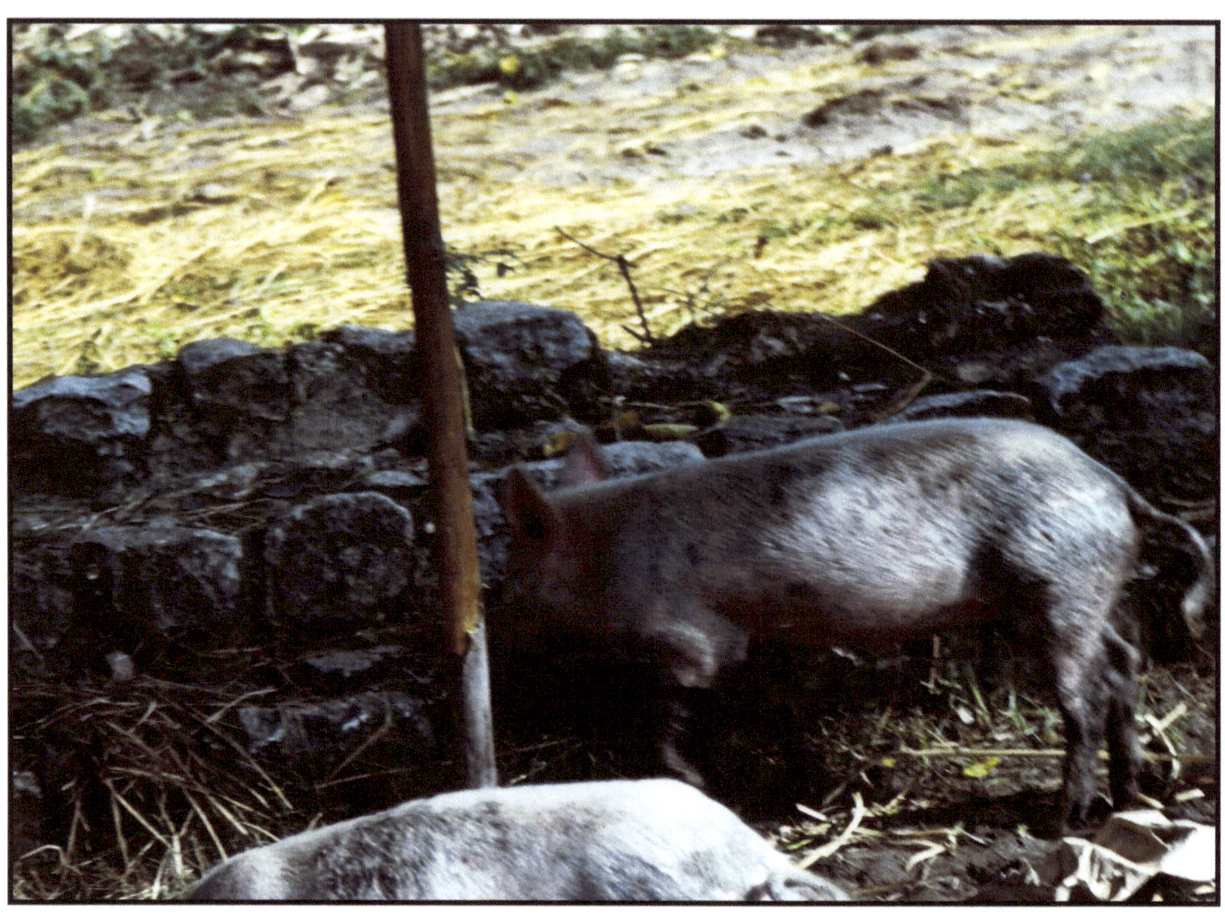

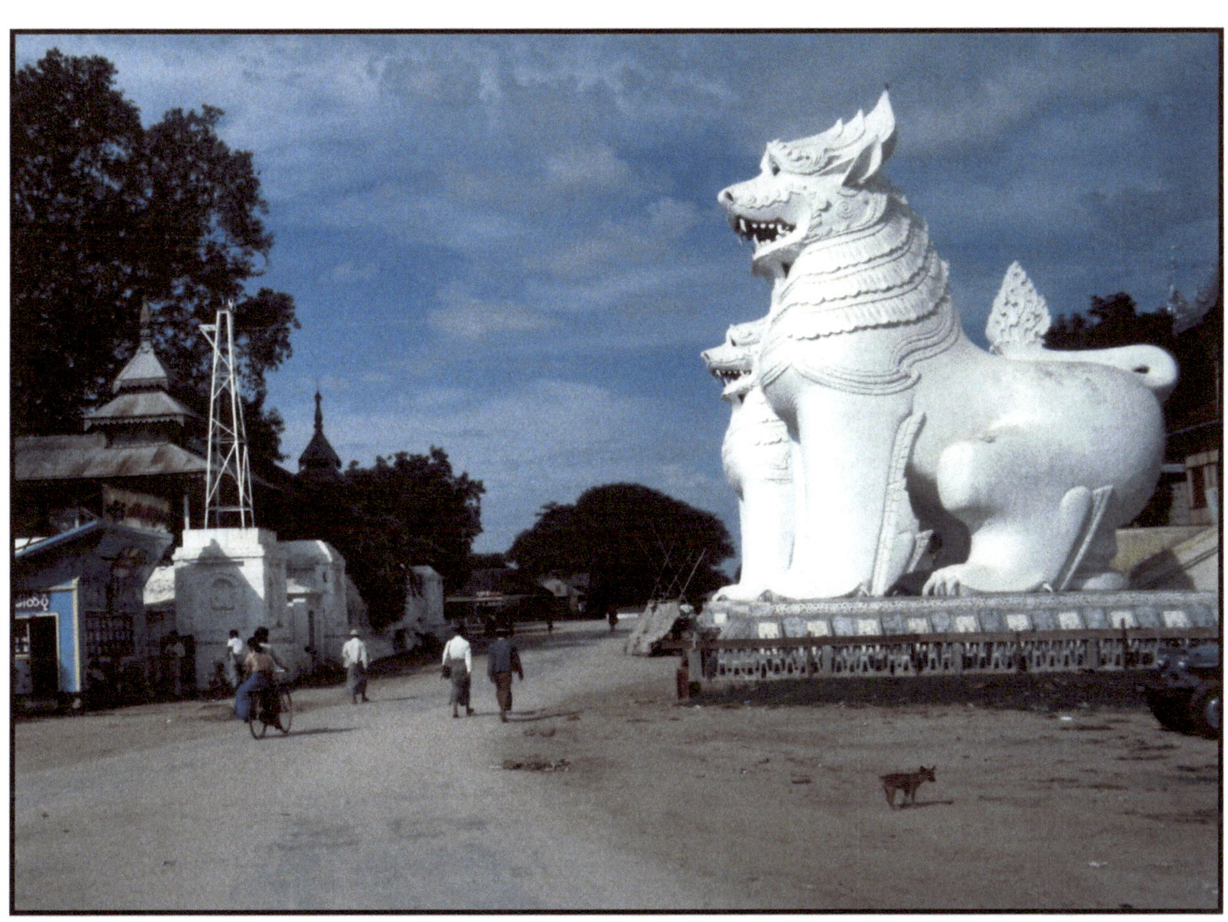

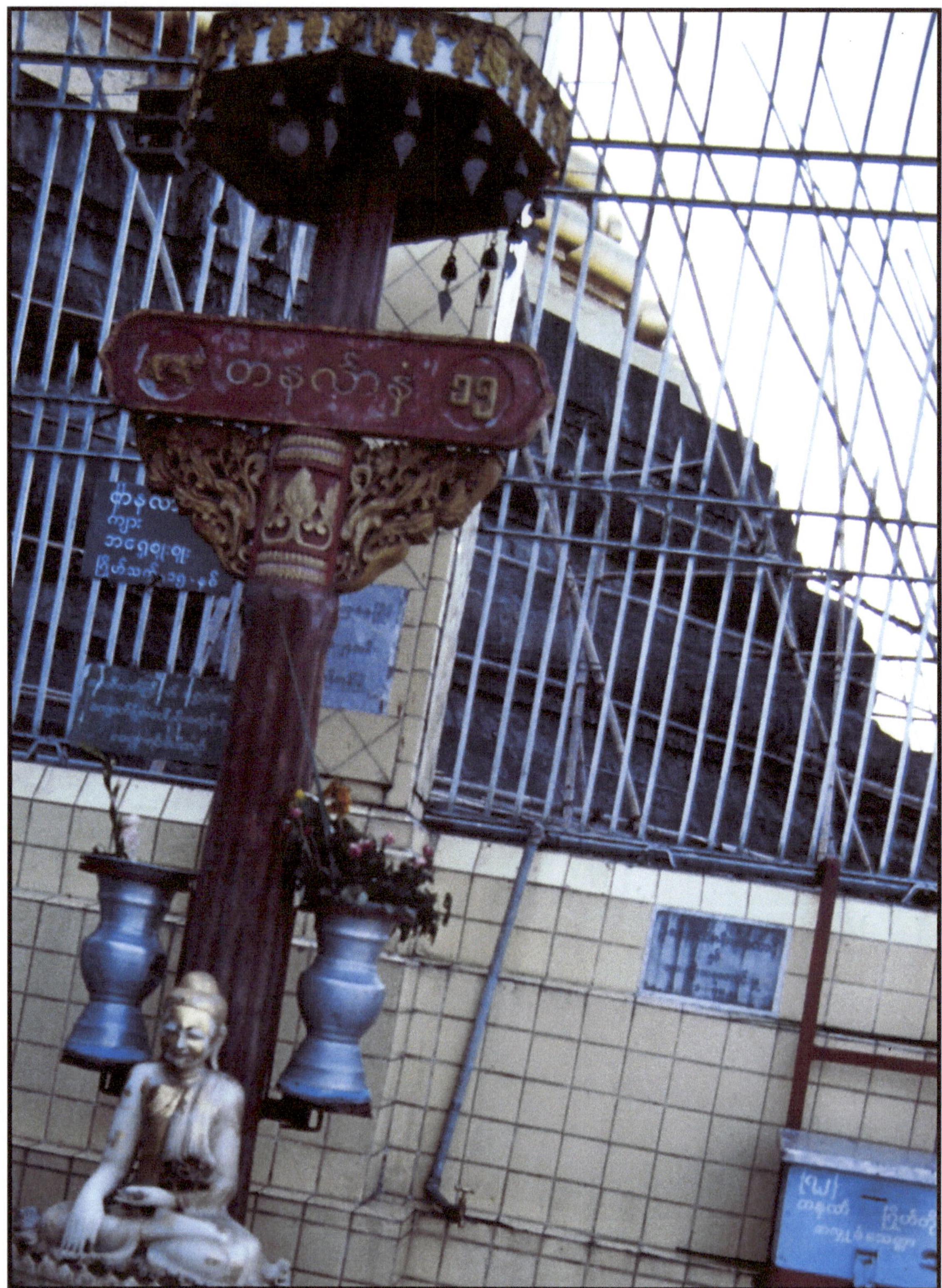

တနင်္လာနံ

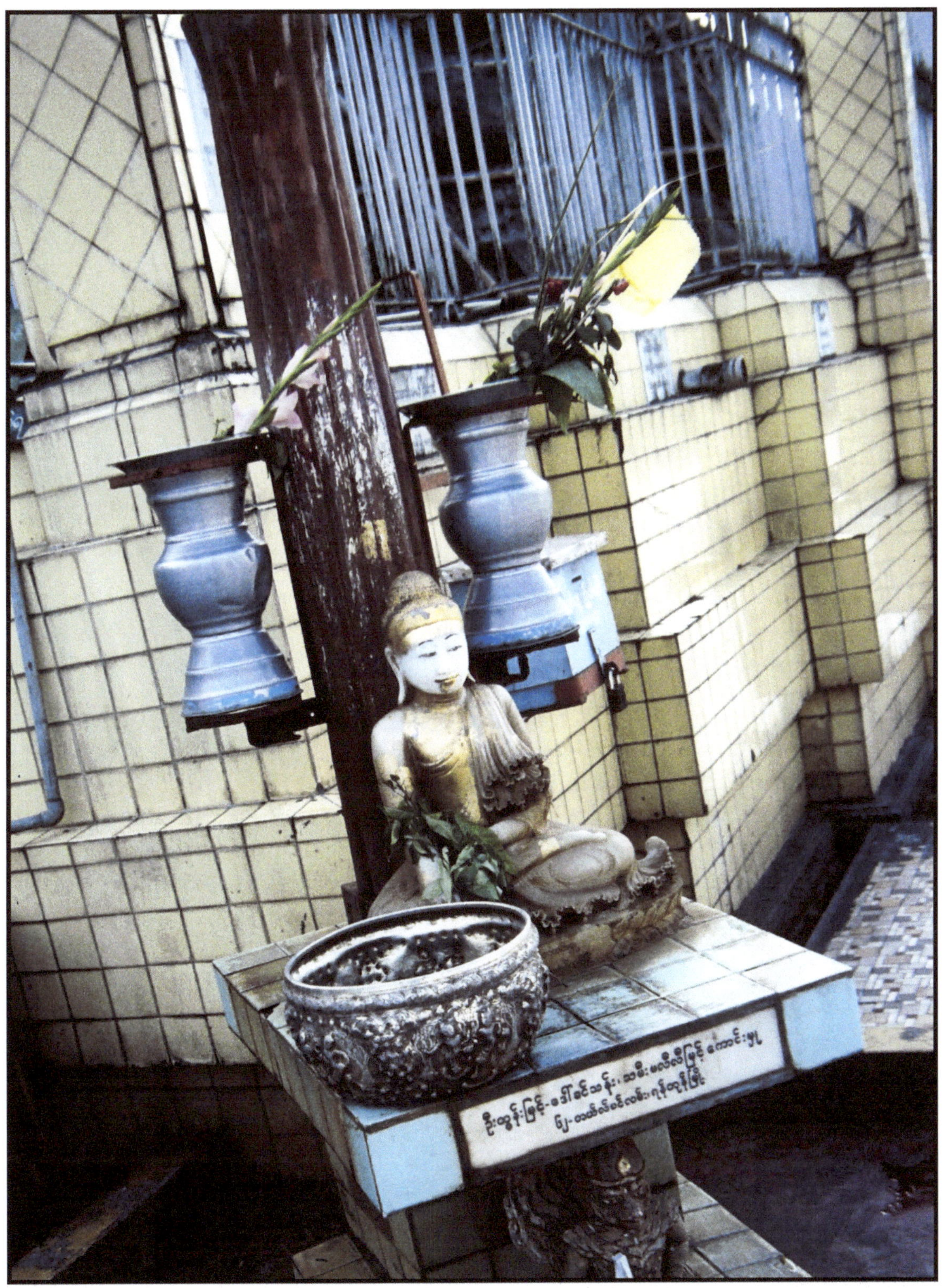
ဦးထွန်းမြင့်-ဒေါ်ခင်သန်း၊ သမီး မလီလီမြင့် ကောင်းမှု

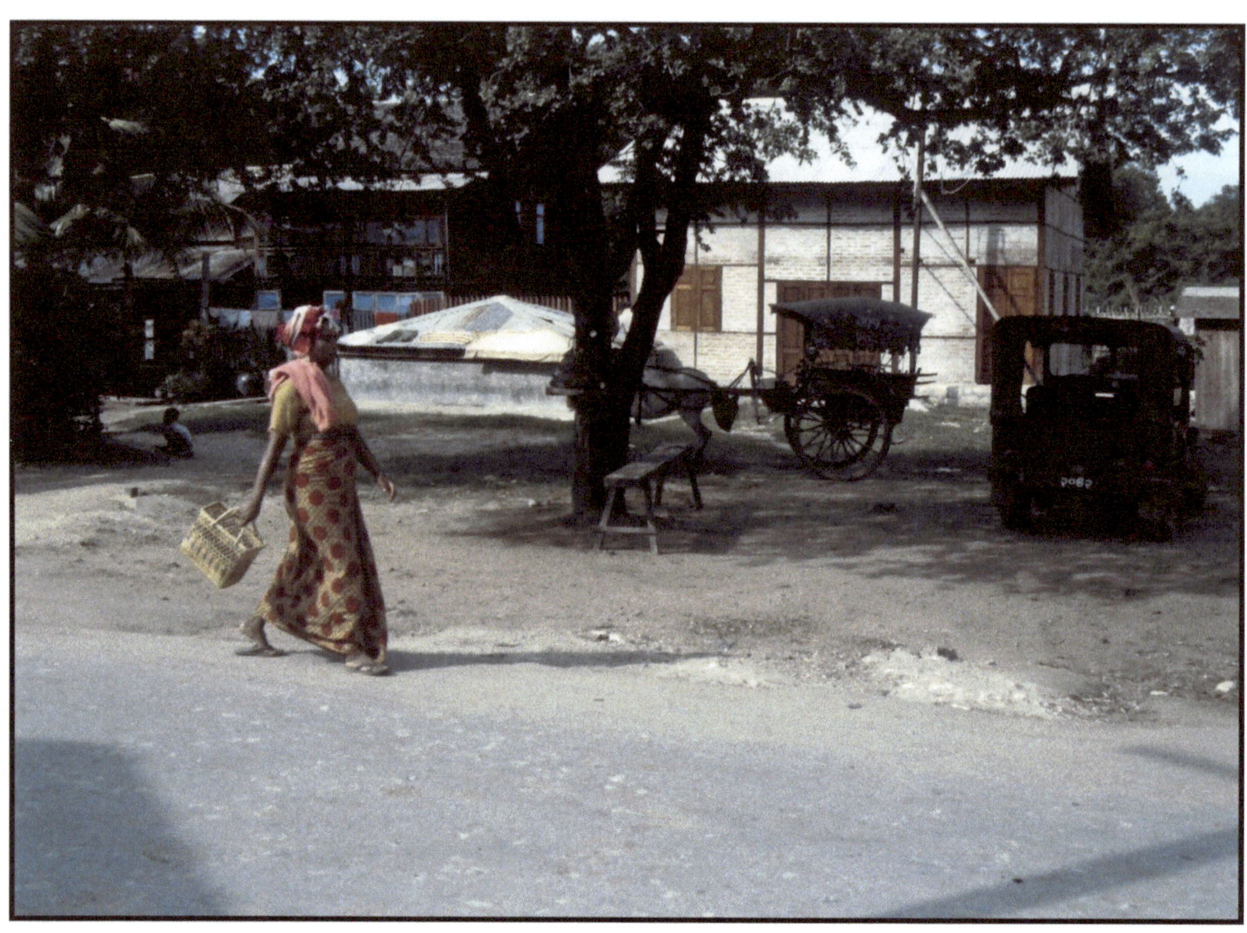

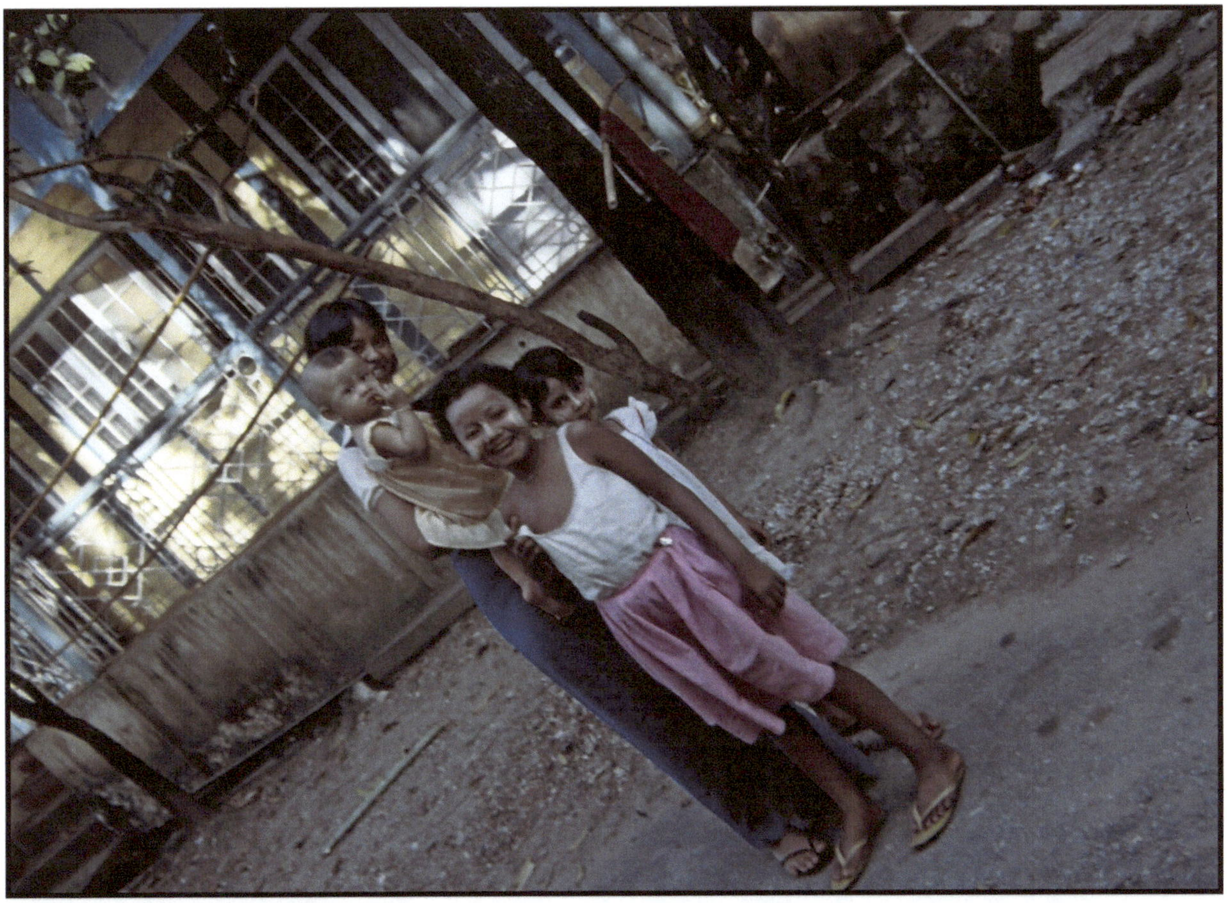

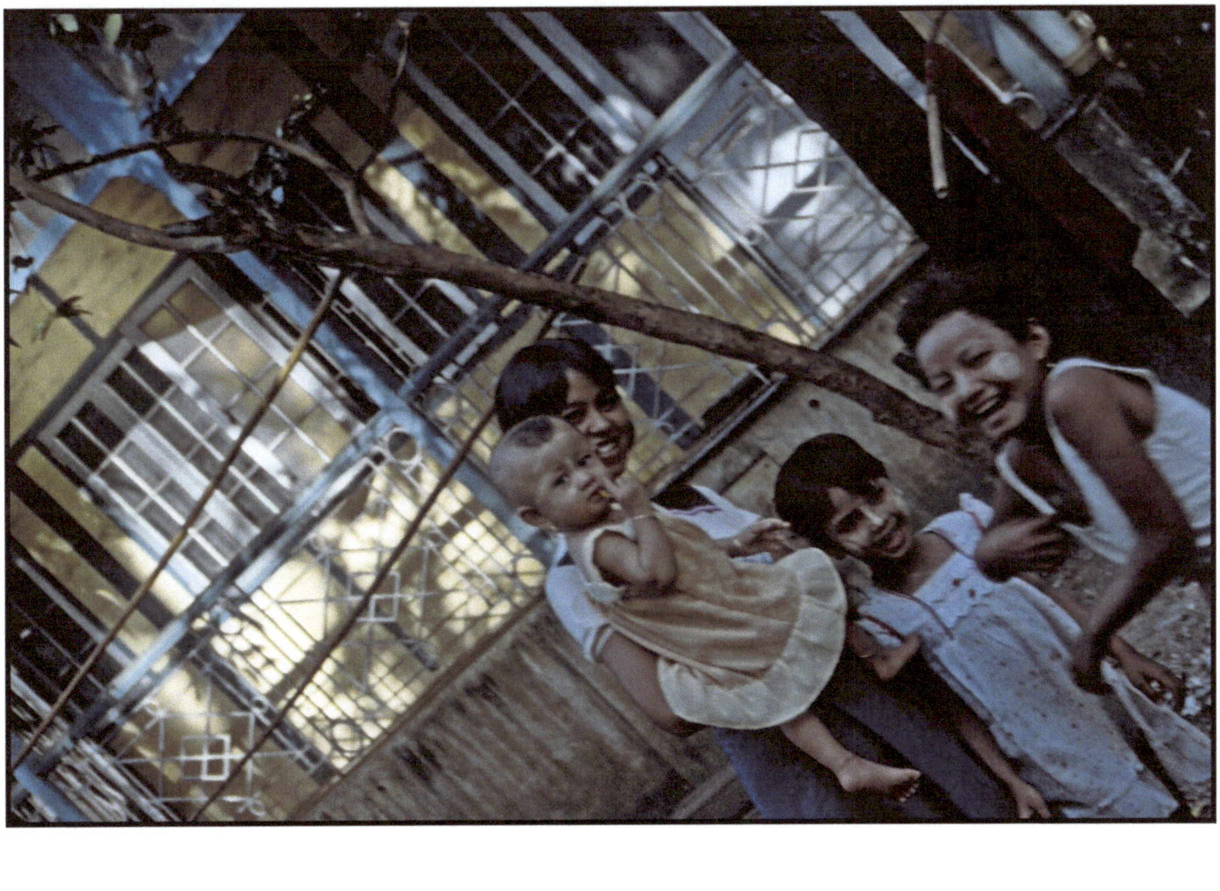

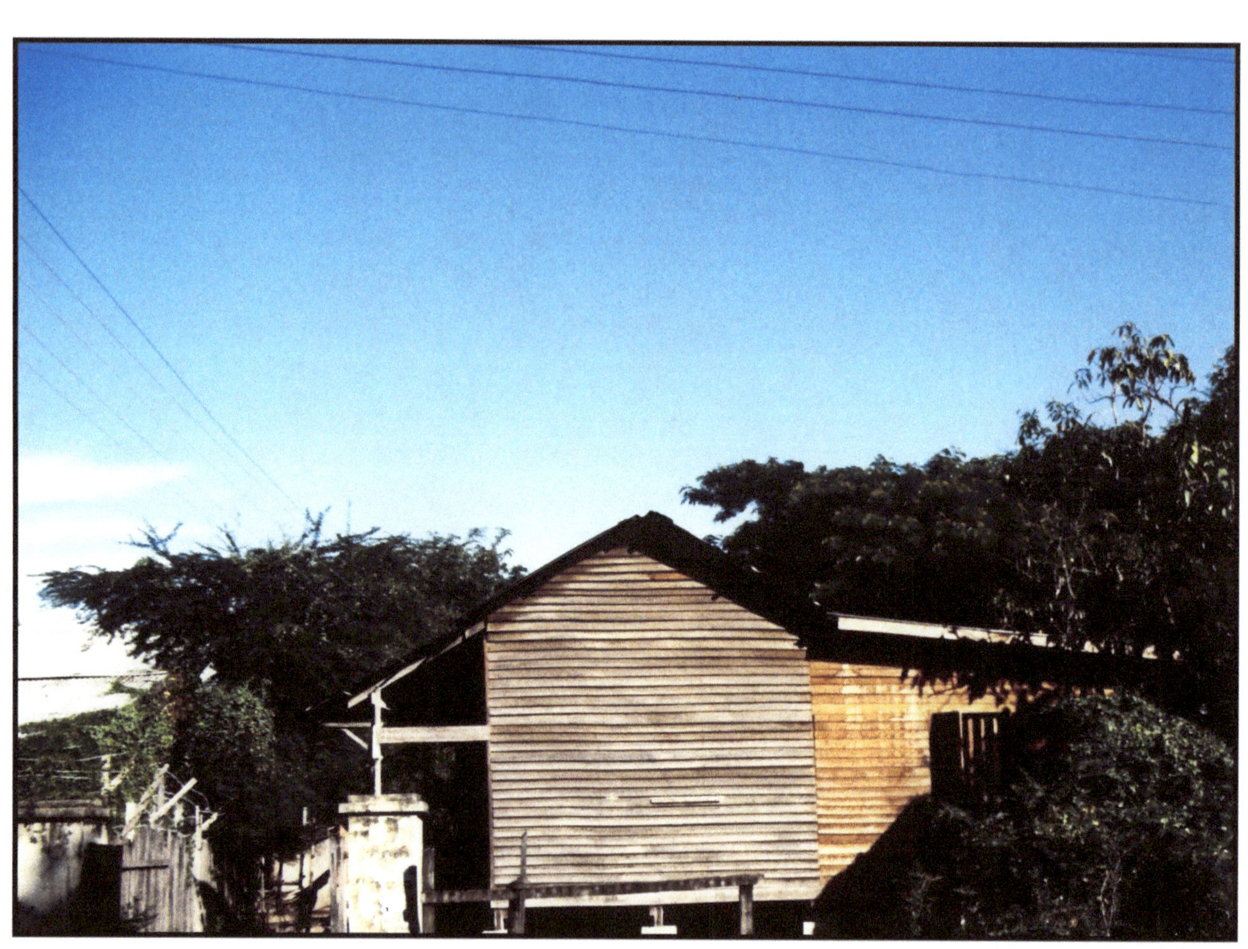

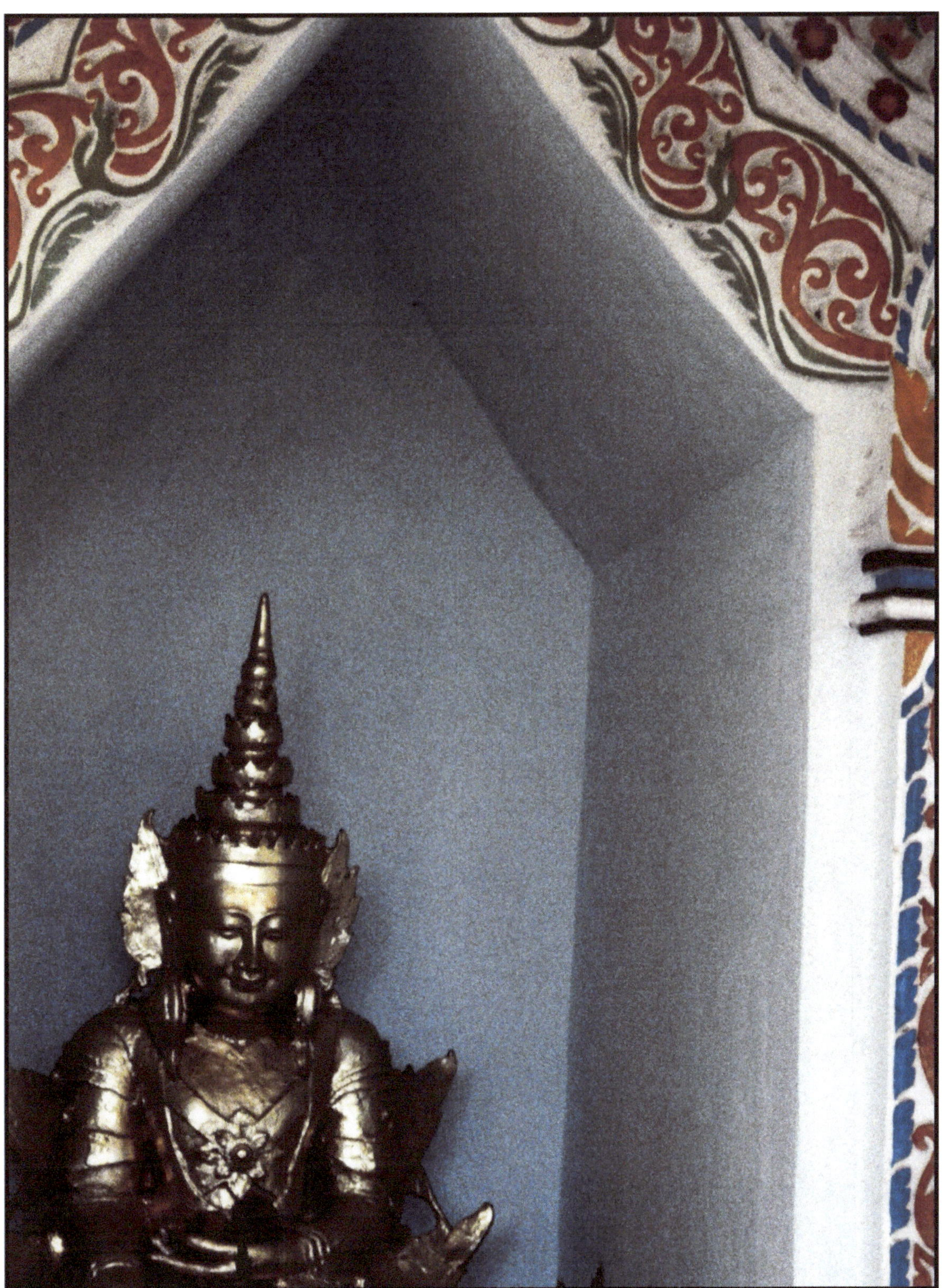

www.ingramcontent.com/pod-product-compliance
Lightning Source LLC
LaVergne TN
LVHW070120110826
845147LV00002B/158

* 9 7 8 1 8 7 7 7 9 2 8 9 2 *